Sue Cowley

Wie Sie Ihre Pappenheimer...

... im Griff haben

Verhaltensmanagement in der Klasse

Verlag an der Ruhr

Impressum

Titel der deutschen Ausgabe
Wie Sie Ihre Pappenheimer im Griff haben
Verhaltensmanagement in der Klasse

Autorin
© Sue Cowley 2006

Titel der englischen Originalausgabe
Getting the Buggers to behave
Veröffentlicht in Kooperation mit der
Continuum International Publishing Group

Titelbildmotiv
© Light Impression – fotolia.com

Übersetzung
Friedrich Helmschrott

Layout und Satz
Eva-Maria Hamann, www.westerdick.de

Verlag an der Ruhr
Mülheim an der Ruhr
www.verlagruhr.de

Für alle Klassenstufen

Unser Beitrag zum Umweltschutz

Wir sind seit 2008 ein ÖKOPROFIT®-Betrieb und setzen uns damit aktiv für den Umweltschutz ein. Das ÖKOPROFIT®-Projekt unterstützt Betriebe dabei, die Umwelt durch nachhaltiges Wirtschaften zu entlasten. Unsere Produkte sind grundsätzlich auf chlorfrei gebleichtes und nach Umweltschutzstandards zertifiziertes Papier gedruckt.

© **Verlag an der Ruhr 2010**
ISBN 978-3-8346-0756-0
Printed in Germany

Inhaltsverzeichnis

Teil 1

Teil 2

Teil 3

Teil 4

Teil 5

* Aus Gründen der besseren Lesbarkeit haben wir in diesem Buch durchgehend
  die männliche Form verwendet. Natürlich sind damit auch immer Frauen und
  Mädchen gemeint, also Lehrerinnen, Schülerinnen etc.

Vorbemerkung der Autorin

Während meiner Arbeit habe ich viele Lehrer* und andere Personen, die im schulischen Bereich tätig sind, kennengelernt. Von ihnen erhielt ich im Laufe der Jahre eine Menge Anregungen zum Thema Verhalten. Viele dieser Ideen sind in dieses Buch eingeflossen. Und so gilt mein großer Dank all jenen, deren Vorschläge ich übernommen habe.

Wir alle wissen, dass es keine Zauberformel gibt, um Verhaltensprobleme einfach verschwinden zu lassen. Unbedingt sollte man als Lehrer aber über eine **große Bandbreite** an Methoden, Techniken und Taktiken verfügen. Genau das ist es, was Sie in diesem Buch finden werden.

Ein Kollege sagte kürzlich, dass sich Schüler im Allgemeinen aus zwei Gründen schlecht verhalten: Entweder ist ihnen **langweilig**, oder sie kommen im Unterricht **nicht mit**. Natürlich ist das eine Vereinfachung. Aber die Aussage spricht doch zwei Bereiche an, die ein Lehrer direkt beeinflussen kann. Sicher können wir unseren Unterricht im einen oder anderen Fall etwas „aufpeppen", um die Schüler mitzureißen. Wir können unseren Schülern beweisen, wie **aufregend und interessant** Lernen sein kann. Und wir können ebenso darauf achten, dass unser Unterricht für jeden Schüler einer Klasse **verständlich und zu bewältigen** ist. Was wir aber nicht können: Unsere Schüler dazu zwingen, ihr Verhalten zu ändern (obwohl wir sie sicherlich dazu anregen können, im Lauf der Zeit diesbezüglich bessere Entscheidungen zu treffen). Stattdessen können wir unser eigenes Verhalten ändern, um die Umstände für uns und unsere Schüler zu optimieren. Und derart geänderte Umstände können wiederum eine Verhaltensänderung der Schüler mit sich bringen. Zu den richtigen Schritten in diese Richtung soll dieses Buch Sie anleiten. Dabei versteht es sich von selbst, dass verschiedene Schulen, Klassen, Schüler verschiedene Maßnahmen erfordern.

Danksagung: Mein Dank gilt allen Schülern, die mich durch ihre Teilnahme an den Interviews unterstützten. Ebenso bedanke ich mich bei allen Lehrern, die mir Anregungen gegeben haben und die mir in meiner Karriere als Lehrerin hilfreich zur Seite standen. Die Betreffenden wissen, wen ich meine! Dank auch an Alexandra Webster, das Team von der Continuum Verlagsgruppe und an alle Mädchen vom October Club für ihren Rat und ihre Hilfe. Und natürlich gilt ein besonderer Dank Tilak und Álvie, die alles möglich gemacht haben.

Einleitung

Verhaltensmanagement: Wenn es klappt, können Sie unbeschwert das tun, was Sie eigentlich tun sollen – nämlich unterrichten. Mit einer Klasse, die sich normal bis gut verhält, ist der Beruf des Lehrers sicher ein Traumberuf für jeden, der gerne mit Kindern und Jugendlichen umgeht. Oft genug aber muss das Unterrichten hinten anstehen, weil es erst einmal gilt, die „Meute zu bändigen".

Niemand vergisst einen guten Lehrer. Aber was genau ist „ein guter Lehrer"? Eine der wichtigsten Eigenschaften ist die Fähigkeit, das Verhalten der Schüler so in den Griff zu bekommen, dass sie **etwas lernen können**. Wir können den Wunsch, etwas zu lernen, nur dann richtig entfachen, wenn wir den Schülern beibringen, sich zu **konzentrieren**, **Selbstdisziplin** zu üben und sich **angemessen** zu verhalten. Jeder Schüler verdient die beste Ausbildung, die wir ihm bieten können. Und wir müssen Wege finden, um dies zu erreichen. Manche Klassen bzw. Schüler stellen für jeden Lehrer eine große Herausforderung dar. Manchmal haben ganze Schulen ein Disziplinproblem. Dieses Buch kann Ihnen mit seiner Vielzahl von Ideen für das Klassenzimmer helfen, Ihren „Pappenheimern" gutes Verhalten beizubringen.

Lehrer brauchen für ihre tägliche Arbeit eine Reihe von Fähigkeiten. Sie müssen ebenso **Spezialisten in ihren Fächern** sein wie sich immer wieder, spontan und langfristig, auf die Eigenheiten, Stärken und Verhaltensschwierigkeiten zahlreicher junger Menschen **einlassen und darauf eingehen können**. Bis zu einem gewissen Maße lernen Lehrer aus ihrer Praxis, wie sie mit bestimmten Problemen umgehen sollten. Mit der Zeit wird jeder auf eine große Bandbreite eigener Ideen, Strategien, Erfahrungen zurückgreifen können. Es gibt auch Lehrer, die scheinbar von Natur aus mit dem Verhalten der Schüler gar keine Probleme haben. Sie scheinen eine angeborene Gabe zu besitzen, eine Klasse zu motivieren und im Griff zu haben.

Aber es wird immer wieder zu Problemen kommen – der Schulalltag weist eine viel zu große **Dynamik** auf, als dass man für jede Situation mit einer Patentlösung aufwarten könnte. Und es ist **immer** möglich, die Fähigkeiten in Bezug auf das Verhalten zu verbessern und auszubauen. Und genau dabei will Ihnen dieses Buch anhand zahlreicher praktischer Tipps und Informationen helfen.

Lehrer leiden sehr häufig unter – mehr oder weniger großem – Stress. Dieser Stress hat viele Ursachen – **Verhaltensprobleme, Überlastung, mangelnde Anerkennung** bzw. mangelndes **Verständnis** von außen. In diesem Buch zeige ich Ihnen einige Möglichkeiten auf, den Stress zu minimieren.

Die Ratschläge zum Verhaltensmanagement sind dabei leicht verständlich und ebenso leicht umzusetzen. Wer von uns findet bei all den Verwaltungsaufgaben und den vielen Unterrichtsstunden schon die Zeit, sich durch langatmige Theorien zu kämpfen?

Die einzelnen Teile drehen sich um die **Grundlagen** des Verhaltensmanagements, um **Lehrer** wie **Schüler**, die **Lernumgebung** und um Ratschläge für **konkrete Auseinandersetzungen**. Zum schnellen Nachschlagen unterteilen sich diese Teile noch einmal in Unterkapitel. Außerdem finden Sie am Ende des Buches ein Sachregister, das Ihnen ein schnelles Nachschlagen der einzelnen Aspekte von Verhaltensmanagement ermöglicht.

Das Buch möchte Ihnen so viele Informationen wie möglich liefern. Wo der Rahmen jedoch gesprengt würde, erhalten Sie weiterführende Literatur- und Linktipps. Diese sehen wie folgt aus:

Medientipp:

An einigen Stellen finden Sie beispielhafte Dialoge.
Diese sind mit folgendem Icon gekennzeichnet:

Die zur Konkretisierung herbeigezogenen Beispiele können
entweder
positive Beispiele sein
oder zeigen,
wie es keinesfalls ablaufen sollte .

Teil 1 Grundlegendes

1. Die Grundlagen des Verhaltensmanagements

Im ersten Kapitel will ich einen Blick auf die Grundlagen werfen – auf die **Voraussetzungen** und **fundamentalen Regeln** des Verhaltensmanagements. Diese sollten Sie als Lehrer verinnerlichen, damit bereits Ihr Unterrichtsstil gutem Verhalten einen fruchtbaren Boden bereitet. Viele der folgenden Punkte sind allgemein bekannt und selbstverständlich: Im Prinzip geht es einfach darum, ein **gutes Verhältnis** zu den Schülern aufzubauen. Aber nur allzu leicht verliert man das aus den Augen, wenn man sich mit dreißig rebellischen Jugendlichen konfrontiert sieht.

Als erfahrener Lehrer werden Sie diese Grundlagen sicher schon so automatisch anwenden, dass sie ein unterbewusster Bestandteil Ihres Unterrichts geworden sind. Wenn Sie sich mit Problemen konfrontiert sehen (etwa in einer neuen Schule oder mit einer besonders schwierigen Klasse), dann können Sie anhand des Folgenden überprüfen, ob etwas **Fundamentales schiefläuft**. Als Referendar oder Berufsanfänger können Ihnen die grundsätzlichen Punkte als Ausgangsbasis dafür dienen, von Anfang an ein für alle **konstruktives Klima** in Ihren Klassen zu schaffen. Zu den Grundlagen zähle ich folgende Punkte, die auf den folgenden Seiten aufgeführt werden:

* **Bestimmtheit:** Ich weiß, was ich will.
* **Selbstsicherheit:** Ich weiß, was zu tun ist – sowohl, wenn die Dinge so laufen, als auch, wenn sie nicht so laufen, wie ich will.
* **Ruhe und Konsequenz:** Ich bin immer freundlich und gerecht zu den Schülern.
* **Struktur:** Meine Schüler bekommen klare Vorgaben und Regeln.
* **Positive Einstellung:** Ich hebe, wo möglich, das Positive hervor.
* **Interesse:** Ich nehme meine Schüler ernst.
* **Flexibilität:** Es gibt Situationen, in denen man nachgeben, und solche, in denen man hart bleiben muss.
* **Ausdauer:** Ich gebe auf keinen Fall auf.

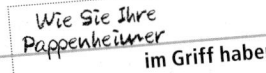

Bestimmtheit: Ich weiß, was ich will.

Bestimmtheit bedeutet für den Unterricht, genau zu wissen, was man von den Schülern erwartet. Schüler nehmen die **Schwachstellen** und **Unsicherheiten** ihrer Lehrer instinktiv wahr. Wissen Sie genau, was Sie wollen, dann können Sie der Klasse auch ein gewisses Vertrauen vermitteln. Von dem Augenblick an, in dem Sie durch die Tür gehen, sollten Sie sich Ihrer Erwartungen an die Schüler so sicher sein, dass **kein Spielraum zum Diskutieren** bleibt und es keine Chance gibt, aus der Reihe zu tanzen. Und auf jedes Fehlverhalten sollte mit einem richtigen Maß an **Überraschung** reagiert werden: Sie haben doch das Bild von den verantwortungsbewussten, zielstrebigen Schülern mit dem großen Potenzial vor Augen – kann es tatsächlich sein, dass sie nicht Ihren Ansprüchen und Erwartungen entsprechen?

Setzen Sie die Schüler über Ihre **klaren Vorstellungen** in Kenntnis. Denn sie können Ihren Erwartungen nur dann entsprechen, wenn sie genau wissen, was von ihnen verlangt wird. Treffen Sie Ihre Entscheidungen vor der ersten Stunde mit einer Klasse, um jeden Anschein einer Unsicherheit zu vermeiden. (Das ist einer der Gründe, warum Verhaltensmanagement mit der Zeit einfacher wird: Denn Sie haben diese wichtigen Entscheidungen bereits in früheren Jahren getroffen.)

Wenn Sie am Beginn Ihrer Lehrerlaufbahn stehen, könnten Sie dazu tendieren, eher in die Rolle eines Freundes zu schlüpfen, als eine Autoritätsperson zu spielen. Manchmal scheint das den Umgang mit der Klasse zu erleichtern. Tatsächlich aber erwarten Kinder und Jugendliche von Erwachsenen **Gewissheit**. Sie brauchen Erwachsene, damit **Grenzen** aufgezeigt und bestätigt werden, woraus sie selbst wiederum ein Gefühl von Sicherheit entwickeln können. (Für die schwierigsten Schüler, denen in ihrem Leben zu Hause eine Struktur fehlt und die alle Erwachsenen erst einmal testen, um die Reaktionen zu beobachten, stimmt dies allerdings nur teilweise.)

Natürlich wird es Situationen oder Schulen geben, in denen sich einige Schüler trotz größter Bemühungen weigern, Ihre Erwartungen zu erfüllen. In solchen Fällen kann es eine Versuchung sein, zu kapitulieren. Aber: Hohe Standards aufrechtzuerhalten und sich zu weigern, die eigenen Erwartungen aufzugeben (zumindest bis zu einem gewissen Grad), ist auf lange Sicht der Schlüssel zum Erfolg als Lehrer.

In welchen Punkten sollten Sie also sehr bestimmt sein? Die Schul- und/ oder Hausordnung gibt Ihnen allgemeine Hinweise auf Verhaltensweisen, die als unakzeptabel gelten – zum Beispiel Rauchen, Kaugummi kauen, das Handy im Unterricht anlassen u.Ä. Aus dieser Ordnung könnten Sie, gemeinsam mit Ihren Schülern, „Klassenregeln" ableiten und somit akzeptables Verhalten definieren. Ich meinerseits würde folgende drei Erwartungen an die Schüler als die wichtigsten Punkte ansehen:

1) „Ich erwarte von euch vollkommene Ruhe, wenn ich spreche oder wenn ein Schüler zur ganzen Klasse spricht."
Die Durchsetzung dieser Regel ist absolut grundlegend für die Arbeit als Lehrer.

2) „Ich erwarte von euch, dass ihr immer respektvoll seid."
Diese Regel bezieht alle mit ein und gibt die Art und Weise vor, wie die Schüler mit den Lehrern, mit den Mitschülern, mit sich selbst und mit ihrer Umgebung umgehen sollen.

3) „Ich erwarte von euch, dass ihr, gemessen an euren Fähigkeiten, immer euer Bestes gebt."
Damit wird die Erwartung nach Zielstrebigkeit und Ehrgeiz ausgedrückt, aber zugleich den verschiedenen Fähigkeiten der Schüler Rechnung getragen.

Über diese allgemeinen Regeln hinaus zahlt es sich immer aus, bei jedem Aspekt, der das Verhalten der Schüler in Ihrem Unterricht betrifft, sehr genau zu sein. Wenn Sie Ihre Vorstellungen nicht detailliert formulieren, müssen die Schüler erst von sich aus dahinterkommen, was Sie eigentlich wollen (das geschieht wahrscheinlich durch Fehlverhalten, bis Sie Ihre Forderungen schließlich präzise festlegen). Zu klärende Fragen können beispielsweise sein:

* Wie viele Minuten vor Unterrichtsbeginn müssen die Schüler **anwesend** sein?
* Wie erfolgt der **Unterrichtsbeginn**? Erheben sich die Schüler? Sprechen sie eine gemeinsame Begrüßung? …
* Wie haben sich die Schüler während der **Arbeitsphasen** zu verhalten?
* Wo bringen die Schüler ihr **Material** unter / wie gehen sie damit um? Haben sie es bei Unterrichtsbeginn bereits auf dem Tisch? …
* Wie wird mit **Schuleigentum** umgegangen?
* Was geschieht während der Schulzeit mit **elektronischen Geräten** (Handys, MP3-Player etc.)?
* Wie laut darf bei **Gruppenarbeit** geredet werden?
* An welche **Gesprächsregeln** müssen sich die Schüler halten?
* Was passiert, wenn es im Klassenzimmer zu **Konflikten** kommt?
* Wann darf zur **Toilette** gegangen werden?
* Welche Regelung herrscht vor, um den Klassenraum **sauber** zu halten?
* Werden nach der letzten Stunde die Stühle hochgestellt?

Selbstsicherheit: Ich weiß, was zu tun ist, wenn die Dinge so laufen/nicht so laufen, wie ich will.

Meistens werden die Schüler hoffentlich Ihren Erwartungen entsprechen. Dann atmen Sie nicht nur erleichtert auf in der Hoffnung, dass es so bleibt. **Reagieren Sie positiv auf gutes Verhalten**, sprechen Sie ein Lob aus. Wenn Sie auf bestimmte Punkte anerkennend eingehen, ist das sehr wirkungsvoll und führt dazu, dass die Klasse Sie respektiert („Klasse 6, das war heute richtig gut! Jeder von euch hat aufmerksam zugehört.").

Natürlich müssen Sie auch wissen, was zu tun ist, wenn etwas nicht nach Ihren Vorstellungen läuft. Und das wird sich nicht vermeiden lassen. Bei geringem Fehlverhalten besteht die instinktive Reaktion von Lehrern häufig in sofortiger Bestrafung des „Übeltäters". Üben Sie sich aber darin, zuerst einen Blick auf das zu werfen, was in Ordnung ist. Heben Sie auch mal ein Beispiel

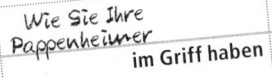

für korrektes Verhalten eines Mitschülers hervor, auch daraus können die anderen lernen („Das machst du ganz richtig, Peter, du wartest ruhig darauf, bis die Stunde anfängt. Du willst scheinbar pünktlich in die Pause gehen.").

Tipp: Positives Verhalten hervorheben!

Sicher wird es auch zu Situationen kommen, in denen **härteres Durchgreifen** nötig wird und ein Fehlverhalten sofortige Bestrafung rechtfertigt. Unter diesen Umständen müssen Sie sich Ihrer Möglichkeiten gewiss sein. Sowohl Sie selbst als auch Ihre Schüler müssen genau wissen: Verhalten X hat immer Sanktion Y zur Folge. Wie bei Ihren Erwartungen an die Schüler, ist es auch hier von grundlegender Bedeutung, dass die Schüler über die **Folgen eines Verhaltens** genau Bescheid wissen. Deshalb sollten Sie den Zusammenhang zwischen einem Fehlverhalten und den zu erwartenden Sanktionen genau erklären. Dadurch liegt die Wahl bei den Schülern: Wenn sie die Regeln und die Sanktionen begreifen, dann ist es an ihnen, ob sie sich an die Regeln halten oder nicht.

Wenn Sie ein Schüler bezüglich Ihrer Erwartungen herausfordert, dann versuchen Sie, nach folgenden Schritten vorzugehen:

* Zeigen Sie Bestimmtheit in dem, was Sie wollen. Halten Sie an Ihren Forderungen fest.
* Bleiben Sie während der ganzen Auseinandersetzung ruhig und freundlich.
* Formulieren Sie Ihre Erwartungen klar und deutlich.
* Klären Sie jedes mögliche Missverständnis und die Gründe des Fehlverhaltens.
* Erklären Sie, warum das Verhalten des Schülers nicht Ihren Erwartungen entspricht.
* Verdeutlichen Sie die Folgen, wenn sich der Schüler Ihnen weiterhin widersetzt.
* Lassen Sie sich von Ihrem ursprünglichen Standpunkt nicht ablenken (zum Beispiel wenn ein Schüler versucht, die Schuld auf einen Klassenkameraden zu schieben).
* „Entpersönlichen" Sie die Bestrafung. Machen Sie klar, dass der Schüler Sie zwingt, eine Strafe zu verhängen. Es soll keinesfalls der Eindruck entstehen, dass Sie persönlich die Bestrafung wollen.

1

* Geben Sie sich enttäuscht darüber, dass Sie jetzt tatsächlich eine Strafe verhängen müssen (Ihre Erwartung war doch, dass der Schüler sich viel besser verhalten kann).
* Verhängen Sie die Strafe, wenn nötig.
* Wenn möglich, helfen Sie dem Schüler dabei, aus seiner Situation herauszukommen, indem Sie ihm einen Ausweg aufzeigen.

Ein Beispiel zur Verdeutlichung:

Frank geht schnurstracks in den Theaterraum, ohne sich die Schuhe auszuziehen. Der Lehrer hat bereits die Regel erklärt, dass die Schüler den Raum nur ohne Schuhe betreten dürfen.

<u>Lehrer:</u> Frank, geh bitte wieder hinaus und zieh deine Schuhe aus.

<u>Frank:</u> Ich kann nicht.

<u>Lehrer:</u> Für den Theaterraum gilt die Regel, dass wir unsere Schuhe ausziehen müssen.

<u>Frank:</u> Aber ich habe mir den Fuß verstaucht. Ich kann sie wirklich nicht ausziehen.

<u>Lehrer:</u> Hast du dafür eine Bestätigung vom Arzt?

<u>Frank:</u> Nein.

<u>Lehrer:</u> Dann geh bitte wieder hinaus und zieh deine Schuhe aus.

<u>Frank:</u> Nein, werde ich nicht.

<u>Lehrer:</u> Frank, ich glaube, du zwingst mich, dich nacharbeiten zu lassen, wenn du deine Schuhe nicht ausziehst.

<u>Frank:</u> Das ist ungerecht.

<u>Lehrer:</u> Frank, dann geh bitte wieder hinaus und zieh deine Schuhe aus. Dann brauchst du auch nicht länger dazubleiben.

<u>Frank:</u> Nein, ich ziehe meine Schuhe nicht aus.

<u>Lehrer:</u> Dann bleibt mir nichts anderes übrig, als dich nach der Stunde fünf Minuten länger dazubehalten.

<u>Frank:</u> Nein, bitte nicht.

<u>Lehrer:</u> Ich mach dir einen Vorschlag: Du gehst nach draußen, ziehst deine Schuhe aus und verhältst dich während der Stunde ordentlich. Dann kann ich auch die Sache mit den fünf Minuten vergessen. Einverstanden?

<u>Frank:</u> In Ordnung.

Wollen wir die Szene noch einmal durchspielen – nur um zu zeigen, dass die Auseinandersetzung ganz anders hätte verlaufen können, wenn sich der Lehrer nicht an die richtigen Schritte gehalten hätte.

Lehrer: Frank, geh bitte wieder hinaus und zieh deine Schuhe aus.
Frank: Ich kann nicht.
Lehrer: Was soll das heißen: „Ich kann nicht." Natürlich kannst du.
Frank: Aber ich hab mir den Fuß verstaucht. Ich kann wirklich nicht.
Lehrer: Stell dich nicht so an!
Frank: Ich stell mich überhaupt nicht an.
Lehrer: Jetzt geh sofort nach draußen, und zieh deine Schuhe aus!
Frank: Nein, werde ich nicht!
Lehrer: Dann wirst du nach dem Unterricht noch bei mir nacharbeiten.
Frank: Das ist super unfair, echt! Ich komm nicht.

Gelassenheit und Konsequenz: Ich bin immer freundlich und gerecht zu den Schülern.

Wir alle schätzen Gelassenheit und Konsequenz: Wir wollen wissen, was wir von anderen erwarten können. Unvorhersehbare Reaktionen hingegen irritieren uns. Genau das ist ein Problem, mit dem sich manche verhaltensauffällige Schüler zu Hause konfrontiert sehen. Sie wissen nie genau, wie die Reaktion auf ihr Verhalten (ob gut oder schlecht) ausfallen wird. Zu unseren Pflichten als Lehrer gehört es, den Schülern durch **ruhiges, konsequentes und überlegtes Verhalten** ein gutes Vorbild als Erwachsener mit den angemessenen Reaktionen zu sein.

Sicher ist es für Lehrer nicht einfach, immer freundlich zu sein. Es ist schwierig, angesichts von massivem Fehlverhalten die Ruhe zu bewahren. Das hängt mit der so genannten **„Fight-or-flight-Reaktion"** der Menschen auf Stresssituationen zusammen. In diesem konkreten Fall heißt das: Ein Schüler oder die Klasse „greift" den Lehrer durch Disziplinlosigkeit „an". Die Folge ist ein Adrenalinausstoß, der den natürlichen Drang zum **Gegenangriff** – oder aber zur **Flucht** zur Folge hat. Natürlich lässt sich keine der beiden instinktiven Reaktionen realisieren. Ein Lehrer darf weder handgreiflich werden noch die Beine in die Hand nehmen.

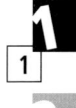
Bitte Ruhe!

Bewahren Sie die Ruhe, und bleiben Sie konsequent, damit die Auseinandersetzung nicht ausartet: Sie sind der Erwachsene, Sie sind die Autoritätsperson, Sie haben die Vorbildfunktion. Versuchen Sie, das nie zu vergessen. Nur so vermeiden Sie auch unnötigen Stress, den Sie sich sonst selbst bereiten würden. Eine sinnvolle Faustregel lautet: Egal, wie schlecht das Verhalten Ihnen gegenüber ist: **Gehen Sie mit Ihren Schülern so um, wie Sie es auch mit einem Erwachsenen tun würden**, zum Beispiel bei der Arbeit in einem Büro. Ratschläge zur Vermeidung von Stress finden Sie auch in Teil 5, Kapitel 2.

Tipp: Bleiben Sie stets freundlich, aber bestimmt!

Kinder sind äußerst sensibel, was **Gerechtigkeit** und **Fairness** anbelangt. Schüler beklagen sich oft darüber, dass sie als Einzige ungerecht behandelt und immer wieder „herausgepickt" werden, wenn sie sich ein einziges Mal schlecht benommen haben. Wenn wir ehrlich sind, dann ist es ganz natürlich, dass wir manche Schüler lieber mögen als andere. Das Geheimnis liegt selbstverständlich darin, trotz persönlicher Sympathien alle Schüler gleich zu behandeln.

In der Sekundarstufe ist für den Schulleiter und die Klassenlehrer Konsequenz ein „Nonplusultra" – und das aus gutem Grund. Wo Schulregeln, Vergünstigungen und Sanktionen konsequent umgesetzt werden, haben es die Schüler mit einheitlichen Standards zu tun. Wenn aber Verhalten X bei einem Lehrer durchgeht, bei einem anderen jedoch nicht, dann führt das bei den Schülern zu **Verunsicherung** darüber, wo die Grenzen nun tatsächlich verlaufen. Natürlich legen Lehrer die Regeln manchmal freizügiger aus, um sie ihrem persönlichen Stil oder bestimmten Situationen anzupassen. Aber man sollte immer daran denken, dass Konsequenz für die Schüler am gerechtesten ist.

Bleiben Sie
- ✓ ruhig
- ✓ konsequent
- ✓ freundlich
- ✓ gerecht

Struktur: Meine Schüler bekommen klare Vorgaben und Regeln.

Es liegt in unserer Natur, dem Leben eine Struktur zu geben – ein Ablaufmuster für jeden Tag, das uns ein Gefühl von Sicherheit gibt. Die schwierigsten Schüler vermissen in ihrer Welt wahrscheinlich eine solche Struktur. Zu Hause haben ihnen die Eltern möglicherweise keine klaren Grenzen aufgezeigt.

Oder die Grenzlinien werden andauernd verschoben, sodass ein und dasselbe Fehlverhalten sehr unterschiedliche Reaktionen zur Folge hat. Schulen sind für diese Jugendlichen ein Zufluchtsort, wo sie auf Erwachsene treffen, die ihnen **angemessene und schlüssige Richtlinien** für gutes Verhalten vorgeben.

Tipp: Regeln geben Sicherheit!

Es gibt für Lehrer viele Möglichkeiten, den Schülern eine Struktur aufzuzeigen: durch einen **klaren Aufbau** der Unterrichtsstunde, durch die **Ordnung** im Klassenzimmer, durch Methoden zur **Steuerung des Verhaltens**. Sobald Sie sich selbst eine klare Struktur zurechtgelegt haben, wird der Klasse diese Klarheit durch Ihr hohes Maß an Selbstsicherheit und Selbstvertrauen offenkundig werden. Verdeutlichen Sie Ihren Schülern zudem in jeder Phase, warum bestimmte Strukturen angewendet werden.

Wenn Sie ein Gespür für Zweckmäßigkeit, Klarheit und Struktur entwickeln, dann gehen damit zahlreiche Vorteile einher:

* Die Schüler wissen, was sie erwartet, wenn sie zu Ihnen in den Unterricht kommen.
* Wenn die Erwartungen jedesmal in Ihrem Unterricht erfüllt werden, sehen die Schüler in Ihnen bald einen **Stabilitätsfaktor** in ihrem Leben.
* Das Gefühl der Stabilität führt zu wachsendem **Vertrauen** und zu einem besseren Verhältnis.

- Das Verhalten der Schüler wird **vorhersehbarer** und **kontrollierbarer**.
- Beispiele für gutes Verhalten werden durch einen strukturierten Unterrichtsablauf **wiederholt**.
- Diese Verhaltensweisen werden eventuell zu Gewohnheiten oder Automatismen, die dem Lehrer nur noch relativ geringe Mühe abverlangen.
- Der Lehrer kann damit beginnen, durch **schnelle, nonverbale Hinweise** zu signalisieren, was er gerade von der Klasse erwartet (zum Beispiel ein Handzeichen, woraufhin sich Ruhe einstellt).

Nachstehend sind nun einige Bereiche aufgeführt, denen Sie im Unterricht eine Struktur geben können, sowie einige Beispiele für denkbare Verfahren:

- **Der Unterrichtsbeginn:** Die Klasse ist pünktlich anwesend und legt vor Unterrichtsbeginn alle benötigten Materialien auf den Tisch; der Lehrer überprüft die Anwesenheit und ggf. die Hausaufgaben; die Klasse beginnt mit einer „Aufwärmübung".
- **Die Sitzordnung:** Die Schüler sitzen in Reihen, Halbkreis bzw. Hufeisen oder in Gruppen, es gibt eine feste Sitzordnung. (siehe dazu auch S. 210 ff.)
- **Der Unterrichtsverlauf:** Unterschiedliche Aktivitäten, viele praktische Aufgaben, Methodenvielfalt und Abwechslung. Auf längere Stillarbeiten folgt ein Klassengespräch bzw. Partner- oder Gruppenarbeiten.
- **Das Verhalten im Unterricht:** Die Schüler arbeiten still und bleiben an ihren Plätzen; bei Fragen oder Antworten melden sie sich durch Handheben. Bei Partner- oder Gruppenarbeit wird im Flüsterton gesprochen. Wer Hilfe benötigt, gibt ein „Hilfezeichen", und der Lehrer wählt einen Helfer aus oder kommt selbst.
- **Das Unterrichtsende:** Der Unterricht endet mit einer Diskussion, mit der Hausaufgabenstellung, mit einer Zusammenfassung des gelernten Stoffes ggf. durch einen Schüler, mit einem kurzen Spiel ...

Positive Einstellung: Ich hebe, wo möglich, das Positive hervor.

Jeder Lehrer kennt das Mantra: Sei positiv! Manchmal könnte man den Eindruck gewinnen, als ob wir unsere Schüler für alles Mögliche loben,

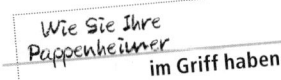
Wie Sie Ihre Puppenheimer im Griff haben

nur um sie auf unsere Seite zu ziehen. Aber das ist ein Fehler. Wenn wir die Messlatte zu niedrig ansetzen, dann wird das niedrige Niveau zu dem, was die Schüler erreichen wollen. Bei hohen Standards und großen Erwartungen aber lernen die Schüler, aus sich **das Beste herauszuholen**. Positiv sein bedeutet nicht, die Schüler einfach nur zu loben, sondern vor allem auch, ihnen gegenüber eine positive Einstellung zu haben. Der sinnvolle Einsatz von Lob und die Fähigkeit, unbeirrbar positiv zu bleiben, tragen sehr viel zum Verhaltensmanagement bei. Außerdem schützt sich der Lehrer damit vor Stress und negativen Emotionen.

Es folgen einige Tipps, wie Sie so oft wie möglich positiv bleiben können:

* Formulieren Sie bei der Begrüßung der Klasse immer eine **positive Erwartung**, zum Beispiel: „Ich glaube, heute werden wir was Tolles auf die Beine stellen."
* Erwarten Sie das Beste von Ihren Schülern, und sehen Sie nicht schon das Schlimmste vorher.
* Sagen Sie alles in einer **positiven Form**.
* Vermeiden Sie es, Ihren Schülern **Vorwürfe** zu machen oder sie zu **kritisieren**.
* Vermeiden Sie, wo möglich, **Sarkasmus**. Das kann vor allem die jüngeren Schüler verletzen und verunsichern. (Bei den älteren Schülern kommt zumindest Ironie dagegen manchmal ziemlich gut an.)

* Reagieren Sie auf Fehlverhalten, indem Sie eine **positive Alternative** vorschlagen.
* Verwenden Sie das Lob für einen einzelnen Schüler auch dazu, die ganze Klasse anzuspornen.
* Ziehen Sie so weit wie möglich Belohnungen Sanktionen vor.
* Setzen Sie ständig **Ziele** und bieten Sie Ihren Schülern dadurch positive Möglichkeiten, sich zu verbessern.
* Betrachten Sie das Erreichen eines Zieles als Chance für eine **Belohnung**.

Zur Verdeutlichung des Unterschieds zwischen einem negativen und einem positiven Vorgehen sind nachstehend zwei Beispiele angeführt. In beiden Fällen fordert ein Lehrer die Klasse zum Betreten des Klassenzimmers auf.

„Leute, bisschen schneller eure Materialien auf den Tisch! Warum habt ihr die denn vorher noch nicht ausgepackt, hm? So werden wir ja nie fertig … Warum seid ihr denn so schlecht drauf heute? Was macht ihr solchen Lärm?"

Ich weiß, wie ich mich fühlen würde, wenn ich bei diesem Lehrer in der Klasse wäre – ich hätte gute Lust, mich schlecht zu benehmen! Die Schüler werden sofort dafür kritisiert, dass sie zu langsam sind. Dann erzeugt der Lehrer eine negative Stimmung in Bezug auf den Lernstoff. Von vornherein schiebt er die Schuld auf die Schüler, falls er nicht mit allem fertig werden sollte. Schließlich unterstellt er noch mit zwei negativen Fragen, dass die Schüler sich ziemlich daneben benehmen. Wenn man den Unterricht mit einer solchen Einstellung beginnt, werden die negativen Erwartungen auch in Erfüllung gehen.

„Also, Leute, packt mal schnell eure Sachen aus: Wir haben ein paar interessante Sachen vor heute! Und damit wir auch fertig werden, fangen wir am besten gleich an. Ihr seid ja wirklich schon ganz schön ruhig – prima! Aber wir wollen doch mal sehen, ob das noch leiser geht."

Hier weckt der Lehrer das Interesse seiner Schüler durch die Bemerkung, er habe etwas wirklich Interessantes geplant. Und er spricht ein Lob wegen des niedrigen Lärmpegels aus, bittet die Schüler jedoch gleichzeitig, noch leiser zu sein. Beginnt der Unterricht auf diese Weise, entsteht eine positive Atmosphäre, die sich hoffentlich durchhalten lässt.

Interesse: Ich nehme meine Schüler ernst.

Im Kern dreht sich beim Verhaltensmanagement alles um die **Beziehungen zwischen Lehrer und Schüler**. Sie haben den Lehrerberuf zumindest zum Teil deshalb gewählt, weil Sie gerne mit Kindern oder Jugendlichen arbeiten. Wenn Ihre Schüler Sie **respektieren** und sie spüren, dass sie von Ihnen respektiert werden, führt das zwangsläufig zu einem besseren Verhalten im Klassenzimmer. Sehr wichtig beim Aufbau einer auf gegenseitigem Respekt basierenden Beziehung ist das Interesse an dem, was Ihre Schüler bewegt. Achten Sie darauf, was Ihre Schüler beschäftigt und was die Einzelnen ausmacht. Das ist genauso wichtig wie der Fakt, dass sie einen Teil ihrer Schullaufbahn mit Ihnen gemeinsam gehen.

Wichtig: Gegenseitiger Respekt!

Wenn Sie Interesse an Ihren Schülern zeigen, können Ihre Erkenntnisse besonders hilfreich sein, sobald Sie sich mit Verhaltensproblemen konfrontiert sehen. Wenn eine ganze Klasse Ihnen aus dem Ruder zu laufen droht, weil sie ein Thema, ein Fach, eine Stunde langweilig findet, dann können Sie beispielsweise Elemente eines Spiels, das derzeit angesagt ist, in Ihre Stunde einbauen (vermutlich haben schon zahlreiche Mathematiklehrer Sudoku eingesetzt, um das Interesse ihrer Schüler zu wecken). Wenn ein einzelner Schüler Ihnen Kummer macht und Sie wissen, was ihn motivieren könnte, können Sie sich auf dieser Grundlage eine nette Belohnung ausdenken.

Nachstehend finden Sie einige Vorschläge, um zu Ihren Schülern einen „besseren Draht" herzustellen:

* **Fragen Sie nach ihren Interessen:** Verwenden Sie im Verlauf der ersten Stunden mit einer Klasse einige Zeit darauf, mehr über die Interessen und Hobbys, Vorlieben und Abneigungen Ihrer Schüler herauszufinden.

* **Machen Sie bei Aktivitäten außerhalb des Unterrichts mit:** Wenn Sie Zeit dafür aufbringen können, dann nehmen Sie an einigen Aktivitäten außerhalb des normalen Schulalltags teil, zum Beispiel Sportveranstaltungen, gemeinsamen Ausflügen etc. Das ermöglicht Gelegenheiten, einige Schüler besser kennenzulernen. Die Schüler wiederum lernen Sie sowohl als Menschen als auch als Lehrer kennen. Auch wenn Aktivitäten außerhalb des Unterrichts Zeit kosten, lohnt sich die Mühe – das jedenfalls ist meine Erfahrung.

* **Bleiben Sie auf dem Laufenden:** Sie müssen wirklich nicht bei jedem Trend mitmachen, sich die aktuellsten TV-Shows antun, jeden Harry-Potter-Band gelesen haben oder auf die neuesten Songs abfahren. Aber wenn Sie zumindest ein gewisses Interesse für die aktuellen Strömungen der Jugendkultur aufbringen können, dann gewinnen Sie Zugang zu einem enorm wichtigen Bereich im Leben Ihrer Schüler.

Flexibilität: Es gibt Situationen, in denen man nachgeben, und solche, in denen man hart bleiben muss.

Es kommt vor, dass man im Interesse seiner Schüler und in seinem eigenen Interesse ein wenig nachgeben muss. Der Balanceakt zwischen dieser Flexibilität und der Sicherheit, Klarheit und Konsequenz, von der bereits die Rede war, ist eines der schwierigsten Unterfangen im Lehrerberuf. Manchmal müssen Sie die Grenzen etwas lockern und akzeptieren, dass Sie nicht alles erreichen können, was Sie sich ursprünglich vorgenommen haben. Wenn Sie einen kleinen **Spielraum** lassen, soweit es angemessen ist, dann werden Ihre Schüler einen größeren Respekt vor Ihnen als Person und als Lehrer entwickeln.

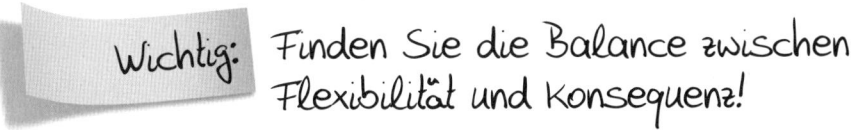

Wichtig: Finden Sie die Balance zwischen Flexibilität und Konsequenz!

Flexibilität heißt, dass Sie **originellere und interessantere Lösungen** für bestimmte Probleme finden wollen und können. Es ist besser, einen Umweg zu nehmen, wenn er zum Ziel führt, als ein Problem stur nach Plan anzugehen und jede Abweichung davon abzulehnen. Sie haben beispielsweise eine Klasse, die am Donnerstagnachmittag immer problematisch wird – teils, weil die Schüler schon müde sind, teils, weil der Unterricht in einem relativ kleinen, eher chaotischen Klassenzimmer abgehalten werden muss? Als Alternative könnten Sie ein wenig Flexibilität zeigen, diese Unterrichtsstunden in eine Turnhalle oder auf den Pausenhof verlegen und mehr praktisch als schriftlich arbeiten lassen.

Flexibilität ist in hohem Maße eine Frage der persönlichen Einstellung und der speziellen Umstände. Man muss wissen, wann es angebracht ist, **Kompromisse** zu schließen. Manche Klassen reagieren sehr gut auf Lehrer, die gelegentlich lockerer sind. Andere hingegen sehen in jeder Form von Flexibilität den Startschuss dafür, heftig an den Grenzzäunen zu rütteln. Auch die Situationen geben vor, wie flexibel Sie sein können.

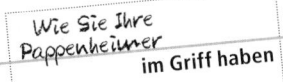

Hier einige Ideen, wie und wann Sie gegenüber Ihren Schülern flexibel sein können:

* **Mit der Klasse:** Wenn Ihre Klasse nie Lust hat, am Freitagnachmittag intensiv zu arbeiten, dann werden Sie wenig erreichen, wenn Sie nicht flexibel reagieren können. Akzeptieren Sie, dass sich diese Situation Ihrer Kontrolle entzieht. Versuchen Sie, mit der Klasse ein vernünftiges Pensum zu schaffen, handeln Sie Ziele aus, und betonen Sie, dass Sie der Klasse damit entgegenkommen.

* **Beim Lernen:** Wenn in Ausnahmefällen die Klasse wirklich einen guten Grund hat, warum die Konzentration schwerfällt, dann können Sie einen Kompromiss anbieten. Wenn die Schüler einen bestimmten Teil der Arbeit erledigen, können Sie ihnen beispielsweise erlauben, am Ende der Stunde einige Minuten ruhig miteinander zu plaudern.

* **Mit einzelnen Schülern:** Einige Schüler können der Schule gar nichts abgewinnen. In solchen Fällen sollten Sie mit kleinen, erreichbaren Zielsetzungen nach der richtigen Balance suchen. Aber Sie dürfen sich nicht selbst fertigmachen, wenn ein Schüler beschlossen hat, sich völlig auszuklinken. Falls ein problematischer Schüler stets auf Konfrontationskurs geht, besonders wenn Sie Sanktionen aussprechen, sollten Sie sich einige Zeit zurückzunehmen, um dem Schüler und Ihnen selbst eine Atempause zu gönnen.

Wichtig: Kompromissbereit sein!

Ausdauer: Ich gebe auf keinen Fall auf.

Die Ideen und Methoden, die ich in diesem Buch vorstelle, enthalten natürlich keine Zauberformeln für garantierte Soforterfolge. Wie wir alle wissen, gibt es so etwas bei Fragen des Verhaltens an der Schule leider nicht. Auch wenn Sie alle meine Ratschläge in der Praxis anwenden, werden Sie zumindest am Anfang dennoch mit Verhaltensproblemen konfrontiert werden. Und das ist der Punkt, an dem Ihre Ausdauer ins Spiel kommt. Weichen Sie **nicht von Ihren Strategien ab**, nur weil sie nicht sofort funktionieren. Sie werden ein besserer, effektiverer Lehrer, je länger Sie an Ihren Fähigkeiten zur Verhaltenssteuerung arbeiten.

In manchen, sehr schwierigen Klassen ist die Durchsetzung eines angemessenen Verhaltens ein ständiger Kampf. Es wird Tage geben, an denen Sie nur noch das Handtuch werfen wollen. Manchmal kann es wirklich verlockend sein, sogar die wichtigsten der eigenen **Ansprüche** aufzugeben. Denn die Störungen häufen sich manchmal derart, dass Sie nicht mehr wissen, wo Sie eigentlich anfangen sollen. Aber in dem Moment, in dem die Schüler in Ihren Gedanken zu lesen glauben: „Quatscht ruhig weiter, wenn ich rede – es ist mir egal", oder: „Es ist mir gerade völlig gleichgültig, wie schlecht ihr euch benehmt" – in diesem Moment hat sich wirklich ein Graben zwischen Ihnen und den Schülern aufgetan. Versuchen Sie **durchzuhalten**! Wenn Sie von Anfang an auf gewisse Standards bestehen, werden Sie feststellen, dass es mit der Zeit leichter wird, diese einzuhalten.

Dann gibt es noch einzelne Schüler, bei denen alle Ihre Bemühungen nicht fruchten. Egal, wie intensiv Sie sich auch bemühen, zu ihnen durchzudringen – es scheint verlorene Liebesmüh zu sein. Vergessen Sie dabei aber nie, dass die Lebensumstände mancher Schüler alles andere als einfach sind. Vielleicht sind Sie der einzige Erwachsene, bei dem sie glauben, gefahrlos „Dampf ablassen" zu können. Versuchen Sie Ihr Bestes, und geben Sie diese Schüler nicht auf, auch wenn Sie von ihnen scheinbar immer nur Ablehnung erfahren. Sie sollten **akzeptieren**, dass Sie die Welt nicht ändern können.

Ihr Ausdauertraining

✓ Arbeiten Sie an sich!

✓ Halten Sie durch!

✓ Verlieren Sie den Glauben an sich nicht!

✓ Akzeptieren Sie Ihre Grenzen!

✓ Geben Sie Ihre Ansprüche nicht auf!

✓ Verlieren Sie den Glauben an Ihre Schüler nicht!

Medientipp:

Mehr Ratschläge für das Vermeiden von Fettnäpfchen und für das Überleben in der harten Anfangsphase des Lehrerberufs finden Sie hier:

Handke, Ulrike:
Der Mutmacher: Ratgeber für den pädagogischen Berufseinstieg.
Cornelsen Scriptor, 2004.
ISBN 978-3-589-22076-2

2. Die erste Begegnung mit einer Klasse

Warum ist die erste Begegnung so entscheidend?

Die erste Begegnung mit einer Klasse eröffnet Ihnen die Möglichkeit, die Basis für ein entspanntes Schuljahr zu legen – oder den ersten Schritt auf dem Weg zu einem Desaster zu tun. Sicher kennt jeder Lehrer dieses flaue Gefühl in der Magengegend, wenn er zum ersten Mal auf eine neue Klasse trifft. Er weiß genau, dass die erste Begegnung ziemlich weitreichende Auswirkungen haben kann. Oft gehen sowohl der Lehrer als auch die Schüler in der ersten Stunde stark in die Defensive. Vielleich ahnt er das problematische Verhalten einer „schwierigen" Gruppe voraus. Die Schüler wiederum befürchten eventuell (oder gehen bereits wie selbstverständlich davon aus), dass der neue Lehrer sie nicht mögen wird, weil sie schon von anderen Lehrern als „Problemfall" gebrandmarkt wurden.

Viele Klassen halten sich in den ersten Stunden zurück und wollen den Lehrer erst kennenlernen, ihn „abchecken", bevor sie entscheiden, wie sie sich zu verhalten haben. In einer solchen Situation sollten Sie nicht mit übertriebener

Lässigkeit ans Werk gehen. Sie könnten einige Zeit später durchaus erleben, dass sich die Schüler dieser Lässigkeit anpassen und allmählich aus dem Rahmen fallen.

Andererseits gibt es auch die Klassen, in der sich die Schüler gerade bei einem neuen Lehrer schlecht benehmen. Sie wollen austesten, ob er der Nervenprobe gewachsen ist. Dann kann die Sache schwierig werden. Denn es ist nicht einfach, die eigenen Ansprüche an das Verhalten der Klasse durchzusetzen, wenn sie partout nicht zuhören will. In einer solchen Lage sollten Sie sich sehr schnell an andere wenden und um Unterstützung bitten, beispielsweise an Kollegen, die Sie schätzen und die bereits ihre Erfahrungen mit der Klasse gemacht haben.

Tipp: Bei Problemen Hilfe im Kollegium suchen!

Medientipp:

Mittelstädt, Holger:
Basics für Junglehrer.
Der optimale Einstieg in den Arbeitsplatz Schule.
Verlag an der Ruhr, 2006.
ISBN 978-3-8346-0063-9

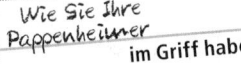

Was man vor der ersten Begegnung wissen sollte

Am Anfang eines Schuljahres (oder bei einem Wechsel an eine andere Schule während des Jahres) stehen Lehrer vor einer schwierigen Situation. Sie treffen auf eine Gruppe Jugendlicher, von denen sie nichts oder nur wenig wissen, und sollen sie im Zaum halten und unterrichten. Deshalb könnten Sie dazu neigen, zunächst aus Ihren Fehlern lernen zu wollen und Probleme erst anzugehen, wenn sie konkret auftreten. Besser wäre es, Schwierigkeiten vorauszuahnen und im Vorfeld nach einer Lösung zu suchen.

Zeit ist wertvoll zu Beginn eines Schuljahres. Dennoch sollte man die Zeit finden, sich auf das erste, überaus wichtige Treffen mit den neuen Klassen vorzubereiten. Nachstehend finden Sie einige Vorschläge, was Sie schon vorab tun sollten.

Tipp: Bereiten Sie sich auf die Klasse vor!

* **Mögliche Verhaltensprobleme:** Informieren Sie sich über die allgemein bekannten **Störenfriede** einer Klasse. Wenn Sie die Namen kennen und wissen, was die Auslöser für schlechtes Verhalten sind, können Sie bereits auf die ersten Anzeichen reagieren, die darauf hindeuten, dass jemand die Grenzen austesten will. Schwierige Schüler sind manchmal sogar stolz auf ihren Ruf. Versuchen Sie, die Situation in ihr Gegenteil zu verkehren: „David, von dir hab ich schon viel gehört: Du scheinst ein ziemlicher Mathe-Crack zu sein, hab ich Recht?" Geben Sie den Schülern eine Gelegenheit für einen Neuanfang. Machen Sie ihnen klar, dass sie nur danach beurteilt werden, wie sie sich bei Ihnen verhalten und lernen.
* **Lernprobleme:** Erkundigen Sie sich, ob in Ihrer Klasse Schüler mit Lernproblemen sind, die nicht auf Verhaltensfragen zurückzuführen sind. Eigentlich sollte eine Liste mit **Lernstörungen/Förderbedarf** geführt werden, die einsehbar gemacht werden kann – leider kommen solche Listen auf Grund von Zeitnot im schulischen Alltag jedoch häufig zu kurz. Zu Konferenzen sollten derlei Informationen aber zumindest mündlich weitergegeben werden. Lernstörungen können vom Lehrer falsch

aufgefasst und als Verhaltensauffälligkeit fehlinterpretiert werden. Schüler mit Lese-Rechtschreib-Schwäche können beispielsweise Aufgaben nicht in der zur Verfügung stehenden Zeit lösen. Wird das als Faulheit interpretiert, kann das Fehlverhalten provozieren. Wenn der wahre Grund erkannt wird, ist das Verhältnis dann unter Umständen schon „angeknackst".

* **Körperliche Beeinträchtigungen:** Erkundigen Sie sich nach Schülern mit körperlichen Beeinträchtigungen, und achten Sie auf diese besonders. Gehen Sie nicht davon aus, dass Ihre Schüler, insbesondere die jüngsten, schon genügend Vertrauen zu Ihnen haben, um von sich aus auf ihre Beeinträchtigungen aufmerksam zu machen. Zu den körperlichen Beeinträchtigungen zählen beispielsweise **Hör- oder Sehschwächen**. Achten Sie also bei der Sitzordnung auf Schüler, die weiter vorne sitzen sollten. Bei der Unterrichtsplanung sollten Sie berücksichtigen, dass die Aufgaben für alle Schüler geeignet sind.

* **Die Namen der Schüler:** Es ist sehr vorteilhaft, wenn Sie die Namen von ein oder zwei Ihrer Schüler kennen. Die Klasse wird staunen, wenn Sie einen richtigen Namen kennen, obwohl Ihnen dieser offensichtlich von niemandem zuvor gesagt wurde. Noch besser ist es natürlich, ein gutes Gedächtnis zu haben, vorausgesetzt, dass Sie die Namen der ganzen Klasse kennen und so tun, als seien Sie ein Hellseher (Es gibt doch eine Jasmin in der Klasse?! Und eine Claudia?! Und einen Oliver?!). Aber auch für das Verhaltensmanagement ist es sehr von Vorteil, wenn Sie alle Namen kennen. Sie sollten sie also so schnell wie möglich lernen.

Wichtig: Keine Vorurteile!

Sicher ist es sehr nützlich, sich **vorab Informationen zu verschaffen**. Hüten Sie sich aber davor, eine Klasse vorzuverurteilen. Sie verfallen sonst sehr schnell einem negativen Denkschema und sind zudem ungerecht zu den Schülern. Manchen Schülern mit einem schlechten Ruf wurde niemals die Chance gegeben, zu beweisen, dass ihr Ruf falsch ist. Drücken Sie gegenüber der Klasse die Hoffnung aus, dass sie Sie beeindrucken wird. Sie werden vielleicht positiv überrascht werden.

Vor der ersten Begegnung

- ✓ Gibt es allgemein bekannte Störenfriede in der Klasse?
- ✓ Welche Schüler haben Förderbedarf?
- ✓ Gibt es körperlich beeinträchtigte Kinder? Was ist wichtig für sie?
- ✓ Lernen Sie die Namen schnellstmöglich!

Der persönliche Unterrichtsstil

Je mehr Erfahrungen Sie als Lehrer sammeln, desto klarer werden Sie sich über Ihren Unterrichtsstil werden. Zu einem gewissen Teil entwickelt sich der eigene Stil mit der Praxis. Doch bevor Sie einer Klasse zum ersten Mal begegnen, sollten Sie zumindest schon eine gewisse Vorstellung haben. Schließlich werden sich die Schüler vom ersten Augenblick an eine Meinung von Ihnen bilden, die auf den **Signalen**, die Sie aussenden, basiert.

Sie werden Ihren Stil der jeweiligen Situation anpassen müssen, wobei es viele mögliche Variablen zu beachten gilt: die Schulart, das Alter der Schüler, Ihre eigene Persönlichkeit usw. In Teil 2, Kapitel 2 werde ich detaillierter auf die verschiedenen Unterrichtsstile eingehen. Vorerst seien nur einige Punkte erwähnt, die bereits in der ersten Unterrichtsstunde auf dem Prüfstand stehen:

- **Ihr Erscheinungsbild/der erste Eindruck:** Sind Sie elegant gekleidet, oder kleiden Sie sich eher lässig? Sind Sie bereit für das erste Treffen mit der Klasse und für den Unterricht – oder sind Sie nervös und gereizt, wenn die Schüler ins Klassenzimmer kommen? Arbeitgeber urteilen über potenzielle Arbeitnehmer in den ersten paar Minuten, hauptsächlich auf Grund ihres Äußeren. Wenn Sie wollen, dass sich Ihre Klasse gut verhält, dann müssen Sie beim ersten Aufeinandertreffen einen guten Eindruck machen.
- **Die Art, wie Sie sprechen:** Reden Sie in einem entspannten Tonfall? Klingt Ihre Stimme ängstlich, oder ist sie im Gegenteil zu laut? Variieren Sie Tonfall und Sprechgeschwindigkeit, um Ihre Aussagen interessanter zu machen? Die Stimme gibt eine Menge über unseren emotionalen Zustand

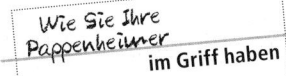

preis, besonders wenn wir angespannt sind oder unter Stress
stehen.

* **Die Art, wie Sie stehen und gehen:** Machen Sie einen entspannten Eindruck, nutzen Sie den Raum, der Ihnen zur Verfügung steht? Oder stehen Sie wie angewurzelt, die Tafel im Rücken,
in Defensivhaltung vor der Klasse? Signalisiert Ihre Körpersprache
Aggressivität oder Selbstsicher-heit? Ihre Schüler können all
diese Signale entschlüsseln, auch wenn das kein bewusster
Vorgang ist. Und sie richten ihr Verhalten danach aus.

* **Die Art, wie Sie mit den Schülern umgehen:** Behandeln Sie die Schüler als gleich-berechtigt, oder geben Sie sich
autoritär? Respektieren Sie die Schüler, und behandeln Sie sie
stets so freundlich wie möglich, ungeachtet von Provokationen? Bleiben Sie ruhig, wenn es irgendwelche Vorfälle zu regeln gilt? Denken
Sie daran, dass die ganze Klasse zuschaut, wenn Sie mit einem einzelnen Schüler arbeiten oder ihn disziplinieren. Daraus können die anderen Schlüsse ziehen, wie sie sich bei Ihnen künftig verhalten können
oder sollen.

* **Beginn und Ende einer Stunde:** Sind Sie unvorbereitet und nervös,
wenn Sie vor die Klasse treten? Geraten Sie am Ende der Stunde unter
Zeitdruck? Oder beginnt und endet die Stunde ruhig und kontrolliert?
Gelingt es Ihnen, von Beginn der Stunde an ein positives Klima zu erzeugen? Werden sich die Schüler nach dem Unterricht auf die nächste Stunde
mit Ihnen freuen?

* **Die Art, wie Sie den Stoff unterrichten:** Ist die Stunde abwechslungs-reich und interessant, anspruchsvoll und dennoch unterhaltsam? Oder monologisieren Sie vor der Klasse zu lange, sodass sich Langeweile breit macht und die Schüler herumzualbern beginnen? Natürlich können Sie nicht jede Stunde zu einem unvergesslichen Erlebnis machen. Aber Sie sollten sich sehr darum bemühen, dass zumindest die erste Stunde groß-artig wird. Damit können Sie die Schüler schon früh für sich gewinnen – und sie werden gerne zu Ihnen in den Unterricht kommen, neugierig und bereit zu lernen.

* **Die Art, wie Sie Disziplin wahren:** Sind Sie ein „strenger und ein-schüchternder" Lehrer, der die Klasse vom ersten Augenblick an an-schreit? Oder sind Sie „hart, aber herzlich" und halten die Klasse durch die subtile Strenge Ihrer Persönlichkeit unter Kontrolle? Oder grüßen Sie die Klasse schüchtern und geben ihr gleich das Gefühl, dass sie an den Machthebeln sitzt – und nicht Sie, der Lehrer? Lesen Sie dazu auch Teil 2, Kapitel 2!

Die erste Begegnung

✓ passendes Outfit
✓ freundlich sein
✓ deutlich sprechen
✓ entspannte und offene Körperhaltung und -sprache
✓ respektvoller Umgang miteinander
✓ Flexibilität trotz gründlicher Planung
✓ Abwechslung im Unterricht
✓ herzliche Strenge

Das Aufstellen von Regeln

Ein wichtiger Schlüssel zum effektiven Verhaltensmanagement besteht, wie bereits ausgeführt, darin, dass Sie klare Erwartungen und Ansprüche haben und diese der Klasse auch deutlich mitteilen (ebenso, wie die Schüler die Gelegenheit bekommen sollten, Ihnen ihre Erwartungen mitzuteilen). In der ersten Stunde definieren Sie, am besten gemeinsam, die Grenzen – „dieses Verhalten ist akzeptabel, jenes aber nicht". Tatsächlich wollen und schätzen die Schüler ein Gefühl von **Gewissheit und Klarheit**.

Formulierungen mit „Ich erwarte von euch, …" sind eine wirksame Möglichkeit, Ihre Erwartungen und Ansprüche zu verdeutlichen. Sie sollten mit der Klasse auch darüber reden, warum die Regeln so wichtig sind. Achten Sie darauf, dass Ihre Formulierungen so klar und eindeutig wie möglich sind. Geben Sie **positive Zielvorgaben**; das ist in der Regel wirkungsvoller, als negative Formulierungen, also Verbote, auszusprechen. Nachstehend finden Sie einige Vorschläge, aus denen Sie drei Aussagen auswählen und mit der Klasse gleich in der ersten Stunde besprechen können.

✖ Ich erwarte von euch, dass ihr ruhig im Klassenzimmer auf mich wartet und eure Materialien bereithaltet, wenn ich den Raum betrete.

✖ Ich erwarte von euch, dass ihr mir und anderen ruhig und aufmerksam zuhört.

✖ Ich erwarte von euch, dass jeder an seinem Platz sitzen bleibt, es sei denn, ich erlaube euch aufzustehen.

✖ Ich erwarte von euch, dass jeder nach seinen Möglichkeiten sein Bestes gibt.

✖ Ich erwarte von euch, dass ihr immer respektvoll miteinander umgeht und auf euren Umgangston aufpasst.

✖ Ich erwarte von euch, dass ihr Ordnung haltet.

Hohe Erwartungen eignen sich bestens dazu, gutes Verhalten und vernünftiges Lernen zu erreichen: Denn Sie zeigen damit, dass Sie Vertrauen in die Fähigkeiten jedes einzelnen Schülers Ihrer Klasse haben. Ein gutes Beispiel dafür gibt es in dem Film Dangerous Minds (Wilde Gedanken). Die Lehrerin (Michelle Pfeiffer) sagt ihren misslaunigen Schülern in der ersten Stunde, sie alle hätten die Bestnote. Als sie auf diese Feststellung mit spöttischem Geschrei antworten, erklärt sie ihnen, dass sie zwar die Bestnoten hätten, es nun aber an ihnen läge, ob sie diese auch behalten oder verlieren.

Nachstehend einige nützliche Tipps, wie Sie Ihre Erwartungen und Ansprüche den Schülern verdeutlichen können:

* **Sprechen Sie darüber!** Planen Sie genügend Zeit ein, um mit der Klasse über Ihre Vorstellungen zu sprechen. Fragen Sie die Schüler, was ihrer Meinung nach gutes Verhalten ausmacht. Bringen Sie Ihre eigenen Ideen ein und setzen Sie diese auch durch. Die Gründe dafür sollten für die Schüler transparent sein. Erwähnen Sie zudem, was Ihnen am wichtigsten ist – das ist gerade in der ersten Stunde mit einer Klasse entscheidend. Wiederholen Sie später die wichtigsten Punkte, wenn es dazu Anlass gibt.

* **Verlangen Sie nicht zu viel auf einmal!** Es ist ein Fehler, in der ersten Stunde gleich mit langen Forderungslisten zu beginnen. Die Schüler sind nicht in der Lage, alles auf einmal zu behalten. Viele werden einfach abschalten. Stellen Sie Ihre wichtigsten Regeln heraus, und führen Sie diese zuerst ein.

* **Die „Tröpfchen-Taktik":** Führen Sie weitere Regeln im Verlaufe der nächsten Stunden bei passenden Gelegenheiten ein. Verknüpfen Sie Ihre Erwartungen mit entsprechenden Aktivitäten. Wenn Sie beispielsweise zum ersten Mal in Gruppen arbeiten lassen, können Sie bei dieser Gelegenheit die entsprechenden Verhaltensregeln erklären.

* **Passen Sie Ihre Sprechweise der Klasse an:** Passen Sie die Art und Weise, wie Sie Ihre Erwartungen formulieren, an das Alter und den Reifegrad Ihrer Schüler an. Je jünger die Schüler sind, desto bestimmter können Sie normalerweise sein. Nennen Sie bei einer ersten oder zweiten Jahrgangsstufe die Verhaltensregeln mit der Formulierung „Ich erwarte von euch, …". Bei älteren Schülern ist ein feinfühligeres Vorgehen vorzuziehen, die Verpackung in Bitten besser als ein „Befehlston". Das trägt dazu bei, eine gute Lernpartnerschaft mit jungen Erwachsenen aufzubauen. Ich tendiere dazu, meine Regeln ab der dritten Jahrgangsstufe mit „Ich wünsche …" zu beginnen, später dann mit „Es wäre angebracht …".

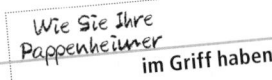

Erarbeiten Sie ggf. im Laufe der ersten Stunden mit der Klasse einen verbindlichen Satz von Klassenregeln, die eine Art gemeinsam erstellten Vertrag darstellen, auf den Sie sich in der Folge beziehen können.

Tipp: Wenn Sie Klassenlehrer der Klasse sind, informieren Sie Ihre Kollegen über diese allgemeingültigen Klassenregeln, und bestehen Sie auf deren Einhaltung!

Die Einführung der Unterrichtsstruktur

Die erste Stunde mit einer Klasse ist sowohl für den Lehrer als auch für die Schüler ein anstrengendes Erlebnis. Eine gute Möglichkeit, die Situation zügig unter Kontrolle zu bringen, besteht darin, so bald wie möglich einen **klaren Ablauf** für die Unterrichtsstunden festzulegen.

Zur Verdeutlichung wird nachstehend ein Beispiel für einen solchen Ablauf samt einigen Hinweisen angeführt. Diese Unterrichtsstunde dauert 45 Minuten; es ist die erste Stunde am Morgen. Der Lehrer, Herr Wegner, ist ausgeruht und gut vorbereitet auf die Begegnung mit seiner Klasse. Es ist eine der ersten Stunden im neuen Schuljahr, man hat sich einander bereits **vorgestellt**, eine **Sitzordnung** wurde schon festgelegt, und ein gemeinsames „Regelwerk" wurde erarbeitet: In den ersten Stunden waren die Schüler in dieser Hinsicht besonders neugierig und aufmerksam. Außerdem hat Herr Wegner bereits den **grundsätzlichen Ablauf** seiner Stunden skizziert. Das Beispiel soll keine Idealstunde darstellen, sondern nur zur Verdeutlichung eines möglichen Ablaufs dienen.

7:45 Uhr: Herr Wegner überprüft noch einmal, ob er alles dabei hat, was er für die kommende Stunde benötigt. Dann macht er sich auf den Weg zur Klasse.

7:50 Uhr: Der Gong ertönt. Herr Wegner schließt die Klasse auf, und die Schüler folgen ihm ins Klassenzimmer.

7:52 Uhr: Die Schüler sitzen an ihren Tischen und packen still die Materialien aus, die sie für die Stunde benötigen.
In den ersten Stunden waren einige Schüler unpünktlich, Herr Wegner hat freundlich, aber klar und nachdrücklich seine Erwartungen hinsichtlich der Pünktlichkeit verdeutlicht. Heute sind alle pünktlich da.

7:55 Uhr: Herr Wegner überprüft die Anwesenheit und ggf. (evtl. stichprobenartig) die Hausaufgaben.

8:00 Uhr: Herr Wegner beginnt mit dem eigentlichen Unterricht. Er holt einen Fünf-Euro-Schein aus der Hosentasche und fragt die

Klasse, was das ist. Wenn die Schüler antworten, dass der Schein fünf Euro wert ist und er sie ihnen doch schenken soll, dann spielt er den Überraschten. „Aber das ist doch nur ein Stück Papier, oder?", sagt er und zerreißt den Schein (der natürlich nicht echt ist!) in kleine Schnipsel. Damit hat er die Aufmerksamkeit der Klasse geweckt. Die Schüler sind jetzt neugierig und gespannt darauf, um was es in der Stunde gehen wird.

8:05 Uhr: Herr Wegner erläutert nun Lernziel (Was ist Geld eigentlich, und welche Rolle spielt es in der Gesellschaft?) und Ablauf der Stunde. Das Lernziel schreibt er für alle sichtbar an die Tafel.

8:10 Uhr: Die Schüler erhalten den Auftrag, in Partnerarbeit über die gestellten Fragen zu diskutieren und einen kleinen Vortrag vorzubereiten. Dafür haben sie zehn Minuten Zeit. Zur Unterstützung projiziert Herr Wegner eine von ihm erstellte Collage mit verschiedenen Aspekten des Themas an die Wand: dem Foto eines Bankschalters, einer Supermarktkasse, einer Druckpresse, verschiedener, auch historischer Währungen …

8:20 Uhr: Zwei Paare stellen ihren Vortrag der Klasse vor.

8:25 Uhr: Herr Wegner hebt hervor, was an den Vorträgen besonders gelungen war. Der Rest der Klasse ergänzt und diskutiert nun die Vorträge. Herr Wegner leitet das Gespräch und hält die wichtigsten Ergebnisse an der Tafel fest.

8:32 Uhr: Herr Wegner bedankt sich für die Aufmerksamkeit und teilt einen Informationstext zum Thema aus, der als Hausaufgabe bearbeitet werden und das Gelernte festigen und weiterführen soll. Er weckt Interesse, indem er ankündigt, dass der Text sicherlich polarisieren wird.

8:35 Uhr: Der Gong ertönt. Die Schüler packen ihre Sachen zusammen und verlassen ggf. die Klasse.

Der Stundenverlauf

✓ vor Beginn Material prüfen

✓ pünktlich sein

✓ Anwesenheit, evtl. Hausaufgaben prüfen

✓ Einstieg: Lust aufs Lernen wecken

✓ Lernziel benennen, Stundenverlauf visualisieren

✓ abwechslungsreiche Sozialformen

✓ Zusammenfassung/Hausaufgabe pünktlich stellen

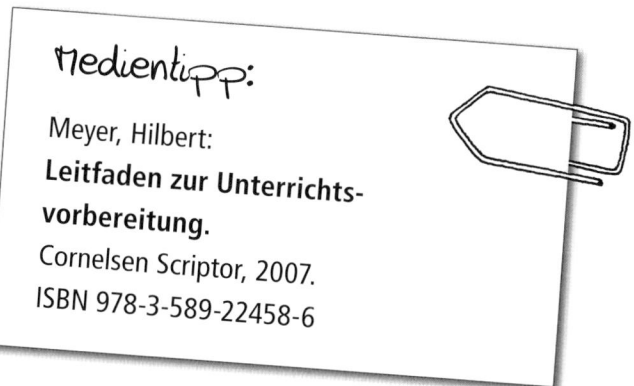

Medientipp:

Meyer, Hilbert:
Leitfaden zur Unterrichts-vorbereitung.
Cornelsen Scriptor, 2007.
ISBN 978-3-589-22458-6

Die Namen der Schüler

Namen sind ein wichtiger Bestandteil der Identität – und sie sind auch ein wirkungsvolles Hilfsmittel für das Verhaltensmanagement. Kennen und nennen wir den Namen einer Person, können wir leichter ihre Aufmerksamkeit gewinnen. Gleichzeitig stellen wir unser **Interesse** und unseren **Respekt** unter Beweis. Wenn Sie das Verhalten Ihrer Klasse unter Kontrolle halten wollen, dann sind Sie klar im Nachteil, wenn Sie die Namen Ihrer Schüler nicht kennen. Allzu oft habe ich beobachtet (und als Vertretung auch selbst erlebt), dass die Schüler es auszunutzen wissen, wenn der Lehrer ihre Namen nicht kennt. Auf der anderen Seite ist es natürlich auch vorteilhaft, wenn man bei einem Lob den Schüler persönlich ansprechen kann.

Das Verinnerlichen der Namen ist also zum Schuljahresbeginn einer der wichtigsten und dringendsten Punkte auf der Tagesordnung.

Es gibt verschiedene Methoden, die Namen der Schüler schnell zu lernen. Nachstehend finden Sie einige Ideen, die Sie gleich bei Ihrer ersten Begegnung mit einer Klasse umsetzen können:

* **Sitzordnung:** Eine Sitzordnung ist nicht nur hilfreich beim Erlernen der Namen, sondern sie eignet sich auch bestens dafür, Kontrolle über die Klasse zu demonstrieren und zu behalten. Zudem können Sie bei Gelegenheit, wenn sich die Schüler gut verhalten haben, eine freie Platzwahl als Belohnung gewähren („Heute dürft ihr euch mal hinsetzen, wo ihr wollt!").

* **Namenkärtchen:** Eine gängige und in den ersten Stunden absolut zulässige Methode ist natürlich das Erstellen von Namenkärtchen durch die Schüler (oder auch durch den Lehrer!).

* Ein **Klassenfoto**, auf dem die Namen eingetragen werden, ist ebenfalls hilfreich. Damit können Sie auch zu Hause „Ihre Hausaufgaben machen".

* Das Erstellen von **Steckbriefen** mit Foto eignet sich ebenfalls bestens dazu, sich zu Hause noch einmal die Namen einzuprägen.

* **Memotechniken** können für einen Lehrer gerade beim Erlernen von Namen sehr nützlich sein. Die Grundidee besteht darin, zwischen verschiedenen Dingen Verknüpfungen herzustellen. Vielleicht haben Sie einen Oliver in der Klasse, der einem bekannten Fußballspieler ähnelt, oder einen Günther, der gerne liest!? Sehen Sie sich auch die Gesichter genau an, und verbinden Sie Namen mit bestimmten Merkmalen Ihrer Schüler.

* **Notizen auf der Klassenliste:** Auch einige wenige Anmerkungen auf Ihrer Klassenliste können beim Erlernen der Namen hilfreich sein. Achten Sie auf bestimmte Eigenschaften der Schüler (zum Beispiel Brillenträger), wenn Sie die Liste

durchgehen, und machen Sie sich eine Notiz. Achten Sie aber auf Ihre Wortwahl. Man kann nie wissen, wem die Liste versehentlich in die Hände fällt oder wer einen Blick in Ihre Unterlagen erhascht!

✖ **Setzen Sie sich ein Ziel:** Angesichts einer riesigen Schar von Schülern kann einem das Namenlernen als schier unlösbare Aufgabe erscheinen. Setzen Sie sich also überschaubare Ziele, etwa sich pro Unterrichtsstunde drei oder fünf Namen zu merken. Innerhalb einiger Wochen werden Sie dann die Namen all Ihrer Schüler kennen.

✖ **Spiele mit Namen:** Verwenden Sie in den ersten Unterrichtsstunden einige Zeit auf Aktivitäten, die mit Namen zu tun haben. Die Schüler könnten beispielsweise ein Akrostichon schreiben, ein Gedicht, bei dem jede Zeile mit einem Buchstaben des Namens beginnt. Die Schüler könnten auch mit der ganzen Klasse über ihre Namen sprechen: wer ihn ausgewählt hat, warum dieser Name ausgesucht wurde usw. Hilfreich, wenn sich die Schüler untereinander auch noch nicht kennen, sind natürlich auch die absoluten Klassiker wie das Spiel „**Vernetzung**", bei dem ein Wollknäuel von Person zu Person geworfen wird und die Betreffenden jeweils ihre Namen nennen. Im Anschluss wird das entstandene Gefüge dann aufgelöst, indem das Wollknäuel „zurückgeworfen" wird und der Werfer nun jeweils den Namen des Fängers rufen muss. Beliebt sind beispielsweise auch „**Kofferpacken**" und „**Obstsalat**" (Anna Ananas, Paul Pampelmuse …).

Tipp: Bitten Sie um Erlaubnis, Ihre neuen Schüler in den ersten Stunden fotografieren zu dürfen. Basteln Sie sich zu Hause eine Sitzordnung mit Foto!

Geraten Sie in eine Klasse mit einigen schwierigen Schülern, liegt die Versuchung nahe, dass Sie sich auf diese Störenfriede konzentrieren und sich deren Namen zuerst merken. Folglich werden Sie sich nie an die Namen der ruhigen Schüler erinnern. Auch mir ist dieser Fehler in der Vergangenheit unterlaufen. Konzentrieren Sie sich in Ihrer ersten Stunde also auch auf ein oder zwei ruhige Schüler!

Verwenden Sie die Namen so häufig wie möglich, so bleiben sie besser im Gedächtnis.

Medientipp:

Buzan, Tony:
Nicht vergessen! Kopftraining für ein Supergedächtnis.
Goldmann, 1987.
ISBN 978-3-4421-0385-0

Stressreduzierung in der ersten Stunde

Auch wenn die erste Stunde sehr anstrengend sein kann, sollten Sie daran denken, dass sich Ihre Schüler bis jetzt noch kaum eine Meinung von Ihnen bilden konnten. Sind Sie an Ihrer Schule ein „alter Hase", wird Ihnen Ihr Ruf vorauseilen. Das ist besonders dann der Fall, wenn Sie schon die älteren Geschwister von einem der Schüler in der neuen Klasse unterrichtet haben. Als neuer Lehrer an einer Schule sind Sie der oder die „geheimnisvolle Unbekannte", eine unbekannte Größe – und folglich von größtem Interesse.

Wenn sich eine Klasse schlecht benimmt, dann spüren Sie vielleicht, wie Ihr Selbstvertrauen schwindet und eine Defensivhaltung sich Ihrer bemächtigt – und das besonders in einer ersten Stunde mit einer Klasse. Damit Sie das vermeiden können, folgen hier einige Tipps:

- **Bleiben Sie ruhig und gelassen:** Das ist natürlich allzu leicht gesagt. Aber: Wenn die Schüler merken, dass Sie angespannt und ärgerlich werden, liefern Sie ihnen unter Umständen geradezu einen Anreiz, sich in Zukunft schlecht zu verhalten. Dass Sie explodieren, könnte gerade das sein, was die Schüler erreichen wollen. Auch wenn es schwierig ist – und es ist schwierig! –, müssen Sie die **Ruhe bewahren**. Atmen Sie tief durch, reißen Sie sich am Riemen, und stehen Sie die Sache durch.

* **Reagieren Sie mit dem Kopf:** Wenn Sie spüren, dass die Anspannung zunimmt und dass Sie dazu neigen, emotional zu reagieren, dann treffen Sie die **bewusste Entscheidung**, heute nicht Ihre Emotionen die Oberhand gewinnen zu lassen. Eine detaillierte Erklärung dazu finden Sie in Teil 5, Kapitel 2.

* **Gehen Sie nicht in die Defensive:** Denken Sie immer daran, dass das alles nichts **Persönliches** ist. Wenn also Schüler Ihren Unterricht durch schlechtes Verhalten untergraben, dann reagieren Sie darauf nicht, indem Sie sich verteidigen oder irrational und feindselig werden. Es ist viel sinnvoller, wenn Sie Ihren Gegenangriff in unerschütterlicher Freundlichkeit vortragen.

Wichtig: Beachten Sie die Grundregeln (siehe S. 12) – besonders die ersten drei: Bestimmtheit, Selbstsicherheit, Ruhe und Konsequenz.

Und wenn alles nichts nützt …

* **Seien Sie kein Perfektionist:** Seien wir ehrlich – es ist kein Desaster, wenn sich einige Schüler in Ihrer ersten Stunde danebenbenehmen. Aus dieser Erfahrung werden Sie vielleicht einige wichtige Lektionen für sich selbst lernen. Und Sie haben noch genügend Zeit, die Klasse für sich zu gewinnen.

3. Die wichtigsten Strategien und Techniken

Die Kontrolle gewinnen und behalten

Gutes Verhalten ist notwendig, damit die Schüler etwas lernen können. Wenn man weiß, wie man das Verhalten steuern kann, dann ist man noch lange kein Kontroll-Freak. Es ist einfach Voraussetzung dafür, seine Arbeit als Lehrer effektiv machen zu können. Je mehr Strategien Sie zur **Verhaltenssteuerung** zur Verfügung haben, desto souveräner fühlen Sie sich. Wenn etwas schiefläuft, können Sie die Methoden nacheinander ausprobieren, bis Sie die für Ihre Erfordernisse richtige gefunden haben.

Die Kontrolle einer großen Personengruppe ist immer schwierig. Aber wenn einige Ihrer Schüler keine Lust auf Unterricht haben und Sie in Ihrer Stunde „hängen lassen", wird es besonders kompliziert. Über die in Kapitel 1 dieses Teils beschriebenen Grundlagen hinaus gibt es verschiedene Möglichkeiten, mit denen Sie in Ihrem Klassenzimmer **Ordnung** in einer dennoch **entspannten Atmosphäre** schaffen und aufrechterhalten können. Die zehn Strategien, die im Folgenden beschrieben werden, sind einfach zu verstehen und eigentlich ohne große Mühe umzusetzen.

* Eine Klasse „lesen"
* Warten auf Ruhe
* Verwendung von Signalen
* Der Schüler hat die Wahl
* Zumutbare Forderungen – keine Diskussionen
* Feststellungen, keine Fragen
* Wiederholungen
* Ziele und Zeitlimits
* Humor
* Wechsel der Perspektive

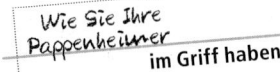

Eine Klasse „lesen"

Zwar besteht eine Klasse aus individuellen Schülern, aber sie stellt auch eine Einheit dar. An manchen Tagen ist die gesamte Klasse mühelos zu lenken, an anderen Tagen jedoch ist genau dieselbe Klasse ein Albtraum. Zahlreiche unterschiedliche Faktoren können das Verhalten einer Klasse beeinflussen, zum Beispiel:

✖ die Tageszeit,
✖ der Wochentag,
✖ das Wetter,
✖ die An- oder Abwesenheit bestimmter Schüler,
✖ die vorangegangene Stunde,
✖ ein Zwischenfall auf dem Pausenhof
✖ das Klassenzimmer, in dem Ihr Unterricht stattfindet,
✖ der Unterrichtsstoff, der auf der Tagesordnung steht,
✖ nicht schulische Ereignisse (zum Beispiel ein Fußballspiel, das am Abend übertragen wird oder wurde).

Die Fähigkeit, eine Klasse zu „lesen", schließt die im ersten Kapitel angespro-chene **Flexibilität** mit ein. Die Aneignung dieser Fähigkeit verlangt ein gewis-ses Gespür, das mit der Erfahrung immer besser wird. Sie müssen während der ganzen Unterrichtsstunde punktgenau urteilen können – etwa, wie gut Ihre Methode gerade funktioniert. Es kann passieren, dass Sie eine **Aktivität** anpassen müssen, damit sie besser zur Stimmung der Klasse passt. Oder Sie müssen an einem Tag, an dem die Anspannung in der Klasse bereits hoch ist, ein wenig flexibler mit dem Aussprechen von Sanktionen sein.

Das Wissen, wie man eine Klasse „liest", ist auch besonders wichtig für den Fall, dass Lehrer in einer ihnen unbekannten Klasse als Vertretung einsprin-gen müssen. In den ersten paar Minuten einer Stunde mit einer Vertretung probieren die Schüler aus, wie sie sich verhalten müssen. In derselben Zeit muss der Lehrer schnell entscheiden, welcher Unterrichtsstil sich für diese Klasse am besten eignet. Ist er zu streng, beschwört er unnötige Konfronta-tionen herauf. Ist er zu nachsichtig, nutzen die Schüler diese „Schwäche" wahrscheinlich aus.

Warten auf Ruhe

Auf Ruhe zu warten, ist eine der wichtigsten Taktiken, die ein Lehrer einset-zen kann. Warten auf Ruhe bedeutet natürlich nicht, dass Sie sich erst an die Klasse wenden sollen, wenn Grabesstille herrscht und alle Augen gebannt auf Sie gerichtet sind. Warten auf Ruhe betrifft nicht nur den Anfang der Stunde, wenn Sie zum Beispiel die Anwesenheitsliste durchgehen, sondern jede Gele-genheit, bei der Sie das Wort an die Klasse richten wollen.

Ruhe und Aufmerksamkeit vermitteln eine **klare Botschaft**: Lernen ist wichtig – und Sie werden nicht zulassen, dass der Lernerfolg aufs Spiel gesetzt wird. Ganz einfach: Wenn die Schüler reden, während Sie sprechen, hören sie Ihre Erklärungen und Anweisungen nicht. Natürlich kann es ziemlich hart werden, für Ruhe in einer Klasse zu sorgen. Aber bedenken Sie die mögli-chen Auswirkungen, wenn Sie die Schüler einfach reden lassen, während Sie etwas erklären. Im Grunde geben Sie damit zu verstehen: „Quatscht ruhig weiter, mich kümmert das gar nicht."

Um in einer Klasse für Ruhe zu sorgen, eignen sich **nonverbale Techniken** besser als verbale. Damit bereitet sich der Lehrer selbst weniger Stress, und der Lärmpegel in der Klasse steigt nicht noch weiter an. Nonverbales Vorgehen signalisiert zudem Kontrolle und Selbstsicherheit auf Seiten des Lehrers. Es gibt nichts Schlimmeres als Lehrer, die **„Ruhe! Ruhe!"** in die Klasse hineinbrüllen! Das beweist nur, dass die Schüler Herr über die Situation sind – und nicht der Lehrer. Nachfolgend dazu einige allgemeine Ratschläge:

* **Sich selbst prüfen:** Liegt es vielleicht an der Sozialform, dass die Schüler so unruhig sind? Wäre eine andere Sozialform besser geeignet? Oder haben die Schüler die Aufgabe nicht richtig verstanden? Sollte sie noch einmal erklärt werden? (Siehe dazu auch Teil 2, Kapitel 2 und 4).

* **Den Grund herausfinden:** Ist vielleicht etwas geschehen, das für Aufregung sorgt und das Sie wissen sollten? Wenn ja, sprechen Sie mit der Klasse kurz darüber und erbitten Sie sich vorher schon anschließende Ruhe.

* **Die Stärke Ihrer Persönlichkeit:** Wenn Sie eine halbwegs vernünftige Klasse unterrichten, könnte es bereits ausreichen, wenn Sie sich beispielsweise schweigend und mit verschränkten Armen hinstellen und den Blick schweifen lassen. Behalten Sie die Nerven und unterrichten Sie nicht weiter, bevor Ruhe herrscht. Sie werden sehen, dass innerhalb weniger Minuten viele Klassen „freiwillig" verstummen.

* **Die Macht der Pause:** Wenn Sie mitten im Redefluss sind und einige in der Klasse zu schwätzen beginnen, dann unterbrechen Sie sich. Deuten Sie damit an, dass Sie auf Stille warten. Zuerst mag es so scheinen, dass Sie dabei eine Menge Zeit verlieren; aber unter Umständen können Sie Ihre Klasse so auf das gewünschte Verhalten trimmen.

* **Visuelle Hilfsmittel:** Ergänzen Sie Ihre Pause um einen ungewöhnlichen visuellen Effekt – beispielsweise eine Sanduhr. Immer, wenn Sie auf die Klasse warten müssen, drehen Sie die Sanduhr um, sodass Sand von der einen Hälfte in die andere rinnt. Sobald die Klasse ruhig ist, stellen Sie die Sanduhr wieder ab, indem Sie sie auf die Seite legen. Die Klasse kann also selbst zuschauen, wie viel Zeit sie schon vergeudet hat und wieder aufholen muss (entweder durch gute Mitarbeit/gutes Verhalten oder eventuell durch eine Verlängerung der Stunde).

* **Die Störenfriede herausfinden:** Sind die Störenfriede klar identifizierbar? Sprechen Sie mit ihnen, und ergreifen Sie ggf. Disziplinierungsmaßnahmen (bis hin zu einer Verweisung in den Trainingsraum oder eine andere Klasse).

* **Etwas Ungewöhnliches tun:** Wenn Sie durch Ihr Handeln die Neugier der Klasse erwecken, wird sie automatisch verstummen (zum Beispiel könnten Sie offensichtlich still „vor sich hin" die Störenfriede notieren).

* **Das nonverbale Ruhe!-Signal:** Dieses schont generell Stimme und Nerven. In einigen Fächern oder Situationen kann ein vereinbartes Signal erforderlich werden, um Ruhe herzustellen, zum Beispiel beim Turnunterricht im Freien oder bei einer Theaterprobe, wenn die Schüler gerade mit einer geräuschvollen Übung beschäftigt sind. Jüngere Schüler hingegen können in ein Spiel so vertieft sein, dass sie für nonverbale Signale gar nicht mehr empfänglich sind. Üben Sie es mit der Klasse ein, schnell auf

das vereinbarte Signal richtig zu reagieren. Ein regelmäßiges Lob zwischendurch kann nicht schaden! Hier einige Vorschläge für Ruhe!-Signale:

- ein **Pfiff** oder eine Klingel,

- dreimal aufs **Pult klopfen**,

- **„Hände hoch"** – der Lehrer hebt eine Hand. Die Schüler müssen daraufhin mit ihrer Beschäftigung aufhören, die Hände heben und ruhig sein,

- der Lehrer **klatscht** zweimal in die Hände, die Schüler anschließend dreimal (woraufhin sie automatisch ihre Gespräche und derzeitigen Beschäftigungen einstellen müssen),

- der Lehrer schlägt ein **Instrument**, beispielsweise eine Klangschale oder ein Windspiel an (woraufhin die Schüler den Finger an den Mund legen, um ihren Mitschülern zu signalisieren, dass sie schweigen sollen),

- für die Grundschule besonders geeignet: eine **Spieluhr**, die zu Beginn der Woche aufgezogen wird und jeweils so lange läuft, bis Ruhe herrscht; wenn sie am Ende der Woche noch läuft, können die Schüler belohnt werden,

- der Lehrer malt ein **Kleeblatt** an die Tafel und füllt bei Ruhestörungen jeweils eines der Blätter aus, ein volles Kleeblatt bedeutet eine Sanktion,

- der Lehrer verteilt **„gelbe Karten"**,

- der **„Ruhesitz"** – der Lehrer setzt sich auf einen bestimmten Stuhl, und die Schüler müssen sich um ihn herum versammeln.

- das **Geräuschsignal:** Der Lehrer spielt einige Töne aus einem Musikstück vor, er pfeift kurz oder erzeugt ein anderes markantes Geräusch. Das ist das Zeichen für die Schüler, mit ihren Aufgaben bzw. der Ruhestörung durch Schwätzen etc. aufzuhören und aufzupassen. Diejenigen, die am schnellsten reagieren, erhalten eine kleine Belohnung, um alle zu möglichst schneller Reaktion zu motivieren.

✖ **Der Countdown:** Dabei zählt der Lehrer rückwärts, etwa: „Drei, zwei, eins, STILL!". Auf dieses Signal hin erstarren alle Schüler zu einer „Salzsäule". Machen Sie aus diesem „Kommando" ein kleines Spiel: Die Schüler sollen versuchen, jedes Mal schneller zu reagieren.

✖ **Der richtige Satz:** Bei manchen Klassen wirken auch verbale Aufforderungen zur Ruhe. Aber Sie sollten nie versuchen, eine Klasse zu überschreien. Wiederholen Sie, wenn nötig, einen Satz mehrmals mit Pausen dazwischen, um die Reaktion der Klasse einzuschätzen. Folgende Sätze könnten Sie ausprobieren:

- „Ich möchte, dass ihr herschaut und aufmerksam zuhört."

- „Schaut bitte zu mir her, und hört zu!"

- „Ich wünsche vollkommene Ruhe, bevor ich weitermache."

- „Ich will Ruhe in fünf … vier … drei … zwei … einer Sekunde!"

Ruhe schaffen durch

✓ Präsenz: Körpersprache, Ruhesitz, Raum nutzen/Standpunkt ändern
✓ nonverbale Techniken
✓ Unterbrechung des Redeflusses
✓ visuelle Hilfsmittel
✓ auditive Signale

Erklären Sie den Schülern in der ersten Stunde mit einer Klasse, warum Ruhe so wichtig ist und warum sie die damit zusammenhängenden Regeln befolgen **müssen**. Bestehen Sie auch darauf, dass nicht nur Ihnen in Ruhe zugehört wird, sondern dass sich die Schüler auch untereinander aufmerksam und ruhig anhören. Nachstehend finden Sie einige Argumente, falls Sie mit Ihren Schülern darüber sprechen wollen, warum Ruhe so wichtig ist:

- ✖ damit die Klasse Erklärungen hören kann,
- ✖ damit alle Schüler effektiv lernen können,
- ✖ um zu zeigen, dass man den Lehrer respektiert,
- ✖ um zu zeigen, dass man sich untereinander respektiert,
- ✖ weil jeder will, dass man ihm zuhört, wenn er etwas sagt,
- ✖ zur eigenen Sicherheit (der Lehrer könnte eine dringende Mitteilung machen müssen),
- ✖ aus Höflichkeit.

Verwendung von Signalen

Eine Menge Lehrerstress ist auf sehr geringfügiges Fehlverhalten zurückzuführen: Die Schüler rufen die Antwort nach vorne, ohne sich zuvor zu melden; einige beginnen mit ihren Aufgaben, bevor Sie mit Ihren Erklärungen fertig sind. Ein gutes Vorgehen besteht darin, durch bestimmte Signale das gewünschte Verhalten bei den Schülern zu veranlassen. Das ist besser, als sie erst etwas falsch machen zu lassen und dann zurechtzuweisen.

Der Lehrer kann Signale für regelmäßig wiederkehrende Abläufe einsetzen, die Signale können verbal oder nonverbal sein. Im Laufe der Zeit können sich die Zeichen abwandeln bis hin zu einem „Kürzel", auf das sich der Lehrer mit seinen Schülern einigt. Zur Verdeutlichung hier einige Beispiele:

- ✖ **Auf Fragen antworten:** Leiten Sie jede an die ganze Klasse gerichtete Frage mit der Formel ein: „Meldet euch, wenn ihr mir sagen könnt ..." Indem Sie das gewünschte Verhalten (melden) exakt ansprechen, können Sie die unerwünschte Reaktion (einfach herausrufen) vermeiden. Diese Aufforderung kann stufenweise verkürzt werden zu „Hände nach oben" oder einfach „Hände". Dieses Signal kann auch ergänzt werden durch ein leichtes Heben einer Hand seitens des Lehrers, wenn ein Schüler eine Antwort herausrufen will.

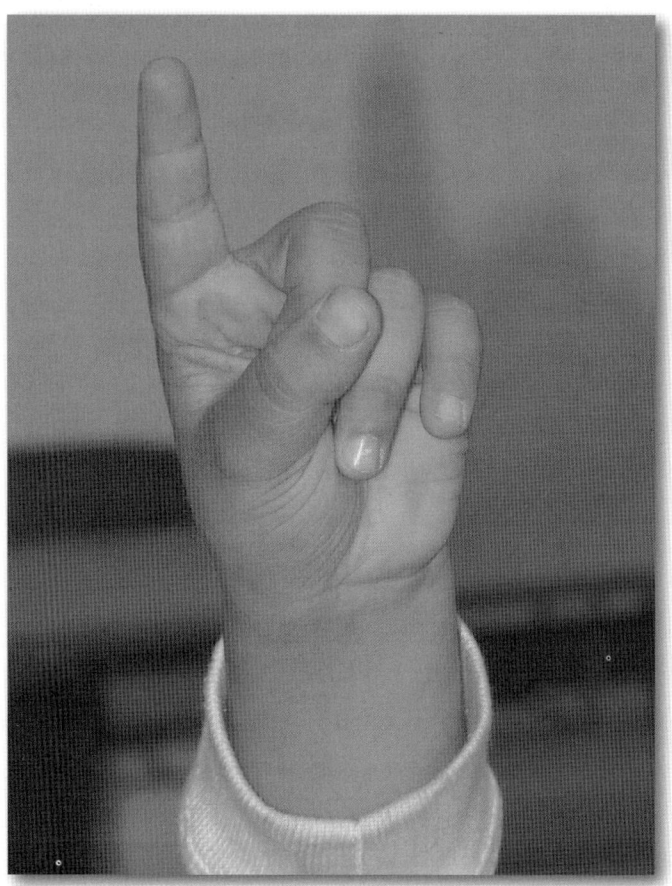

✖ **Anweisungen geben:** Manche übereifrige Schüler wollen schon mit einer Aufgabe beginnen, ehe der Lehrer mit seinen Erklärungen und Anweisungen fertig ist. Versuchen Sie es mit dem Satz: „Erst wenn ich sage los, könnt ihr anfangen!" Wenn Sie Ihre Erklärungen beendet haben, können Sie mit „Drei, zwei, eins ... los" das Startzeichen geben. Auch dieses Signal kann natürlich verkürzt werden. Wenn ein Schüler scheinbar vorzeitig anfangen will, können Sie ihn mit der Frage „Habe ich schon los gesagt?" noch bremsen.

Der Schüler hat die Wahl

Wir können unsere Schüler nicht zu einem bestimmten Verhalten zwingen. Wir können nur demonstrieren, dass ein bestimmtes Verhalten die beste Wahl ist. Im Idealfall erwarten wir von unseren Schülern, dass sie die **Verantwortung** für ihr Tun und für die Folgen übernehmen. Das ist wichtig für die Herstellung einer **positiven und effektiven Lernatmosphäre**. Und es ist noch wichtiger für die Vorbereitung der Jugendlichen auf das Leben nach der Schule. Dann werden nämlich ihre Entscheidungen bezüglich ihres Verhaltens noch richtungweisender.

Und hier kommt die Technik **„Die Wahl"** ins Spiel. Im Klassenzimmer haben die Schüler grundsätzlich zwei Möglichkeiten: Entweder sie tun das, was der Lehrer sagt, oder sie müssen die **Konsequenzen akzeptieren**, wenn sie sich weigern. Wenn wir die Möglichkeiten und die Konsequenzen klar und deutlich genug machen, lässt sich Fehlverhalten oder gar eine Eskalation oft verhindern. Die Schüler ihrerseits werden in die Lage versetzt, negatives Verhalten zu überdenken und abzustellen, um in Zukunft unangenehme Folgen zu vermeiden.

Wichtig: Lassen Sie Ihren Schülern die Wahl! So fühlen sie sich ernst genommen, da sie selbst entscheiden dürfen.

Überlässt ein Lehrer den Schülern die Wahl, dann kann er eine ganze Reihe von konfliktträchtigen Situationen **„entpersönlichen"**. Im Endeffekt sagen Sie als Lehrer nichts anderes, als dass Sie dafür verantwortlich sind, die von der Schule (oder auch gemeinsam mit den Schülern!) aufgestellten Regeln durchzusetzen. Wenn ein Schüler sich nicht daran halten will, dann zwingt er Sie dazu, die entsprechenden Konsequenzen zu ziehen. Eine Bestrafung ist also keine persönliche Entscheidung des Lehrers. Wenn Sie einen Schüler vor die Wahl stellen, dann beachten Sie die Hinweise auf der nächsten Seite.

* Erklären Sie genau das Verhalten, das Sie von ihm erwarten,
* verdeutlichen Sie die Vorteile, die sich daraus ergeben,
* benennen Sie die Konsequenzen, die sich bei Nichteinhaltung ergeben,
* geben Sie dem Schüler Zeit, sich seine Entscheidung zu überlegen,
* verhängen Sie die vorher festgelegte Bestrafung, wenn der Schüler nicht auf Ihre Erwartung eingeht.

Zur Verdeutlichung folgen zwei konkrete Beispiele:

Eine kleine Störung

Klaus spielt unter dem Tisch mit dem Gameboy.

<u>Lehrer:</u> Klaus, leg bitte den Gameboy weg, und mach mit deinen Aufgaben weiter!

<u>Klaus:</u> Ich will nur noch das Spiel zu Ende spielen.

<u>Lehrer:</u> Klaus, du hast die Wahl. Ich möchte, dass du sofort dein Spielzeug wegräumst. Sonst zwingst du mich, es dir wegzunehmen. Es liegt an dir. Entscheide dich, ich komme gleich wieder und schaue nach.

Der Lehrer wendet sich dem nächsten Schüler zu, um ihm zu helfen. Klaus räumt kleinlaut den Gameboy weg.

Ein größerer Vorfall

Sandra ist ziemlich schlecht gelaunt. Sie drängelt sich beim Betreten des Klassenzimmers durch eine Gruppe Mitschüler und stößt einen von ihnen zu Boden.

<u>Lehrer</u> (zeigt zur Tür): Sandra, dein Verhalten ist nicht zu akzeptieren. Ich möchte, dass du jetzt sofort mit mir nach draußen gehst, damit wir darüber sprechen können.

<u>Sandra:</u> Nein, werde ich nicht. Wollen Sie mich etwa fertigmachen?

<u>Lehrer:</u> Sandra, du hast die Wahl. Ich möchte, dass du jetzt sofort mit mir nach draußen kommst, damit wir die Angelegenheit klären können. Wenn du dich weigerst, lasse ich den Rektor holen und dich von meinem Unterricht ausschließen. Das will ich aber nicht. Ich warte jetzt draußen auf dich, während du dich entscheidest.

Sandra erkennt, dass sie sich nicht durchsetzen wird, und folgt dem Lehrer vor die Tür.

Zumutbare Forderungen – keine Diskussionen

Solange Sie mit Ihren Schülern vernünftig umgehen und keine unrealistischen Ansprüche bezüglich Lernarbeit und Verhalten haben, gibt es eigentlich keinen Grund für Diskussionen über Ihre Erwartungen.

Es ist vernünftig, dass Sie von der Klasse völlige Ruhe erwarten, wenn Sie etwas erklären – sofern Sie nicht zwanzig Minuten am Stück reden! Ebenso ist es völlig vernünftig, dass bei einer schriftlichen Arbeit völlige Ruhe herrscht – sofern Sie von den Schülern nicht erwarten, die ganze Stunde ohne Pause in Schweigen zu verharren.

Wenn individuelles Fehlverhalten angesprochen wird, verwickeln Schüler den Lehrer gerne in eine **Diskussion**, anstatt die Verantwortung für das Geschehene zu übernehmen. Einige Schüler weichen dabei den Fragen des Lehrers ziemlich geschickt aus. Ein Lehrer sollte sich darin üben, nicht lockerzulassen. Sonst wird er in Debatten darüber verwickelt, wer „die Schuld" hat. Wenn Sie beispielsweise einen Schüler darauf ansprechen, dass er seine Aufgaben nicht erledigt, kann er die Schuld auf einen Mitschüler schieben, der ihm angeblich den Kugelschreiber weggenommen hat. Dann können Sie sich sehr schnell in einer Diskussion mit dem anderen Schüler wiederfinden, der den Diebstahl des Kugelschreibers abstreitet. Ehe Sie sich versehen, haben Sie das Fehlverhalten, um das es eigentlich geht, aus den Augen verloren.

Tipp: Diskutieren Sie nicht! Bleiben Sie ruhig und sachlich.

Für den Lehrer kann es knifflig werden, **zumutbare Forderungen überhaupt angemessen zu definieren**. Wir müssen dabei schwierige Entscheidungen treffen, um die richtige Balance zu finden. Einerseits wollen wir hohe Standards setzen und erwarten das Allerbeste von unseren Schülern. Andererseits aber müssen wir den Sinn für die Realität wahren. Sind Lehrer mit ihren Forderungen zu autoritär, können Konfrontationen und Schwierigkeiten entstehen. Sind Lehrer aber zu nachgiebig und locker, werden die Schüler das wahrscheinlich ausnutzen.

Aussagesätze, keine Fragen

Lehrer können sich bei Verhaltensproblemen mitschuldig machen, wenn sie rhetorische Fragen stellen – auch mir ist dieser Fehler unterlaufen. Als Beispiel ein fast schon klassisches Szenario: Ein Schüler betitelt einen Lehrer mit einem derben Schimpfwort, und der Lehrer reagiert mit der Frage: „Was hast du gesagt?" Der Schüler beantwortet diese Frage ganz „aufrichtig", indem er die Beleidigung wiederholt. Vielleicht ist die Reaktion des Lehrers eine Sache der Gewohnheit – denn Lehrer stellen im Laufe eines Schultages sehr viele Fragen. Eine sehr nützliche Faustregel lautet deshalb: Stellen Sie niemals Fragen, deren Beantwortung Sie gar nicht wollen!

Es ist auf jeden Fall besser, wenn der Lehrer seine Erwartungen in **Aussage-sätzen** formuliert. Dieses Vorgehen nützt auch den Schülern mehr – denn Sie machen ihnen klar, was sie tun sollen, anstatt zu monieren, was sie nicht tun sollten. Außerdem vermittelt es den Eindruck, dass der Lehrer weiß, was er will, und dass er seinen Schülern zutraut, seine Erwartungen zu erfüllen. Natürlich gibt es auch Situationen, in denen eine Frage angebracht ist und Sie eine Antwort haben wollen. Fragen Sie zum Beispiel einen Schüler, ob er heute irgendein Problem hat, das kann ein guter Ausgangspunkt für eine **konstruktive** Diskussion über ein Fehlverhalten sein.

Zur Verdeutlichung folgen einige Beispiele dafür, wie man Fragen als Aus-sagesätze formulieren kann:

- „Warum machst du deine Aufgaben nicht?" → „Ich möchte, dass du mit deinen Aufgaben weitermachst, damit wir alle pünktlich nach Hause gehen können."
- „Warum bist du heute so albern?" → „Ich möchte, dass du dich ordentlich hinsetzt und aufmerksam zuhörst."
- „Warum hört ihr nicht zu? → „Alle schauen bitte nach vorne und hören aufmerksam zu."

Wiederholungen

Wenn wir zur Klasse etwas sagen, dann erwarten wir oft, dass wir gleich beim ersten Mal gehört und verstanden werden. Diese Erwartung kann jedoch unnötige **Missverständnisse** und Konfrontationen zur Folge haben. In einem Klassenzimmer kann es ziemlich geräuschvoll zugehen. Deshalb gibt es viele mögliche Gründe, warum Ihre Schüler nicht sofort auf Ihre Anweisungen reagieren. Nachstehend einige Beispiele, wann Wiederholungen angebracht sein können:

* um die Aufmerksamkeit der Schüler zu wecken, bevor Sie eine Anweisung geben,
* um sicherzugehen, dass ein Schüler zuhört, wenn Sie ihn vor einer möglichen Sanktion warnen müssen,
* weil die Schüler beim ersten Mal Ihre Erklärungen noch nicht verstanden haben,
* um ein mögliches Missverständnis zu klären und um Ihre Vorstellungen deutlich zu machen,
* um Ihre Anweisungen zu verstärken und zu unterstreichen, dass sie befolgt werden müssen.

Wiederholungen sind besonders sinnvoll, wenn Sie einen Schüler bestrafen müssen. In dieser Situation kann es nötig sein, Folgendes zu wiederholen:

* den Namen des Schülers, damit er aufmerksam wird,
* die zuvor gegebene Anweisung oder das Verhalten, das Sie erwarten (Sie könnten den Schüler zu einer Wiederholung des Gesagten auffordern, um abzuklären, ob er es verstanden hat.),
* die Alternativen, um eine Strafe zu vermeiden,
* die zu verhängende Strafe, wenn ein Schüler sich nicht fügt.

Ziele und Zeitlimits

Schüler wollen klare Zielvorgaben, sie wollen etwas erreichen. Mit Zielen können Sie den natürlichen Drang der Schüler nach einem Wettkampf anspornen: Ein Wettkampf eventuell mit anderen Schülern in der Klasse oder aber, wichtiger noch, mit sich selbst in Bezug auf bisher Erreichtes. Haben die Schüler ein gewisses Aufgabenpensum, das es in einer bestimmten Zeit zu schaffen gilt, dann fördert dies ihr **Gespür für das Vorrangige** ebenso wie ihre **Arbeitsgeschwindigkeit**. Mit Zielen können Sie auch Ihren schwächeren Schülern das Gefühl vermitteln, etwas erreicht zu haben, zum Beispiel, indem Sie die Aufgabe stellen, in drei Minuten fünf bestimmte Wörter zu finden.

Es gibt eine ganz Fülle verschiedener Zielvorgaben. Beispielsweise sollten die Schüler eine **bestimmte Anzahl** von Wörtern oder Antworten finden. Sie können dafür auch ein **Zeitlimit** setzen. Ebenso können Sie ein Ziel setzten, das zur Verbesserung des Verhaltens führt, zum Beispiel, auf den Plätzen zu bleiben oder sich zu melden. Nachstehend dazu einige Tipps:

* Achten Sie darauf, dass die Ziele zu der Klasse und den Schülern passen: Sie sollten weder zu schwer noch zu einfach sein.
* Um die maximale Wirkung zu erreichen, sollten Sie die Ziele kurz und präzise formulieren (fünf Wörter in drei Minuten usw.).
* Geben Sie auch visuelle Hinweise, um das Verständnis zu erleichtern. Heben Sie zum Beispiel die Hand, um „fünf Worte" zu verdeutlichen.
* Verwenden Sie ggf. Musik, um das Gespür für das richtige Arbeitstempo zu fördern.
* Steigern Sie die Motivation Ihrer Schüler zum Beispiel mit Wörtern wie „Wettbewerb", „Preis" oder „Herausforderung".
* Belohnungen für das Erreichen von Zielen sollten die Klasse oder einen Schüler wirklich ansprechen.

Zur weiteren Verdeutlichung folgen einige Beispiele. Selbstverständlich muss die Motivation und Belohnung der Schüler so erfolgen, dass kein anderer sich vernachlässigt oder unfair behandelt fühlt!

Ein Ziel für die ganze Klasse zum Lernstoff

„Nun, heute wollen wir einen kleinen Wettkampf machen. Wie ihr seht, habe ich zehn Fragen zum Stoff der letzten Stunde an die Tafel geschrieben. Wir wollen mal sehen, wer es schafft, am schnellsten alle Fragen in vollständigen Sätzen richtig zu beantworten!"

Ein Ziel für einen einzelnen Schüler zum Lernstoff

„Okay, Stefan. Ich möchte, dass du dich heute darauf konzentrierst, bei den schriftlichen Aufgaben die Punkte richtig zu setzen. Die sonstige Rechtschreibung ist heute nicht so wichtig. Wir wollen besonders auf die Zeichensetzung achten. Wenn du es hinbekommst, alle Punkte richtig zu setzen, gibt es eine kleine Belohnung."

Ein Ziel für die ganze Klasse zum Verhalten

„Also, schaut alle her, und hört mir bitte aufmerksam zu. Sehr schön! Heute werden wir einen Test machen (Stöhnen der Klasse). Nein, nicht so einen Test! Wir wollen heute prüfen, wer die beste Selbstdisziplin in der Klasse hat. Wer kann am längsten in völliger Stille arbeiten? Für den Sieger gibt es einen kleinen Preis."

Ein Ziel für einen einzelnen Schüler zum Verhalten

„Christian, ich weiß, wie schwierig es für dich ist, auf deinem Platz sitzen zu bleiben. Aber leider ist das eine absolute Voraussetzung, wenn du etwas lernen möchtest! Deshalb möchte ich dir heute eine Aufgabe stellen. Wenn du es schaffst, die ganze Stunde auf deinem Platz zu bleiben, ohne ein einziges Mal aufzustehen, dann kannst du insgesamt drei Preise gewinnen. Wenn du es schaffst, zwanzig Minuten sitzen zu bleiben, hast du schon den ersten Preis gewonnen. Bei den nächsten zwanzig Minuten bekommst du den zweiten. Und wenn du auch noch die letzten zwanzig Minuten auf deinem Platz bleibst, hast du dir auch den dritten Preis redlich verdient. Alles klar?"

Humor

Humor kann im Klassenzimmer eine unglaubliche Wirkung haben. Lehrer, die ihre Schüler zum Lachen bringen und die bei der richtigen Gelegenheit mitlachen können, werden fast zwangsläufig eine gute Beziehung zu ihrer Klasse entwickeln. Natürlich wird es Stunden oder auch Tage geben, denen Sie nichts Lustiges abgewinnen können. Aber wenn Sie zu Ihrer Arbeit einen humorvollen Zugang finden und es schaffen, dass der Unterricht wie ein Vergnügen erscheint, dann wird es Ihnen mit Sicherheit leichter fallen, das Verhalten der Schüler in den Griff zu bekommen. Humor fördert das Gefühl des Zusammenhalts und häufig auch eine gewisse Selbstdistanzierung.

Neben den vorteilhaften Auswirkungen auf die Schüler, bietet Humor auch eine Atempause von den Spannungen, die sich in einer schwierigen Klasse aufbauen können. Wenn Sie lachen können, falls mal etwas schiefgeht, wenn Ihr Unterricht Ihnen selbst Freude bereitet, dann werden Sie sich wesentlich besser fühlen. Sie können mit Humor auch die Defensivhaltung vermeiden, die in Konfliktsituationen aufkommen kann. Sie werden die Probleme viel lockerer angehen.

Mit Humor können Sie auch persönliche Beleidigungen umschiffen. Auch wenn es schwierig ist, bei einer Beleidigung ruhig zu reagieren, kann dieses Vorgehen die böse Absicht in ihr Gegenteil verkehren. Wenn ein Schüler

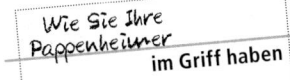

beispielsweise bemerkt: „Ihre Frisur ist irgendwie total daneben!", können Sie mit ausdrucksloser Stimme antworten: „Findest du? Ich wollte mich gerade bei dir für den Tipp mit dem Friseur bedanken …"

Lernen Sie, über sich selbst zu lachen, wenn Sie in der Klasse einen Fehler machen oder Ihnen ein Missgeschick passiert – wenn Sie zum Beispiel stolpern oder sich versprechen. Schüler mögen Lehrer, die selbstironisch sein können. Es ist eine gute Möglichkeit, das Image der Lehrer als Autoritätspersonen geradezurücken. Selbstironie beweist auch, dass Sie sich selbst nicht zu ernst nehmen.

Im Allgemeinen ist Humor die beste Methode, um Sarkasmus zu vermeiden – obwohl ich zugestehe, dass Sarkasmus eine großartige Möglichkeit ist, in wirklich schwierigen Situationen Dampf abzulassen. Sie sollten es ebenso vermeiden, über einzelne Schüler zu lachen oder andere Schüler dazu anzuregen. Der Klassen-Clown mag die Aufmerksamkeit genießen, aber einen schüchternen Schüler wird es sehr verunsichern, wenn seine Klassenkameraden über ihn lachen.

Wichtig: Lachen erlaubt!

Wechsel der Perspektive

Wenn Sie mit andauerndem Fehlverhalten konfrontiert werden, können Sie leicht das Gespür für das richtige Verhältnis verlieren. Dann kann es Ihnen so vorkommen, als seien die Schüler vorsätzlich unausstehlich und auf einem Rachefeldzug gegen Sie. Das wiederum kann zu Überreaktionen auf ein relativ harmloses Vorkommnis führen. Entwickeln Sie deshalb die Fähigkeit, sich einen Schritt neben sich selbst zu stellen und das Klassenzimmer aus der **Perspektive Ihrer Schüler** zu betrachten. Reflexion und Selbstkritik werden sich für Ihre gesamte Berufspraxis auszahlen.

Die ganze Sache aus der Perspektive der Schüler zu betrachten, ist ein sinnvolles Vorgehen, wenn eine Aktivität oder eine ganze Stunde nicht wie gewünscht abläuft. Aus der Perspektive der Schüler sollten Sie entdecken können, was überhaupt der **Anlass für das Fehlverhalten** ist. Lassen Sie Ihre Schüler zu lange nur zuhören? Ist der Stoff so schwierig, dass die Klasse nichts versteht? Oder finden die Schüler ein bestimmtes Thema ganz einfach nur langweilig?

Mit einem Perspektivwechsel können Sie auch Ihren eigenen Unterricht besser analysieren. Wenn Ihre Schüler Ihnen gegenüber ein provokatives Verhalten an den Tag legen, sobald Sie zur Ordnung rufen, dann betrachten Sie Ihre Reaktion auf dieses Verhalten aus der Außenperspektive. Sagen oder tun Sie etwas, was die Situation verschärft? Spielen irgendwelche externen Faktoren eine Rolle, zum Beispiel die Tageszeit?

Wenn Sie die Erwachsenenrolle „Lehrer" annehmen, dann vergessen Sie nicht, dass Sie auch mal Kind und Schüler waren. Manchmal machen Kinder und Jugendliche nur deshalb Unfug, weil sie eben Kinder oder Jugendliche sind. Und den Lehrer hin und wieder auf die Schippe zu nehmen, gehört nun mal auch dazu …

Tipp: Nutzen Sie hin und wieder das Schüler-Feedback zur Evaluation Ihres Unterrichts!

Medientipp:

Vorlagen zu Feedbackbögen finden Sie hier:
www.learn-line.nrw.de/angebote/
schulberatung/main/medio/aufgabenfelder/
eva_befrag_schue.html

Teil 2

Der Lehrer und der Unterricht

1. Der effektive Lehrer

Der Lernprozess

Ein effektiver Lehrer zu werden, ist ein Lernprozess, der in dem Augenblick beginnt, in dem Sie zum ersten Mal ein Klassenzimmer betreten. Und dieser Lernprozess endet eigentlich nie, egal, wie viele Jahre an Berufserfahrung Sie haben. Einen guten Lehrer zeichnen viele Facetten aus: ausgeprägte verbale und nonverbale **Kommunikationsfähigkeiten**; die Fähigkeit, eine Klasse **in den Griff zu bekommen**; die Souveränität, den eigenen Unterrichtsstil den verschiedensten **(Ausnahme)Situationen** anzupassen; eine gute **Unterrichtsplanung** und eine ebenso gute **Umsetzung**. All diese Eigenschaften können erlernt und weiterentwickelt werden. Und jeder von uns kann davon profitieren, wenn er an sich arbeitet und sich in bestimmten Punkten der eigenen Praxis verbessert. In diesem Kapitel behandle ich die Aspekte eines effektiven Unterrichts, die mit dem Lehrer als Persönlichkeit und als Kommunikator

zusammenhängen. In den Hintergrund treten vorerst die pädagogischen Aspekte (siehe Teil 2, Kapitel 2 und 4, in dem es um Planung und Vermittlung des Curriculums geht).

Es soll nicht unerwähnt bleiben, dass manche Menschen geborene Lehrer sind. Sie scheinen eine natürliche Begabung dafür zu haben, mit Schülern umzugehen und sie zu inspirieren, ihnen Ideen und Kenntnisse zu vermitteln. Zudem besitzen sie die Gabe, das Verhalten von Gruppen zu lenken und zu kontrollieren. In einem gewissen Maße hat das mit Charisma und vor allem Selbstsicherheit zu tun. Diese Naturbegabungen scheinen einen Instinkt für die in diesem Kapitel beschriebenen Fähigkeiten und Verhaltensweisen zu besitzen. Aber wir sind nicht alle geborene Lehrer. In jedem Fall ist **der Wille zum Lernen und zur Weiterentwicklung** das Entscheidende – und nicht der Zeitpunkt, wann man diesen Lernprozess beginnt.

Der Lehrer als Vorbild

Vielleicht erscheint der Gedanke vom Lehrer als Vorbild ein wenig altbacken. Manchmal ist man ein Vorbild allein wegen seines Alters, seines Geschlechts, seines Fachgebietes oder seines gesellschaftlichen Hintergrunds. Vielleicht sind Sie der einzige männliche Lehrer in einer Grundschule, vielleicht die einzige Physiklehrerin mit Migrationshintergrund. Aber ein Lehrer als Vorbild ist viel mehr als das. Er bietet ein konstantes Beispiel für angemessenes Verhalten – und das häufig für Schüler, die außerhalb der Schule kein solches Vorbild haben. Viele der schwierigsten Schüler kennen Erwachsene, die sich aggressiv und unreif verhalten. Es kann einige Zeit dauern, bis diese Schüler feststellen, dass es noch andere Möglichkeiten des Umgangs miteinander gibt.

Vor allem Kinder ahmen nach, was sie sehen. Daran sollten Sie denken, wenn Sie über das Verhalten mancher Ihrer Schüler enttäuscht sind. Wenn ein Kind in einer Familie aufwächst, in der jedes zweite Wort ein Schimpfwort ist, dann ist es sehr wahrscheinlich, dass es diesen Wortschatz auch in die Schule mitbringt. Aber wenn die Schüler Sie respektieren, werden sie Ihnen auch

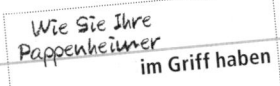

nacheifern wollen. Sie werden vielleicht Ihr Verhalten und Ihre Umgangs-
formen nachahmen. Sie werden sich vielleicht in Ihrem Fach besonders
anstrengen und Bestnoten erreichen wollen, weil sie von Ihnen inspiriert
wurden, dieses Fach so zu mögen, wie Sie es mögen.

Was du nicht willst, was man dir tu ...

Eine der besten Möglichkeiten, unseren Schülern richtiges Verhalten vorzu-
leben, besteht darin, dass wir sie so behandeln, wie wir selbst behandelt
werden wollen – nämlich **höflich und mit Respekt**. Man könnte denken,
es sei eine sehr einfache Strategie, immer höflich zu sein. Doch angesichts
von **Stress**, der durch andauernde Aggressionen und Ungezogenheiten von
Schülern hervorgerufen wird, verfällt man nur zu leicht in ähnliche Verhaltensmuster. Bevor Sie es überhaupt merken, machen Sie derbe Bemerkungen und
werden sarkastisch. So etwas würde Ihnen außerhalb der Schule wahrscheinlich nie einfallen.

Es ist zwar schwierig, aber wenn Sie es schaffen, immer höflich zu bleiben, können Sie **schwierige Situationen einfacher entschärfen** und ein Beispiel für gutes Verhalten geben. Wenn Sie aufmüpfige Schüler disziplinieren, dann denken Sie immer daran, dass der Rest der Klasse Sie beobachtet und von Ihnen lernt. Wenn Sie immer ruhig und höflich bleiben, egal wie heftig man Sie provoziert, werden die Schüler begreifen, dass Ihre Reaktion richtig ist und dass der provozierende Schüler sich falsch verhält.

Die folgenden zwei Beispiele zeigen zwei sehr unterschiedliche Verhaltensweisen eines Lehrers. Achten Sie im ersten Fall darauf, wie schnell sich ein schlechtes Wort aus dem anderen ergeben kann. Im zweiten Szenario bleibt der Lehrer gelassen und entschärft die ungehörige Bemerkung des Schülers.

Mit gleicher Münze zurückzahlen

<u>Lehrerin:</u> Los, Jakob, mach dich endlich an deine Aufgaben, und hör mit deinem Blödsinn auf.

<u>Jakob:</u> Keine Lust. Die Aufgaben sind saublöd, und Ihre Stunde ist stinklangweilig.

<u>Lehrerin:</u> Der Einzige, der hier blöd und langweilig ist, bist du!

<u>Jakob:</u> Ich bin nicht blöd und langweilig, Sie alte Kuh!

<u>Lehrerin:</u> Wie hast du mich genannt?

<u>Jakob</u> (lacht): Alte Kuh!

<u>Lehrerin:</u> Das reicht, Freundchen. Du wirst nacharbeiten, und zwar nicht zu knapp!

<u>Jakob:</u> Bei Ihnen bleibe ich ganz bestimmt nicht. Ich kann Sie nicht ausstehen!

<u>Lehrerin:</u> Meinst du, ich kann dich ausstehen? (schreit) UND JETZT MACH ENDLICH DEINE AUFGABEN!

Durch Höflichkeit ein Vorbild sein

<u>Lehrerin:</u> Jakob, würdest du jetzt bitte deine Aufgaben erledigen.

<u>Jakob:</u> Keine Lust. Die Aufgaben sind blöd, und Ihre Stunde ist stinklangweilig.

<u>Lehrerin:</u> Es tut mir leid, dass dir das so vorkommt. Ich erkläre dir gerne noch einmal den Sinn des Ganzen, wenn du ihn noch nicht erkannt hast: (zum Beispiel: Wenn wir hier vom Klimawandel sprechen, dann reden wir nämlich von etwas, das uns nicht nur alle betrifft, sondern zu dem wir auch alle beitragen. Deshalb ist es sehr wichtig, dass jeder weiß, was er selbst tun kann, um weitgehende Folgen zu vermeiden.) Darum die Aufgabe. Bearbeite sie jetzt bitte.

<u>Jakob:</u> Nein, werde ich nicht! Alte Kuh!

<u>Lehrerin:</u> Es kann ja sein, dass ich eine Kuh bin. Aber soooo alt bin ich nun auch wieder nicht, oder, Jakob?

<u>Jakob:</u> (verdutzt über diese Antwort) Was?

<u>Lehrerin:</u> Also, mach jetzt bitte deine Aufgaben. Du hast dafür zehn Minuten Zeit. Wenn du alles geschafft hast, unterhalten wir uns noch einmal.

Effektive verbale und nonverbale Kommunikation

Wenn Sie vor die Klasse treten, dann schlüpfen Sie wie ein Schauspieler auf der Bühne in eine Rolle, bei der Sie mit Ihrem Publikum kommunizieren müssen. Zumindest teilweise entnehmen Ihre Schüler Hinweise, wie sie sich verhalten sollen, aus der Art und Weise, wie Sie Ihre **Stimme und Ihren Körper** einsetzen. Strahlen Lehrer Selbstvertrauen und Sicherheit aus, dann ist das sicher vorteilhaft für ihr Ansehen. Die Schüler respektieren Sie und verhalten sich folglich in Ihren Stunden richtig.

Es ist wichtig, über die äußeren Aspekte des Unterrichts zu reflektieren, vor allem, wenn Sie nicht von Natur aus besonders selbstsicher sind. Denken Sie daran, dass Sie zwar selbstsicher sein sollten, es notfalls aber auch mal genügen kann, wenn Sie durch Ihre verbale und nonverbale Kommunikation Selbstsicherheit vorgeben. Gleich von Beginn an werden Ihre Schüler (oft unterbewusst) Ihre Persönlichkeit als Lehrer begutachten. Danach werden sie dann ihr Verhalten ausrichten.

Der Einsatz der Stimme

Die Stimme des Lehrers ist ein Werkzeug und ein Instrument, das stets funktionieren muss – und auf das es darum gut aufzupassen gilt. Vielleicht haben sich manche Lehrer einem Stimmtraining unterzogen. Aber es kann dennoch geschehen, dass man im Laufe der Zeit schlechten Gewohnheiten verfällt. Achten Sie darauf, dass Sie beim Sprechen eine **gute Haltung** einnehmen – aufrecht stehen, Schultern, Nacken und Kinn entspannt. Sonst kann zum Beispiel das Zwerchfell eingequetscht werden, und Sie haben nicht genügend Luft zum Sprechen. Achten Sie auch auf eine bewusste Zwerchfellatmung: Dies ermöglicht Ihnen eine relativ einfache Steigerung des Stimmvolumens sowie ein Pausensetzen ohne Atemnot. Die Stimme wird geschont.

Medientipp:

Tipps für ein Atemtraining und die richtige Haltung finden Sie zum Beispiel hier:

www.physiozentrum.de

> Übungen > Atmung bzw. Haltung

Wenn Sie bezüglich des Stimmeinsatzes Probleme haben, fragen Sie in Ihrer Schule nach einem entsprechenden Trainingsangebot.

Mit Ihrer Stimme sagen Sie Ihrer Klasse eine Menge über sich selbst, was große Auswirkungen haben kann auf Ihre Schüler und darauf, wie Sie von ihnen wahrgenommen werden. Wir haben alle unseren eigenen „Stil", was Stimme und Persönlichkeit anbelangt. Dieser Stil verrät viel über uns als Individuen. Denken Sie einen Augenblick an die Stimmen hochgestellter Persönlichkeiten: Wenn der Klang Ihnen unangenehm ist oder Sie irritiert, kann Sie das gegen eine Person einnehmen. Im Gegensatz dazu kann eine angenehme Stimme die Sympathie für einen Gesprächspartner wecken.

Der Klang Ihrer Stimme verrät anderen viel über Ihre Stimmungslage. In einer **Stresssituation** lässt die Stimme sehr leicht unsere Emotionen erkennen. Unter Druck wird sie lauter – oder sie versagt ganz. Ihre Stimme und Ihre Sprechweise vermitteln Ihren Schülern sehr deutliche Hinweise auf Ihren inneren Zustand – und sie reagieren auf diese Signale. Das Geheimnis liegt darin, die **Kontrolle über die Stimme** zu behalten. Wenn sich der Klang Ihrer Stimme ändert, sollte das eine bewusste Entscheidung und nicht die Folge von Stress sein. Auch wenn Sie verärgert sind, sollten Sie immer noch darauf achten, dass Ihre Stimme ruhig und kontrolliert klingt.

Tipp: Sprechen Sie möglichst aus dem Bauch heraus, nicht aus der Kehle! Das schont Ihre Stimme.

Nachstehend finden Sie zahlreiche Tipps und Vorschläge zum effektiveren Einsatz Ihrer Stimme.

Lautstärke

Für einen Lehrer kann es ziemlich schwierig sein, die richtige Lautstärke zu finden und zu halten. Wir hoffen zwar, dass wir mit unseren Schülern in einem „normalen Ton" sprechen können. Doch der Stress und all die Spannungen im Klassenzimmer machen es schwer, diesen Vorsatz immer in die Tat umzusetzen. Die richtige Lautstärke ist aber sehr wichtig für ein gutes Verhaltensmanagement. Sie zeigen damit Ihren Schülern, dass Sie sie respektieren und sich selbst unter Kontrolle haben. Zudem ist die richtige Lautstärke für die Vermittlung des Unterrichtsstoffes von Bedeutung.

Schreien deutet darauf hin, dass man die Beherrschung verloren hat. Es kann für Ihre Stimme sehr schädlich sein, zudem hat es nur selten direkten Einfluss auf Fehlverhalten. Anderseits kann es wiederum Schüler einschüchtern, die sich gar nicht danebenbenommen haben.

Hier einige Vorschläge zur richtigen Lautstärke und zur Vermeidung des Dranges, loszubrüllen:

* Denken Sie daran – je **leiser Sie** als Lehrer sind, desto leiser muss die Klasse sein, um Sie zu hören. Es darf nur nicht übertrieben werden.

* Erstrebenswert ist, grob gesagt, die **Lautstärke einer normalen Unterhaltung**. Natürlich hängt das auch von der Anzahl der Schüler, der Größe des Klassenraumes etc. ab.

* Wenn Sie spüren, dass Sie in Rage geraten, dann legen Sie für ein paar Sekunden eine **Sprechpause** ein, um Ihre Selbstkontrolle wiederzugewinnen. Atmen Sie tief durch, und senken Sie bewusst die Lautstärke.

* Laut sprechen kann zur Gewohnheit werden. Hören Sie sich während der Stunde regelmäßig selbst zu, und **überprüfen Sie**, ob Sie in der angemessenen Lautstärke sprechen.

* Wollen Sie die Lautstärke in Ihren Stunden **senken**, dann stellen Sie sich einfach vor, Sie würden eine Stereoanlage bedienen. Drehen Sie die Lautstärke ungefähr um die Hälfte leiser! Sie werden überrascht sein, wie leise Sie sprechen und dennoch gehört werden können.

* Achten Sie auf die **Akustik**. Wenn Sie in verschiedenen Räumen unterrichten, sollten Sie die Lautstärke den Gegebenheiten anzupassen. Bei einem leeren Raum, wie in Sälen oder Turnhallen, gibt es ein Echo. Ein randvolles Klassenzimmer dagegen dämpft den Klang.

* Wenn Sie mit einem einzelnen Schüler über sein Verhalten sprechen, treten Sie **nahe zu ihm hin,** und sprechen Sie ruhig und leise mit ihm, damit es kein anderer hören kann.

* Manchmal kann das **Anheben der Stimme** in einer lebendigen, schwatzhaften Klasse einen hilfreichen kurzen Schreck bewirken.
Das bewusste Anheben der Stimme sollte jedoch nur dann geschehen, wenn der Lehrer sich emotional unter Kontrolle hat. Es sollte sich nicht um eine unkontrollierte Reaktion aus Verärgerung handeln.

* Behält ein Lehrer die **Selbstkontrolle**, nützt das auch der Sprechtechnik. Der Klang kommt dann eher vom Zwerchfell – und entsteht weniger durch Anspannung der Kehle.

Tonfall

Nutzen Sie den Tonfall, um Ihre Ausführungen interessanter zu gestalten. Sie können durch **Hervorhebung** bestimmter Dinge Ihren Schülern auch Ihr Engagement verdeutlichen. Zudem gibt auch er den Schülern natürlich Hinweise auf Ihren emotionalen Zustand. Wir haben viele subtile Möglichkeiten, durch Änderungen des Tonfalls unsere Wirkungsweise zu variieren. Durch den Tonfall können wir eine große Bandbreite von Gedanken, Gefühlen und Reaktionen signalisieren und betonen.

Je mehr Sie auf den Tonfall achten, umso mehr werden Sie auch **Mimik und Gestik** im Unterricht einsetzen. Eine ausdruckslose Stimme vermittelt einen unbeteiligten, gleichgültigen Eindruck, die Mimik dazu wirkt leblos. Wenn ein Lehrer ständig ausdruckslos spricht, werden sich die Schüler bald langweilen.

Eine fröhliche, abwechslungsreiche Stimme belebt dagegen die Inhalte und wirkt motivierend auf die Schüler.

Sie sollten umso mehr auf den Tonfall achten, je jünger Ihre Schüler sind. Wenn Sie Kinder unterrichten, deren Erstsprache nicht Deutsch ist, kann eine sehr sorgfältige Sprechweise mit vielen Hervorhebungen und Betonungen angebracht sein. Ihre Schüler werden dann besser verstehen, was Sie sagen. Natürlich darf dies nicht übertrieben werden.

Manche Varianten im Tonfall können für einen Lehrer sehr hilfreich sein – dazu nun einige Beispiele:

- ✺ **Staunen:** Staunen und Interesse in Ihrer Stimme kann Ihre Klasse motivieren. Sie können diesen Tonfall auch anwenden, wenn Sie über das Verhalten eines Schülers besonders erfreut sind: „Toll, wie du das heute gemacht hast!"
- ✺ **Aufregung:** Ein aufgeregter Tonfall kann einem Inhalt oder einer Aktivität Tempo und Energie verleihen.
- ✺ **Großer Ernst:** Ein solcher Tonfall – ernst, aber nicht ärgerlich – sagt Ihren Schülern, dass Sie nicht gerade glücklich über eine bestimmte Sache sind.
- ✺ **Enttäuschung:** Wenn es um Fehlverhalten geht, ist ein enttäuschter Tonfall wohl am sinnvollsten. Wenn die Klasse oder ein Schüler den Lehrer respektiert, ist das Gefühl, ihn enttäuscht zu haben, ein sehr wirkungsvolles Motivationsmittel, sich zu bessern.

Sprechtempo

Das Sprechtempo ist ein sehr interessanter Aspekt beim Einsatz der Stimme. Bei der Sprechgeschwindigkeit vertritt jeder Lehrer wohl seine eigene Ansicht. Es ist natürlich wichtig, das Sprechtempo den jeweiligen Schülern anzupassen. Bei den Jüngeren oder bei Schülern, deren sprachliche und kognitive Fähigkeiten nicht stark ausgeprägt sind, sollte man langsam und deutlich sprechen.

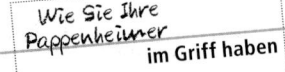

Bei einer aufmüpfigen, lernunwilligen Klasse hingegen könnte es angebracht sein, sie mit einer erhöhten Sprechgeschwindigkeit auf Trab zu bringen und so ihre Aufmerksamkeit auf den Unterricht zu lenken.

Variieren Sie im Verlaufe einer Unterrichtsstunde das Sprechtempo, um das Interesse der Schüler wach zu halten. Das kann ein gewisses Feingefühl erfordern: Achten Sie darauf, dass jeder Schüler versteht, was Sie sagen. Nachstehend finden Sie einige Gedanken dazu, wie sich das Sprechtempo auswirken kann. Denn es kann gutes Verhalten und Lernen sowohl unterstützen als auch behindern.

 Ein geringes Sprechtempo kann

- einen Schüler beruhigen,
- eine angespannte Situation entschärfen,
- eine lärmende und aufgeregte Klasse zur Ruhe bringen,
- das Verstehen erleichtern.

 Ein geringes Sprechtempo kann aber auch

- zu Langeweile führen,
- bewirken, dass Schüler abschalten,
- als Bevormundung empfunden werden,
- das Gefühl vermitteln, dass die Schüler nicht ernst genommen werden.

 Ein hohes Sprechtempo kann dagegen

- eine unwillige Klasse motivieren,
- einen trägen Schüler munter machen,
- einer Stunde Energie und Schwung verleihen,
- einen langweiligen Teil des Unterrichtsstoffes interessanter machen.

Ein hohes Sprechtempo kann aber auch

* das Verständnis erschweren,
* bewirken, dass sich einige Schüler gestresst fühlen,
* bewirken, dass der Lehrer fahrig und genervt klingt,
* für den Lehrer ermüdend sein.

Tipp: Besprechen Sie regelmäßig Ihren Anrufbeantworter neu, und hören Sie Ihre Aufzeichnung ab – so bekommen Sie ein besseres Gefühl für Ihre Stimme!

Die Redezeit des Lehrers

Wie viel sollten Sie als Lehrer überhaupt reden? Manche Lehrer sind dafür berüchtigt, dass sie zu gerne dem Klang ihrer eigenen Stimme lauschen. Wenn Sie zu Ihrer Klasse mehr als fünf oder zehn Minuten sprechen, ist es ziemlich wahrscheinlich, dass zumindest einige Schüler Ihre Stimme nur noch als Hintergrundgeräusch wahrnehmen und sich „alternativ" beschäftigen. Beschränken Sie Ihre Redezeit also auf ein **Minimum**. Steigern Sie hingegen die aktive Mit- und Zusammenarbeit der Schüler so weit wie möglich.

Jemandem zuzuhören, ist eine typisch passive Haltung. Wenn Ihre Erklärungen etwas mehr Zeit in Anspruch nehmen und Sie ein gewisses Maß an Frontalunterricht nicht vermeiden können, dann binden Sie Ihre Schüler ein. Unterbrechen Sie Ihre Erklärungen mit Übungen, an denen sich die Schüler aktiv beteiligen müssen. Zum Beispiel

* können sich die Schüler Notizen machen,
* Fragen beantworten,
* Ihnen bei Demonstrationen helfen,
* soeben Erläutertes mit eigenen Worten wiedergeben,
* Beispiele für zuvor Erläutertes suchen,

- ✳ das zuvor Erläuterte auf ihren Alltag beziehen,
- ✳ Meinungen äußern,
- ✳ bei einer Wiederholung das von Ihnen Gesagte weiterführen,

etc.

Körpereinsatz

Es gibt eine ganze Menge nonverbaler Signale seitens des Lehrers, die sich auf das Verhalten der Schüler auswirken. 82% der Botschaften eines Lehrers sind nonverbal, so die Forschung. Natürlich werden einige dieser Signale bewusst verwendet, um eine Klasse zu lenken. Doch wir senden gleichzeitig auch viele **unbewusste Signale** aus. Manche davon verraten Stress oder einen Mangel an Selbstvertrauen. Die Art und Weise, wie die Schüler diese Signale interpretieren, kann das Verhaltensmanagement erschweren oder erleichtern. Meistens treffen die Schüler Entscheidungen bezüglich ihres Verhaltens auf Grund der unterbewussten Wahrnehmung dessen, was Sie durch Ihre Körpersprache „sagen". Wie bei der Stimme, liegt das Geheimnis darin, sich seine Signale **bewusst** zu machen. Dazu gehört dann auch, dass man diese Signale, soweit es eben möglich ist, unter Kontrolle behält, und dass das, was man sagt, und das, was der Körper signalisiert, kongruent sind.

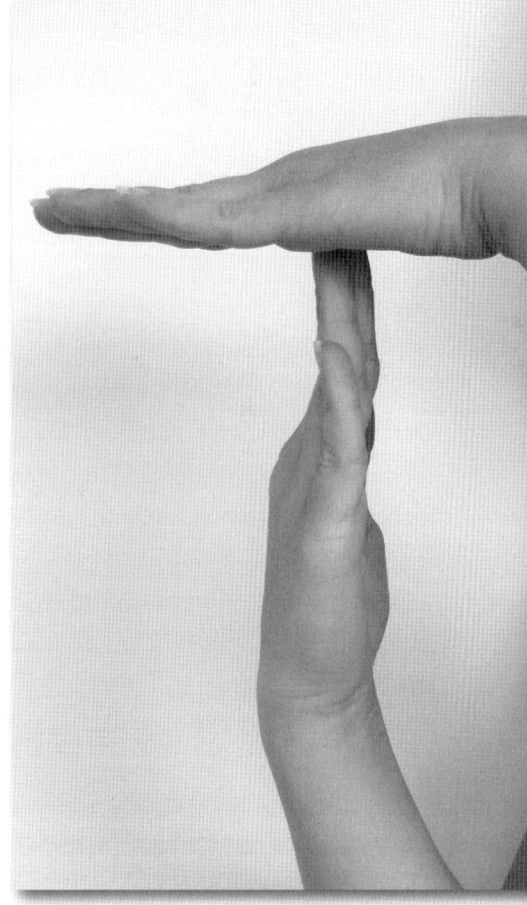

Man kann dazu neigen, der Klasse seine Wünsche und Anweisungen hauptsächlich sprachlich mitzuteilen. Aber häufig sind nonverbale Signale nützlicher und wirkungsvoller als sprachliche.

- ✖ Nonverbale Signale sind nicht anstrengend und beanspruchen die Stimme nicht.
- ✖ Nonverbale Signale können sich an einen bestimmten Schüler richten, ohne die ganze Klasse darauf aufmerksam zu machen, was gerade vorgeht. Folglich bekommen diejenigen, die gerne die Aufmerksamkeit auf sich ziehen, kein Publikum.
- ✖ Nonverbale Signale können im Laufe der Zeit zu „Kürzeln" werden, mit denen Sie zu Ihrer Klasse „sprechen" können.

Bei der Kommunikation mit der Klasse kann der ganze Körper eine Rolle spielen. Nachstehend finden Sie einige Tipps, wie Sie verschiedene Körperteile effektiv einsetzen können.

Augen

Wenn Sie sich an die Klasse wenden, lassen Sie Ihren Blick schweifen und schauen Sie den Schülern in die Augen. Vor allem zu Beginn der Stunde müssen Sie überprüfen: Sind alle Blicke auf Sie gerichtet? Sprechen Sie erst, wenn Sie die Aufmerksamkeit jedes einzelnen Schülers haben. Auch im weiteren Verlauf der Stunde sollten Sie beständig Blickkontakt mit allen halten. Auch den Ansatz eines Fehlverhaltens bemerken Sie so am ehesten und können es im Keim ersticken.

Ihr Blick kann

- ✓ loben
- ✓ tadeln
- ✓ disziplinieren
- ✓ die Kontrolle erhalten
- ✓ die Aufmerksamkeit Ihrer Schüler einfordern
- ✓ Ruhe verbreiten
- ✓ positiv bestärken

Der „Drohblick" kann ein sehr wirkungsvolles, nonverbales Signal sein. Damit kann man ausdrücken (oder notfalls auch nur den Anschein erwecken), dass man genau weiß, was man will. Und dass man auch genau weiß, was passieren wird, wenn der andere nicht so will, wie man selbst! Wenn Sie diese Einstellung verinnerlichen oder zumindest einen solchen Eindruck hinterlassen, dann werden auch Ihre Augen diese Haltung verraten.

Der „Drohblick" sagt Ihren Schülern, dass sie tun müssen, was Sie wollen. Sonst drohen ihnen nämlich Konsequenzen, die alles andere als erstrebenswert und lustig sind. Er macht den Schülern klar, wer „das Zepter in der Hand" hat.

Durch das Heben der Augenbrauen kann man gut Überraschung und Missbilligung ausdrücken. „Entschuldige bitte, aber was genau machst du da eigentlich?"

Passt eine Klasse nicht auf, dann unterbrechen Sie den Augenkontakt und starren stattdessen an die Decke. Diese Unterbrechung des normalen Augenkontaktes bedeutet ganz klar: „Hallo, Leute, ich warte auf euch!"

Mimik

Ihr Gesicht verrät einiges: Ihre Haltung gegenüber dem Stoff, den Sie vermitteln, Ihre Motivation, Ihr Interesse. Auch Stress und Anspannung kann es natürlich preisgeben. Die Schüler „lesen" Ihre Mimik und ziehen ihre Schlüsse. Wenn Sie also Erläutertes mimisch **unterstützen**, werden sie Ihren Ausführungen lieber folgen; wenn Sie Ihre Mimik einigermaßen im Griff haben, müssen Sie außerdem nicht alle negativen Gefühle preisgeben. Versuchen Sie, durchgehend offen, natürlich, freundlich zu wirken. Das wird dem Klima in jedem Falle förderlich sein.

Gestik

Lehrer entwickeln oft ein ganzes Repertoire an verschiedenen Gesten und Bewegungsabläufen, um mit ihren Schülern zu kommunizieren. Der demonstrative Blick auf die Uhr zeigt an, dass die Klasse gerade Zeit verschwendet. Sie können den Namen eines Schülers notieren, der gerade ein Fehlverhalten an den Tag legt. Das führt oft dazu, dass der Betreffende damit aufhört und wissen will, was Sie da gerade machen und warum.

Regungs- und Bewegungslosigkeit kann ein ebenso starkes Signal sein wie eine bestimmte **Aktion**. Sie können beispielsweise eine Klasse damit verblüffen, indem Sie Ihre Bewegungen „einfrieren" und einfach nur dastehen und warten, bis

Ruhe herrscht. Machen Sie mit dem Unterricht erst weiter, wenn die Klasse wieder mitarbeitet. Das ist ein unmissverständliches Zeichen für Ihre Erwartungen und Absichten.

Zum einen unterstützt die Gestik das von Ihnen Gesagte und illustriert es. Zum anderen können viele **Handzeichen** Bestandteil Ihres Repertoires an „Kürzeln" werden – so teilen Sie der Klasse ohne Worte schnell mit, was Sie von ihr wollen. Setzen Sie häufig erfolgende Anweisungen und Signale in Handzeichen um, um sich stimmlich zu entlasten und zu gewährleisten, dass der Blick Ihrer Schüler auf Sie gerichtet bleibt.

Versuchen Sie, Verlegenheitsgesten bewusst zu vermeiden, sie verraten mehr über Sie, als Ihnen lieb sein kann. Bemühen Sie sich um eine offene Gestik.

Körperhaltung

Mit der Art, wie Sie dastehen, und ganz allgemein mit Ihrer Körperhaltung teilen Sie Ihrer Klasse eine Menge mit. Versuchen Sie, einen selbstsicheren Eindruck zu erwecken – stehen Sie aufrecht und nehmen Sie eine entspannte Körperhaltung ein. Das ist auch Ihrer Atmung und Ihrer Stimme förderlich.

Mit unterschiedlichen Haltungen können Sie ausdrücken, was Sie wollen. Stellen Sie sich beispielsweise mit verschränkten Armen hin, wenn Sie mit dem Unterricht anfangen wollen. Damit drücken Sie aus, dass Sie nicht beginnen werden, bevor die Klasse sich nicht wunschgemäß verhält. Mit den Händen an den Hüften können Sie Durchsetzungsfähigkeit signalisieren, wenn die Klasse sich schlecht verhält.

Größenunterschied

Wenn der Lehrer immer aufrecht vor der Klasse steht, also eine „höhere" Position einnimmt, signalisiert er damit unterschwellig seine Überlegenheit. Sicher wollen Sie die Lage immer unter Kontrolle haben. Aber gerade wenn Sie Ihre Position bezüglich der Höhe variieren, zeigt das Ihren Schülern, dass Sie sich sehr sicher sind, alles unter Kontrolle behalten zu können. Zudem ist es ein Zeichen dafür, dass Sie Ihre Schüler respektieren, wenn Sie – wörtlich und im übertragenen Sinne – ab und zu den Größenunterschied verringern.

Die Verringerung des Größenunterschiedes kann vieles ausdrücken. Wenn Sie neben einem Schüler in die Hocke gehen, können Sie den Eindruck von Autorität abschwächen und Einschüchterung vermeiden. Außerdem gibt diese Geste

der Kommunikation einen „privateren" Anstrich. Sie begeben sich sozusagen auf gleiche Augenhöhe mit dem Schüler.

Wenn Sie sich in eine Position begeben, die tatsächlich niedriger ist als die der Schüler (wenn Sie sich etwa auf den Boden setzen), kann das sehr überraschend wirken.

Das Äußere

Es wird sich nicht vermeiden lassen, dass sich Ihre Schüler auch auf Grund Ihres Äußeren ein Urteil über Sie bilden. Es geht eigentlich gar nicht darum, ob jemand hübsch oder hässlich, dick oder dünn ist. Entscheidend ist, dass Ihre innere Einstellung durch Ihr Äußeres zum Ausdruck kommt.

Machen Sie sich bewusst, welchen **Kleidungsstil** Sie bevorzugen (Sportlich? Elegant? Ist Ihnen Ihre Kleidung mehr oder weniger gleichgültig?) und welchen Eindruck Sie damit bei den Schülern erwecken. Natürlich ist es sehr wichtig, gepflegt zu wirken, um den Eindruck zu erwecken, dass man sich selbst, seinen Job und auch die Schüler ernst nimmt.

Versuchen Sie, sich einen Moment diesbezüglich aus der Außenperspektive zu betrachten. Das Äußere ist ein Faktor, den man evtl. für oberflächlich befindet und auf den man unter Umständen keine Rücksicht nehmen möchte. Aber überlegen Sie mal, wie sehr es beispielsweise Angela Merkel und ihrem Image zugutekam, dass sie ihre Erscheinung etwas „aufpeppte"! Versetzen Sie sich in Ihre eigene Schulzeit zurück – die Lehrer, die sich merkwürdig kleideten, einen ungepflegten Eindruck erweckten oder Ähnliches, hatten sicherlich ihren Ruf weg deswegen, oder nicht?

Schüler haben einen unglaublichen Blick fürs Detail („Frau Schneider, haben Sie neue Ohrringe?", „Coole Stiefel, Frau Schneider!"). Damit lässt sich durchaus spielen.

Ihr Körpereinsatz

✓ **Augen:** Halten Sie Blickkontakt!

✓ **Mimik:** Setzen Sie Ihre Mimik passend ein! Vermeiden Sie möglichst den Ausdruck negativer Gefühle!

✓ **Gestik:** Senden Sie nonverbale Signale! Setzen Sie Ihre Gestik gezielt ein!

✓ **Körperhaltung:** Stehen Sie aufrecht und entspannt!

✓ **Das Äußere:** Treten Sie gepflegt auf! Unterstreichen Sie Ihre innere Einstellung durch Ihr Äußeres!

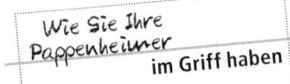

Der Lehrer im Klassenzimmer

Die Art und Weise, wie Sie die **räumlichen Gegebenheiten eines Klassenzimmers ausnutzen**, vermittelt eine komplexe, nonverbale Botschaft über Ihren Stil – und darüber, ob Sie alles unter Kontrolle haben. Bei einer defensiven Einstellung ist es verlockend, sich einen „sicheren" Platz zu suchen – in einer Ecke oder direkt vor der Tafel. Unglücklicherweise pflegen aber die Rebellen ihre Pläne gewöhnlich in den hintersten Reihen des Klassenzimmers zu schmieden. Und wenn Sie wie angewurzelt vorne stehen, beschränken Sie Ihre Möglichkeiten, einzugreifen. Nachstehend einige Vorschläge, wie Sie den Raum des Klassenzimmers für positive, nonverbale Signale nutzen können:

✖ **Stehen Sie aufrecht:** Egal, wie Sie sich fühlen – nehmen Sie eine aufrechte Haltung ein und demonstrieren Sie Selbstsicherheit. Sie werden sehen, dass die Körperhaltung auch auf Ihre Emotionen zurückwirken kann.

✖ **Markieren Sie Ihr Territorium:** Gehen Sie im Klassenzimmer umher – wenn die Schüler Aufgaben erledigen, aber auch, wenn Sie etwas erklären. Dadurch

- markieren Sie das Klassenzimmer als Ihren Raum, den Sie unter Kontrolle haben,

- halten Sie die Schüler auf Zack, denn sie wissen nie genau, wann Sie sich nähern,

- stellen Sie sicher, dass Sie bei jedem Schüler im Verlaufe einer Unterrichtsstunde einmal „vorbeischauen",

- können Sie das Klassenzimmer und die Schüler aus unterschiedlichen Perspektiven beobachten,

- unterstützen Sie eine persönliche Atmosphäre und zeigen, dass Sie den Kontakt zu Ihren Schülern wünschen.

✖ **Rücken Sie den Störenfrieden auf den Pelz:** Wer etwas ausheckt, will vor allem nicht dabei erwischt werden. Rücken Sie also in die nächste Nähe der Störenfriede Ihrer Klasse, sodass Sie jedes Problem unterbinden können, bevor es akut wird. Normalerweise müssen Sie dabei gar nichts sagen. Denn dem Schüler, der etwas im Schilde führt, wird es schnell mulmig, wenn der Lehrer direkt neben ihm steht.

* **Überraschungsmoment:** Manchmal ist es sinnvoll, die Anordnung des Klassenzimmers zu ändern. Sie können die Tische statt in Gruppen wieder in Reihen umstellen lassen; oder die Tische beiseite stellen und die Schüler auf dem Boden sitzen lassen; oder sogar die Tische herumdrehen, sodass sie in die andere Richtung schauen. Durch solche Varianten gewinnen die Schüler einen neuen Blick auf das, was im Klassenzimmer vor sich geht.

Tipp: Wenn es erlaubt ist, filmen Sie Ihren Unterricht ab und zu. Das gibt Ihnen Aufschluss über Ihre Präsenz im Unterricht!

Psychologische Aspekte beim Unterrichten

Ein effektiver Unterricht hängt selbstverständlich nicht allein von den verschiedenen Aspekten der verbalen und nonverbalen Kommunikation ab. Auch verschiedene **psychologische Ansätze** sind für das Verhaltensmanagement hilfreich. Das betrifft sowohl die Aufrechterhaltung einer positiven Einstellung als auch die Kontrolle über die Klasse. Idealerweise sollten Sie sich ruhig und entspannt fühlen, dabei aber wachsam sein. Nachstehend finden Sie einige Vorschläge dafür, wie Sie diesen Zustand erreichen können:

* **Lassen Sie die Klasse im Ungewissen:** Auf die Bedeutung von Konsequenz habe ich schon hingewiesen. Doch es zahlt sich nicht immer aus, wenn man zu berechenbar ist. Manchmal, aber wirklich nur manchmal, sollten Sie Ihren Unterrichtsstil plötzlich ändern oder Ihr Verhalten variieren. Vielleicht sind Sie normalerweise leise und sicher. Dann zeigen Sie der Klasse ab und zu auch mal Ihre laute und schärfere Seite, wenn es nötig ist. Wenn Sie eher der bestimmte Typ sind, lachen Sie auch mal mit Ihrer Klasse.

* **Seien Sie von sich überzeugt:** Wenn Sie wirklich davon überzeugt sind, dass Sie das Heft in der Hand haben, dann wird es auch so aussehen. Sie müssen wissen, wer Sie sind (Selbstsicherheit) und was Sie wollen (Bestimmtheit).

* **Psychologische Distanz:** Auch wenn es schwierig ist – lernen Sie, bei schlechtem Verhalten der Schüler die psychologische Distanz zu wahren. Achten Sie darauf, sich bei Vorfällen nicht emotional verwickeln zu lassen. Dadurch bewahren Sie den Sinn für Distanz und Kontrolle.

* **Nehmen Sie es nicht persönlich:** Betrachten Sie Fehlverhalten nicht als Angriff gegen Sie persönlich. Eine verständnisvolle Haltung ist weitaus effektiver und sinnvoller. Denken Sie daran, dass Schüler, die sich nicht richtig verhalten, im Allgemeinen ihre eigenen Probleme haben. Und am Ende des Schultages, egal, wie sehr sich Ihre Klasse danebenbenommen hat, wartet Ihr Privatleben.

2. Unterrichtsstile

Was ist ein Unterrichtsstil?

Selbstverständlich gibt es genauso viele Unterrichtsstile, wie es Lehrer gibt. Denn jeder arbeitet unterschiedlich. Es sind viele Facetten, die zusammengenommen einen Unterrichtsstil ergeben: die **Persönlichkeit** des Lehrers, sein **Blick** und seine **Sprechweise**, die Art, wie er sich bewegt, wie er die **Kontrolle** behält. Tatsächlich summiert sich alles, was Sie im Klassenzimmer machen, zu Ihrem eigenen, persönlichen Unterrichtsstil.

Jeder Stil entwickelt sich im Laufe der Zeit. Bei einem Anfänger im Klassenzimmer drückt der Stil möglicherweise noch Unsicherheit und mangelndes
Selbstvertrauen aus. Das ist unvermeidlich – außer wenn Sie sehr selbstsicher
sind. Sie brauchen eine Chance zum Experimentieren, zum Fehlermachen und
zur Selbstfindung. Denken Sie daran, dass Sie als Lehrer nicht exakt dieselbe
Person sein müssen, die Sie außerhalb des Klassenzimmers sind. Sie können
sich einen selbstsicheren, kontaktfreudigen „Lehrercharakter" zulegen, auch
wenn Sie sonst eher schüchtern und unsicher sind. Viel mehr hängt davon ab,
wie die Schüler Sie wahrnehmen, als davon, wie die Situation wirklich ist.
Natürlich ist es gut und ratsam, im Klassenzimmer weitgehend „man selbst"
zu sein. Aber Schwächen und Unsicherheiten sollten den Schülern im Normalfall weitgehend verborgen bleiben.

Welchen Stil Sie sich letztendlich auch aneignen, es gibt doch bestimmte
Taktiken und Methoden, mit denen Sie das Verhalten Ihrer Schüler am besten
kontrollieren und steuern können. Sie können diese Strategien bewusst in
Ihren Stil integrieren. Ein effektiver Unterrichtsstil wird Ihrer Klasse zeigen,
dass Sie das Unterrichtsgeschehen lenken – aber auf eine positive, respektvolle
und humane Art und Weise.

Medientipp:

Meyer, Hilbert:
Was ist guter Unterricht?
Cornelsen Scriptor, 2004.
ISBN 978-3-5892-2047-2

Die Entwicklung eines durchsetzungsfähigen Unterrichtsstils

Es gibt unterschiedliche Einteilungen von möglichen Unterrichtsstilen. Aber alle sind bezüglich des **Auftretens** des Lehrers, seiner **Erhaltung der Disziplin** in der Klasse, irgendwo zwischen **passiv, durchsetzungsfähig** und **aggressiv** anzusiedeln, und auf diese Einteilung wollen wir uns im Folgenden stützen, wobei der durchsetzungsfähige Stil offensichtlich der beste Ansatz für ein erfolgreiches Verhaltensmanagement ist.

Außen vor lassen wir im Folgenden erst einmal die Frage danach, wie aktiv die Schüler in den Unterricht mit einbezogen werden – es sei aber gleichzeitig darauf hingewiesen, dass eine **methoden- und sozialformenreiche Unterrichtsgestaltung** das A und O ist, wenn es gilt, die Schüler „mitzunehmen", Motivation zu schaffen und zu erhalten und nachhaltige Lernerfolge zu erzielen. Grundsätzlich empfiehlt es sich, die Schüler so viel wie möglich selbst erarbeiten und erfahren zu lassen und Handlungsorientierung, Partner- und Gruppenarbeiten etc. zu einem festen Bestandteil seines Unterrichts zu machen, wenn man an einer interessierten und motivierten Arbeitshaltung der Schüler interessiert ist – die natürlich wiederum auch dem Klima zuträglich ist. Die Lehrerrolle ist bei einem solchen selbstständigen und selbsttätigen Lernen vom Prinzip her vor allem eine helfende, anleitende, betreuende. Aber gerade dann ist ein gewisses Maß an Disziplin für einen effektiven Unterricht essenziell.

Medientipp:

Brüning, Ludger; Saum, Tobias:
Erfolgreich Unterrichten durch Kooperatives Lernen.
Strategien zur Schüleraktivierung.
Band 1 und 2. Neue Deutsche Schule 2009.
ISBN 978-3-8796-4306-6
ISBN 978-3-8796-4312-7

Es lohnt sich, die Elemente der drei verschiedenen oben genannten Ansätze zu kennen. Manche Lehrer werden sich von Natur aus am aggressiven bis autoritären Stil orientieren. Deshalb werden sie die instinktive Neigung zu Aufregung und zu Überreaktionen eindämmen müssen. Andere Lehrer wiederum tendieren eher zu einem passiven und defensiven Ansatz. Sie müssen folglich mehr an ihrem Selbstvertrauen und dem Glauben an sich selbst arbeiten.

Auch das Arbeitsumfeld kann sich auf den Stil auswirken. Wenn Sie an einer Schule mit großen Verhaltensproblemen tätig sind, können Sie sich womöglich permanent von den Schülern „attackiert" fühlen. Unter diesen Umständen kann es schwierig werden, nicht ständig „zurückschlagen" zu wollen und nicht genauso aggressiv zu werden. Doch je problematischer Schüler sind, umso wahrscheinlicher ist es, dass sie auf einen aggressiven Unterrichtsstil negativ reagieren.

Unter anderen Umständen könnten Sie zu einem zu passiven Stil tendieren und den Schülern ein Zuviel an Kontrolle über das Klassenzimmer überlassen.

Nachstehend finden Sie Beschreibungen der drei Unterrichtsstile sowie einige Gedanken darüber, wie Sie einen **positiven, durchsetzungsfähigen** Unterrichtsstil erreichen können.

Der passive Stil

Ein passiver Stil zeichnet sich durch **geringe Aktivität** und eine **defensive Haltung** sowie durch **Introvertiertheit** und einen **nach innen gerichteten Blick** aus. Der Lehrer überlässt weitgehend den Schülern die Kontrolle über das Klassenzimmer. Zur Steuerung des Verhaltens tendiert er eher zu Fragesätzen, weniger zu Aufforderungen. Anstatt den Schülern zu sagen, was zu tun ist, stellt er ihnen Fragen. Dieser Mangel an Bestimmtheit führt dazu, dass den Schülern nicht eindeutig klar ist, was der Lehrer von ihnen will.

Der aggressive Stil

Bei einem aggressiven Unterrichtsstil platzt dem Lehrer (zu) oft der Kragen. Selbst bei kleinem Fehlverhalten zeigt er **Überreaktionen**. Typischerweise ist er klar und bestimmt in Bezug auf die geforderten Standards. Diese aber versucht er weitgehend ohne Begründung und Abweichung durchzusetzen. Er bedenkt dabei selten die Bedürfnisse einzelner Schüler. Außerdem geht dieser Stil meist mit der Neigung einher, die Eigenverantwortlichkeit und Freiheit der Schüler über die Maßen zu beschneiden.

Der aggressive Lehrer wird häufig laut, seine Körpersprache ist eher abweisend, und er ist oft grob. Manche Lehrer übernehmen einzelne Elemente dieser Methode in ihren persönlichen Stil (siehe die Beschreibung des „strengen und einschüchternden Lehrers" auf S. 100). Wenn die Schüler willens sind, sich auf Grund der Persönlichkeit oder der Stellung des Lehrers unterzuordnen, kann zwar auf diese Weise für Klassendisziplin gesorgt werden. Andererseits besteht aber immer die Möglichkeit, dass eine Sache eskaliert oder aus dem Ruder läuft. Zudem kann es passieren, dass gerade

die ruhigeren Schüler im Unterricht völlig eingeschüchtert sind. Zwischen Lehrern und Schülern entsteht unter Umständen eine Kluft, die motiviertem Lernverhalten nicht zuträglich ist.

Der durchsetzungsfähige Stil

Mit diesem Stil hat der Lehrer die Situation unter Kontrolle. Er setzt zudem seine Ansprüche im Normalfall vernunftbetont und freundlich durch. Er ermutigt und hat das Potenzial, das richtige Maß an Freiheit und Eigenverantwortung zu gewähren. **Die Vorschläge in diesem Buch zielen darauf ab, einen solchen Unterrichtsstil zu entwickeln.** Allgemein gesprochen, sollten Sie dazu

* **klare und konsequente Erwartungen** bezüglich des Verhaltens und der schulischen Arbeit haben,
* **entschlossen und sicher sein**, dass Ihre Schüler diesen Erwartungen gerecht werden,
* **flexibel bezüglich Ihrer Ansprüche** sein, wenn es die Situation erfordert,
* immer **ruhig und freundlich** bleiben und Ihre Schüler so behandeln, wie Sie von ihnen behandelt werden wollen,
* **bewusst und überlegt formulieren**, wie Sie sich richtiges Verhalten vorstellen und wünschen,
* erst **freundlich bitten**, dann **entschiedener nachhake**n – und dann mit allem klarkommen!

Effektive Unterrichtsstile

Sie werden selbst wissen, welche Art von „Verhaltensmanager" Sie werden können. Für die meisten Lehrer dürfte aber die Methode „bestimmt, aber herzlich" die sicherste Wette sein. Diese Methode orientiert sich eng an dem oben beschriebenen „durchsetzungsfähigen" Stil. Es kann schwierig sein, sich den Ruf **„bestimmt, aber herzlich"** zu erwerben. Aber wenn Sie es erst geschafft haben, dann geht vieles sehr viel leichter von der Hand. Nachstehend finden Sie die Beschreibungen der beiden Stile.

Der „strenge, einschüchternde" Lehrer

Die meisten kennen ein Beispiel dieses Lehrertyps (siehe auch „der aggressive Stil", S. 98): Vielleicht haben Sie mit ihm schon zusammengearbeitet, oder Sie haben ihn als Schüler selbst im Unterricht gehabt. Hier einige Charakteristika dieses Typs:

* die strikte Forderung nach immer einwandfreiem Verhalten,
* eine ausgeprägte Kontrolle über die Schüler,
* keine oder nur wenige Diskussionen mit der Klasse über Verhaltensregeln und Grenzen – was der Lehrer sagt, ist Gesetz,
* schreit die Schüler beim Verhängen von Strafen häufig an,
* häufiges Verhängen von Strafen, um die Klasse unter Kontrolle zu halten,
* Strafen werden gleich beim ersten Anschein von Fehlverhalten verhängt.

Dieser Unterrichtsstil bringt sowohl für den Lehrer als auch für die Schüler verschiedene Vor- und Nachteile mit sich:

 Vorteile:

* Die Schüler lernen, dass sie sich richtig verhalten müssen – oder sie werden bestraft. Deshalb wird es zunehmend einfacher, eine Klasse zu disziplinieren, sobald sie die eng gesetzten Grenzen verstanden hat.
* Die Klasse ist generell diszipliniert, und es kann eine Menge Unterrichtsstoff geschafft werden. Die ordentlichen Schüler werden durch weniger brave Mitschüler nicht gestört.
* Der Lehrer braucht sich erst gar nicht darum zu bemühen, immer in guter und freundlicher Laune zu sein. Er baut seinen Stress einfach dadurch ab, indem er die Klasse anschreit.

 Nachteile:

* Dieser Stil ist für den Lehrer körperlich ermüdend. Auch die Stimme wird darunter leiden.
* Der Lehrer muss eine starke „Präsenz" haben.
* Bei ruhigeren, braveren Schülern kann dieser Stil zu einer ständigen Einschüchterung führen.
* Es bleibt wenig Spielraum für ein ausgewogenes Maß an Freiheit und Eigenverantwortung für die Schüler, für forschendes und kreatives Lernen, für variierende Sozialformen. Denn der Lehrer will stets Ruhe halten, um seinen Stil konsequent durchzusetzen.
* Obwohl sich die Schüler bei diesem Lehrertyp gut verhalten, werden sie ihn höchstwahrscheinlich nicht mögen.
* Es entstehen mehr Gelegenheiten zu ernsthaften Konfrontationen. Denn wenn sich ein Schüler gegen eine strengen und einschüchternden Lehrer durchzusetzen versucht, dann kann dieser kaum ohne Gesichtsverlust nachgeben oder einlenken.

Der „bestimmte, aber herzliche" Lehrer

In diesem Typ würde ich den idealen Lehrer sehen – auch in Bezug auf das Verhaltensmanagement. Der bestimmte, aber herzliche Lehrer ist bei den Schülern beliebt und wird von ihnen gleichzeitig respektiert. Nachstehend einige Eigenschaften dieses Lehrertyps:

* Er sagt der Klasse **von Beginn an**, was er bezüglich ihres Verhaltens erwartet, geht auch auf die Erwartungen der Klasse ein und hält sich konsequent an die gemeinsam aufgestellten Regeln.
* Er legt in Situationen, in denen es angemessen erscheint, **die Regeln flexibel aus**.
* Er hebt seine Stimme, wenn es notwendig ist. Aber normalerweise ist das nicht erforderlich.
* Er gestaltet den Unterricht **interessant** und setzt seinen Schülern anspruchsvolle, aber erreichbare Ziele. Er setzt auf Selbstständigkeit, Eigenverantwortung und Freiheit.
* Er konzentriert sich auf **positive Methoden zur Motivation** und setzt mehr auf Belohnung als auf Bestrafung.
* Er spricht mehrmals Vorwarnungen aus, bevor eine Bestrafung erfolgt.
* Er will die Schüler auch in persönlicher Hinsicht kennenlernen und fördern.

Dieser Unterrichtsstil hat folgende Vor- und Nachteile:

 Vorteile:

* Die Schüler lernen richtiges Verhalten durch die konsequente Anwendung konstanter Regeln. Haben sie einmal begriffen, wo die Grenzen liegen, befolgen sie die Regeln ohne weitere Ermahnung.
* Die Klasse zeigt im Allgemeinen eine gute Disziplin, sodass eine ausreichende Menge an Unterrichtsarbeit möglich ist.
* Der Stil ist sowohl für den Lehrer als auch für die Schüler entspannter und weniger anstrengend. Es gibt weit weniger Gelegenheiten zu Konfrontationen.
* Es gibt mehr Spielraum für kreative, forschende Arbeit.

 ## Nachteile:

* Es herrscht eine fein abgestimmte Ausgewogenheit zwischen „zu streng" und „zu lässig". Verschiebt sich die Grenze in die falsche Richtung, wird es schwierig, die Situation wieder geradezubiegen.
* Der Lehrer muss bei der Einhaltung der Regeln unnachgiebig konsequent bleiben.
* Der Lehrer muss immer oder fast immer freundlich und positiv wirken.
* Einige der weniger braven Schüler können aus diesem Unterrichtsstil leicht Vorteile für sich herausschlagen.

Wie Sie Ihren Unterrichtsstil verbessern können

Selbstverständlich hat jeder persönliche Stil eines Lehrers viele subtile Varianten. Manche spielen den Clown und reißen eine Menge Witze, um die Schüler für sich zu gewinnen. Andere versuchen es mit einem sehr förmlichen Ansatz. Es ist ratsam, auf die **Aspekte der eigenen Persönlichkeit** zu setzen, welche auf die Schüler Eindruck machen. Eher negative Aspekte sollte man herunterspielen. Nachstehend finden Sie einige Vorschläge, wie Sie über das Elementare hinaus Ihren Unterrichtsstil verfeinern und verbessern können.

Gegen den Strom schwimmen

Abhängig von der äußeren Erscheinung entwickeln Schüler schnell eine Klischeevorstellung von dem Unterrichtsstil, den sie von einem Lehrer erwarten. Es kann wirklich sehr interessant sein, solche Erwartungen zu enttäuschen und die Vorstellungen der Schüler ins Wanken zu bringen.

Lehrer und gleichzeitig Mensch sein

Es ist bisweilen eine schwierige Gratwanderung, von den Schülern in der Rolle des Lehrers wahrgenommen zu werden und ihnen gleichzeitig das Gefühl zu geben, dass man menschlich, an ihnen interessiert und ein

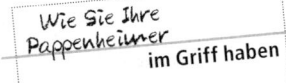

Ansprechpartner mit einem offenen Ohr ist. Ich persönlich habe festgestellt, dass diese Gratwanderung am besten durch Selbstironie und die Fähigkeit zur Selbstkritik zu bewerkstelligen ist. Wenn Sie also einen Fehler machen, dann stehen Sie dazu. Haben Sie den Mut, über sich selbst zu lachen, wenn Sie etwas „Dummes" gesagt haben.

Keine Verbrüderung

Ein Fehler vieler Junglehrer besteht darin, es mit den Schülern auf die „kumpelhafte Tour" zu versuchen, in der Hoffnung, sie so für sich zu gewinnen. Das liegt besonders dann nahe, wenn der Altersunterschied zu den Schülern gering ist. Denken Sie aber daran, dass es dann auch besonders schwierig wird, bei aufkommenden Problemen hart durchzugreifen. Halten Sie eine gewisse Distanz zu den Schülern, egal, wie gut Sie mit ihnen auf menschlicher Ebene auskommen.

Bleiben Sie interessant

Wenn Sie wollen, dass Ihre Schüler in Ihnen auch den Menschen sehen, so ist es doch keine gute Idee, zu viel von sich selbst preiszugeben. Schließlich ist das Unterrichten nicht Ihr ganzes Leben. Und psychologisch ist es vorteilhaft, einen Teil von sich im Verborgenen zu halten und von der Arbeit zu trennen. Andererseits kann in einzelnen Fällen die Preisgabe von etwas Privatem („Ich habe mich im Studium auch mal gefragt, was das Ganze eigentlich soll, aber dann …") auch für Nähe und Vertrauen sorgen.

Eine positive Einstellung bewahren

2

Vergessen Sie nie, dass Unterrichten nicht nur aus der Auseinandersetzung mit undisziplinierten Schülern besteht. Denn Sie arbeiten ebenso mit einer großen Zahl sympathischer und offener junger Menschen. Die Konzentration auf die schwierigen Fälle kann durchaus die Perspektive verzerren und auch die Sicht auf das Positive verstellen. Versuchen Sie, sich auf die Schüler zu konzentrieren, die sich gut verhalten, um so die kritische Masse für sich zu gewinnen. Diese Schüler beeinflussen oft das Verhalten der wenigen Unruhestifter, die sich dann bald ein wenig abseits stehend vorkommen.

Mit einer positiven Einstellung bewahren Sie Ihren Sinn für Humor und Ihr Gespür für die richtige Perspektive. Wenn Ihnen das gelingt, sind Sie im Falle des Falles weit weniger anfällig für Stress. Lernen Sie, so weit wie möglich, alles, was in Ihrem Klassenzimmer vor sich geht, in einem positiven Licht zu sehen. Lassen Sie es, wann immer möglich, nicht zu, zynisch und übelgelaunt zu werden.

 **Tipp:** Denken Sie in kleinen Schritten, und loben Sie auch sich selbst für positive Erfolge!

Sehr schnell kommt man in ein negatives Fahrwasser, besonders wenn man an einer sehr schwierigen Schule arbeitet. Wenn die Dinge im Klassenzimmer völlig aus dem Ruder laufen, Stühle geworfen werden, der Lehrer einfach ignoriert wird, um nichts in der Welt Ruhe herzustellen ist, dann neigt man leicht dazu, immer das Schlimmste zu befürchten. Die Spannung steigt in Ihnen hoch, bevor Sie überhaupt das Klassenzimmer erreichen. Denken Sie immer daran, dass sich nicht jeder einzelne Schüler einer Klasse danebenbenimmt, egal, wie sehr es danach aussieht. Auf der nächsten Seite folgen einige Tipps, wie Sie eine **positive Einstellung und einen positiven Unterrichtsstil** bewahren können.

- **Konzentrieren Sie sich auf das Positive:** Wenn in einer Klasse eine Menge Disziplinlosigkeiten vorkommen, passiert es sehr schnell, dass der Lehrer nur noch darauf fixiert ist und alles Positive vergisst. Manchmal ist es die beste Möglichkeit, einen Störenfried einfach völlig zu ignorieren – vorausgesetzt, sein Verhalten betrifft nicht den Rest der Klasse. Loben Sie einen Schüler für eine gute Leistung. Demonstrieren Sie dadurch, dass man so Ihre Aufmerksamkeit gewinnen kann und dass schlechtes Verhalten Sie nicht aus der Ruhe bringt.

- **Konzentrieren Sie sich auf die Erfolge:** Wenn man täglich mit Disziplinlosigkeiten konfrontiert wird, verliert man leicht den Sinn für die richtige Perspektive. Nehmen Sie sich einen Augenblick Zeit, und denken Sie darüber nach, was Sie mit Ihren Schülern schon alles erreicht haben. Es kann durchaus schon ein großer Erfolg sein, wenn sie auf ihren Stühlen sitzen bleiben und Ihnen überhaupt zuhören.

- **Bewahren Sie Ihre Frische:** Unterrichten kann erschöpfend sein, besonders in den Wochen des Schuljahres, in denen zahlreiche Lehrerkonferenzen, Elternabende und andere Aufgaben außerhalb der Unterrichtszeiten anstehen. Auch wenn Tätigkeiten, die außerhalb des Lehrplans liegen, eine gute Möglichkeit zur Verbesserung des Lehrer-Schüler-Verhältnisses darstellen, so sollten Sie dennoch darauf achten, sich nicht zu überfordern. Räumen Sie sich Zeiten ein, die nichts mit der Schule zu tun haben. Schaffen Sie sich Gelegenheiten, bei denen Sie komplett abschalten können. Das wird Ihnen dabei helfen, Ihren Unterricht erfrischend und positiv zu gestalten.

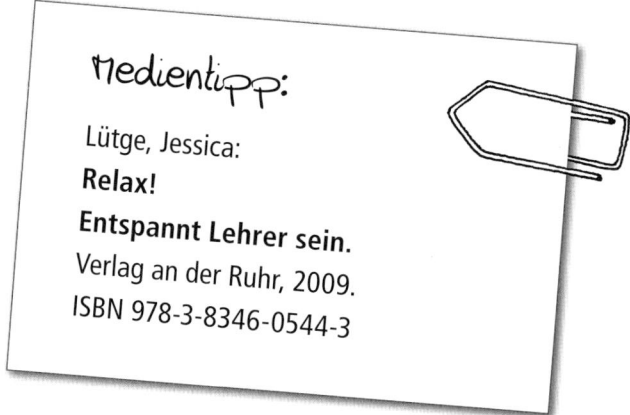

Medientipp:

Lütge, Jessica:
Relax!
Entspannt Lehrer sein.
Verlag an der Ruhr, 2009.
ISBN 978-3-8346-0544-3

- **Gehen Sie nicht in Abwehrhaltung:** Es mag schwierig sein, aber gehen Sie angesichts von Fehlverhalten nicht in die Defensive. Reagieren Sie vom Kopf her, nicht aus dem Bauch heraus. Lassen Sie nicht zu, dass unangenehme Vorkommnisse Ihren ganzen Unterrichtsstil verderben.
- **Verwenden Sie eine positive Sprache:** Eine einfache Änderung der Ausdrucksweise, die Sie mit Ihren Schülern pflegen, kann eine sehr positive Atmosphäre in Ihrem Klassenzimmer erzeugen. Grüßen Sie Ihre Schüler beispielsweise mit der Bemerkung: „Schön, euch zu sehen! Das wird eine spannende Stunde heute."

3. Belohnungen und Sanktionen

Warum Belohnungen und Sanktionen

Mit Belohnungen und Bestrafungen können wir besseres Verhalten fördern und verstärken. Mit Belohnungen können wir unsere Schüler motivieren und ihre Bemühungen positiv verstärken. Mit Sanktionen, also Schulstrafen, können wir unsere Schüler dazu bringen, innerhalb der gesetzten Grenzen mitzuarbeiten. Wenn ein Schüler sich nicht nach Regel X verhält, dann folgt daraus die Sanktion Y. Aber denken Sie an den Vergleich mit „Zuckerbrot und Peitsche". Wir alle reagieren auf Zuspruch besser als auf Bestrafung. Außerdem sollten Sie beachten, dass die Reaktionen auf Belohnung bzw. auf Bestrafung von der jeweiligen Situation abhängig sind. Nacharbeiten kann beispielsweise an manchen Schulen sehr wirkungsvoll sein, an anderen hingegen völlig kontraproduktiv.

Einige Überlegungen zu den Belohnungen

Der Einsatz von Belohnungen ist eine der besten Möglichkeiten, besseres Verhalten zu fördern. Bevor Sie überhaupt daran denken, eine Bestrafung auszusprechen, sollten Sie immer erst überlegen, welche Belohnungen Sie verteilen könnten. Dadurch bewahren Sie eine positive Einstellung und Atmosphäre in Ihrem Klassenzimmer. Natürlich geht es nicht einfach darum, wahllos Hunderte von Lobkärtchen und Stickern auszuteilen. Damit Belohnungen auch tatsächlich etwas bewirken, müssen sie klug eingesetzt werden.

Wir erscheinen zumindest teilweise zu unserer Arbeit, weil wir mit unserem Gehalt eine ziemlich handfeste Belohnung bekommen – wir haben also einen guten Grund, motiviert zu bleiben. Natürlich bedeutet vielen Lehrern ihre Arbeit wesentlich mehr als das. Wir bekommen durch unsere Tätigkeit viele andere „Belohnungen", nicht zuletzt (im Idealfall) das befriedigende Gefühl, junge Menschen sich entfalten und lernen zu sehen. Manche Schüler arbeiten hart und benehmen sich anständig, ohne dass dafür Belohnungen oder

Ansporn nötig wären. Diesen Schülern ist der Stellenwert der Schule und deren Wichtigkeit für ihre eigenen Interessen klar. Sie sind in der Lage, darauf zu warten, bis sich der Schulbesuch auszahlen wird, weil sie die Vorteile einer langfristig angelegten, guten Ausbildung verstanden haben. Andere Schüler hingegen brauchen fast ständig Zuspruch und Ansporn, weil es ihnen an innerem Antrieb mangelt und es ihnen sehr schwerfällt, sich selbst zu motivieren. Je nachdem, an welcher Schulform Sie arbeiten, kommt das Problem einer gefühlten, teilweise auch realen Chancenlosigkeit hinzu.

Manche der besten Belohnungen bewegen sich hart an der Grenze des Sinnvollen bzw. des Zulässigen – Sie werden sich entscheiden müssen, inwieweit Sie Ihre Schüler „bestechen" können oder sollen. Das wird von Ihren eigenen Wertvorstellungen abhängen und auch davon, was die Schule erlaubt. Wenn es zum Beispiel schwerfällt, die Aufmerksamkeit einer Klasse für den Unterricht zu gewinnen, könnten Sie eine von allen hochgeschätzte Vergünstigung anbieten (zum Beispiel Musik hören). Auch wenn das nicht ausdrücklich „erlaubt" ist, könnte sich dieses Angebot als wirkungsvolle Motivation herausstellen. Ebenso könnte es Ihren Ruf als Lehrer, „mit dem sich reden lässt", befördern. **Viel mehr als um solche „Bestechungen" geht es beim „Belohnen" aber um das Mutmachen, Selbstvertrauen vermitteln, positive Bestärken – durch Lob, Anerkennung, Verantwortung.**

Wichtig: Belohnungen sollen motivieren!

Nachstehend folgen nun einige Tipps, wie Sie Belohnungen und Vergünstigungen sinnvoll einsetzen können. Einiges davon mag selbstverständlich scheinen – doch manchmal kann man den Blick dafür verlieren!

- **Belohnungen sollten erwünscht sein.** Es ist sinnlos, Vergünstigungen auszusprechen, die Ihre Schüler gar nicht wollen. Mit den Vergünstigungen, die in den Schulregeln vorgesehen sind, ist den Lehrern nicht immer geholfen. Denn diese Vergünstigungen sind manchmal nicht zeitgemäß und zur Motivation der Schüler wenig geeignet.
- **Belohnungen sollten dem Alter angemessen sein.** Passen Sie die Vergünstigungen den Altersgruppen an.
- **Belohnungen muss man sich verdienen.** Achten Sie darauf, dass sich Ihre Schüler die Vergünstigungen auch wirklich verdienen. Es hat keinen Sinn, Belohnungen für jede Kleinigkeit auszuteilen – sei es bei schulischen Leistungen, sei es bei Verhaltensfragen. Je schwieriger Sie es gestalten, eine Belohnung zu erhalten, desto höher wird sie geschätzt. Wenn ein Lehrer Belohnungen im Übermaß verteilt, dann wird diese „Währung" noch dazu für das übrige Kollegium entwertet!
- **Gehen Sie mit der Belohnung auf den einzelnen Schüler ein.** Seien Sie mit Ihren Belohnungen flexibel, schneidern Sie diese nach Möglichkeit für den einzelnen Schüler zurecht.
- **Belohnungen haben ein Verfallsdatum.** Eine bestimmte Vergünstigung mag zunächst recht gut funktionieren, dann aber allmählich an Attraktivität verlieren, wenn es für die Schüler nichts Besonderes mehr ist. Erneuern Sie also Ihr Belohnungssystem regelmäßig. Das gilt für den einzelnen Lehrer ebenso wie für die ganze Schule. Sorgen Sie hin und wieder für einen Überraschungseffekt.
- **Belohnen Sie alle Schüler.** Wir könnten in die Falle tappen und unsere durchtriebensten Schüler mit zahlreichen Belohnungen bedenken, um sie bei Laune zu halten und zur Mitarbeit zu bewegen. Übersehen Sie aber nicht die Schüler, die konstant motiviert sind – sie verdienen ebenso Anerkennung für ihre Bemühungen.

❋ Manchmal erfordern Belohnungen eine gewisse Diskretion.
Meistens werden Belohnungen vor der ganzen Klasse gegeben. In manchen Situationen kann es aber Schülern unlieb sein, dass die anderen Zeugen davon werden. Denn vielleicht ist der Druck der Gruppe gegen gute Mitarbeit oder gutes Verhalten zu groß. In einer solchen Situation sollten Sie sich zu einem schwierigen Schüler, der gut mitgearbeitet hat, beugen und ihm still und leise Ihr Lob aussprechen. Oder Sie können ihn außerhalb des Unterrichts ansprechen, wenn Sie ihn zum Beispiel auf dem Flur treffen.

Belohnungen sollen

✓ motivieren
✓ bestärken
✓ abwechslungsreich sein
✓ für alle sein, aber dennoch individuell
✓ nicht im Übermaß gegeben werden
✓ manchmal diskret sein
✓ altersgemäß sein

Formen der Belohnung

Im Folgenden einige Vorschläge für „handfeste" Belohnungen und Vergünstigungen:

❋ **Lob/Auszeichnungen:** Würdigen Sie die Arbeit Ihrer Schüler, und bestärken Sie sie in ihren Bemühungen. So erhalten Sie eine positive Lernatmosphäre.
❋ **Punktesystem:** Die Verteilung von Punkten stellt eine sinnvolle Erweiterung des bloßen Lobens dar. Die Schüler können dann ihre Punkte in Gutscheine, gemeinsame Ausflüge oder dergleichen „investieren".
❋ **Urkunden:** Manche Schulen belohnen ihre Schüler für besondere Leistungen oder gutes Verhalten mit Urkunden, die oft auf Versammlungen der

ganzen Schule überreicht werden. Solche Urkunden können sich als effektiv erweisen. Vor allem haben die Schüler etwas Greifbares, das sie zu Hause vorzeigen können.

✸ **Aufkleber und Stempel:** Vom Kindergarten an bis in die Grundschule und manchmal darüber hinaus scheinen Aufkleber oder auch Stempel beste Dienste zu leisten. Sie können die Aufkleber persönlicher gestalten und den Namen des Lehrers und des Faches aufdrucken. Denken Sie auch daran, wo die Schüler ihre Aufkleber anbringen werden – vielleicht in einem Tagebuch oder in ein Übungsheft.

✸ **Positive schriftliche Bemerkungen:** Ein ins Übungsheft oder ins Klassentagebuch geschriebenes Lob kann sehr hilfreich sein, um motiviertes Arbeiten und Bemühungen zu fördern. Achten Sie darauf, dass die Schüler auch Zeit zum Lesen der Bemerkungen haben, wenn Sie die Hefte zurückgeben.

✸ **Preise und Gewinne:** An manche Schulen gibt es einen festen Tag, an dem die Schüler ihre Preise und Gewinne für besondere Leistungen erhalten. Wenn auch die Eltern anwesend sind, kann das sehr motivierend wirken.

✸ **Anrufe nach Hause:** Das Telefon setzen wir meist nur dann ein, wenn wir schlechtes Verhalten bestrafen wollen. Doch Anrufe können sich auch sehr positiv auswirken. Wenn es einem Schüler wichtig ist, seinen Eltern oder anderen Erziehungsberechtigten eine Freude zu machen, kann ein kurzer Anruf daheim eine enorme Wirkung auf das Verhalten haben. Überprüfen Sie aber zuvor, ob und welche Regelungen die Schulordnung dafür vorsieht.

✸ **Nach Hause schreiben:** Eine schriftliche Nachricht nach Hause kann eine sehr wirkungsvolle Belohnung sein. Es kann sich um ein standardisiertes Schreiben handeln – aber je persönlicher, desto effektiver.

✸ **Ausflüge:** Ein Ausflug als „ausnahmsweise" Belohnung beispielsweise für ein Halbjahr, in dem sich ein Großteil der Klasse überdurchschnittlich gut betragen hat, kann ebenfalls sehr motivierend wirken. Als zusätzlicher Nutzen bleibt den Teilnehmern eine sehr positive Erinnerung. Der Nachteil sei auch erwähnt: die Vorbereitung eines Ausflugs erfordert natürlich einen gewissen Zeitaufwand.

- **Frei-Zeit:** Die Möglichkeit, sich Privilegien zu erwerben, kann sehr effektiv sein. Denn den Schülern zeigt sich damit, dass gutes Verhalten und positive Konsequenzen miteinander verknüpft sind. Die Schüler können sich eine Stunde am Ende eines Monats verdienen (oder sie auch verlieren). In dieser Stunde dürfen sie machen, wozu sie Lust haben. Auch in höheren Klassen kann diese Idee übernommen und angepasst werden – zum Beispiel fünf Minuten am Ende einer Stunde, um sich miteinander zu unterhalten. Je nach zeitlichem Rahmen einer solchen Belohnung sollte diese mit dem Schulleiter abgesprochen werden.

- **Spezielle Aufgaben:** Vielen jüngeren Schülern gefällt es, wenn sie als Belohnung eine besondere Aufgabe übertragen bekommen; zum Beispiel können sie bei einem gemeinsamen Spiel Schiedsrichter spielen. Eine andere Möglichkeit ist der Rollentausch: Ein Schüler spielt den Lehrer und übernimmt für ein paar Minuten den Unterricht. Er kann dabei etwas an die Tafel schreiben, die Antworten eines Tests besprechen oder sogar einen Teil des neuen Stoffes darbieten.

- **Musik hören:** Je nach Fach und den Inhalten der Stunden können die Schüler sich Hintergrundmusik verdienen (zum Beispiel im Kunst- oder Sportunterricht). Ein guter Rat: Verwenden Sie lieber ein Radio, als zu erlauben, dass die Schüler Musik nach ihrer Wahl mitbringen. So vermeiden Sie Diskussionen über den Musikgeschmack, Auseinandersetzungen auf Grund anstößiger Liedtexte etc.

- **Gewinnspiele:** Der Lehrer verteilt Lotterielose für gute Leistungen oder gutes Verhalten. Am Ende der Stunde oder einer Woche findet dann die Ziehung statt, und der Gewinner erhält einen Preis. Manchmal erstrecken sich diese Gewinnspiele über einen längeren Zeitraum (zum Beispiel ein Schulhalbjahr), und es gibt größere Preise zu gewinnen.

- **Murmeln sammeln:** Der Lehrer hat ein leeres Gefäß auf seinem Pult. Immer wenn ein Schüler sich durch eine gute Leistung oder gutes Verhalten auszeichnet, kommt eine Murmel ins Gefäß. Wenn das Gefäß voll ist, bekommt die ganze Klasse eine Belohnung, zum Beispiel ein Picknick zur Mittagszeit, wofür ein Pizzaservice eingespannt werden könnte.

* **Süßigkeiten und andere Leckereien:** Es ist fast überflüssig zu sagen, dass Süßigkeiten ein großer Motivator für Kinder sind. Dennoch lässt sich darüber diskutieren, wie weit sie als Belohnungen eingesetzt werden sollten.
* **Spiele:** Immer gerne gesehene Belohnungen, die zudem ggf. eine alternative Herangehensweise an den Unterrichtsstoff darstellen können.

Einige Überlegungen zu den Sanktionen

3

Das Verhängen einer Sanktion kann eine überraschend komplizierte Angelegenheit sein. Zunächst einmal sollten Sie sich eng an die Richtlinien der Schule bzw. an die Schulordnung halten sowie die Gesetzeslage Ihres Bundeslandes kennen (Schulgesetz!). Konsequenz – so weit wie möglich – ist beim Aussprechen von Bestrafungen am besten für das Kollegium und am gerechtesten gegenüber den Schülern. Aber manchmal hilft Ihnen oder Ihren Schülern die Schulordnung nicht weiter – und ein wenig Flexibilität kann erforderlich werden. Niemand will gerne bestraft werden. Aber wenn wir uns schon zum Aussprechen einer Strafe gezwungen sehen, sollte es so reibungslos wie möglich über die Bühne gehen.

Grundsätzlich muss zwischen **erzieherischen Maßnahmen** und **Ordnungsmaßnahmen** unterschieden werden. Definiert sind beide in den Schulgesetzen. Letztere werden angewendet, wenn Erstere nicht ausreichend greifen.

Erzieherische Maßnahmen kann jeder Lehrer ohne Rücksprache durchführen, es ist jedoch ratsam, sich je nach Maßnahme mit dem Klassenlehrer abzustimmen. Bei Gesamtschulen in NRW ist zum Beispiel für die Erteilung eines schriftlichen Tadels die Unterschrift des Klassenlehrers und der Abteilungsleitung notwendig. Eine Beschwerde gegen verhängte erzieherische Maßnahmen seitens der Eltern der betroffenen Schüler ist möglich.

Bei Ordnungsmaßnahmen entscheidet in der Regel ein Gremium, beispielsweise eine Konferenz einiger Lehrer, je nach Bundesland mit Unterstützung von Eltern- und Schülervertretern, und nachdem dem jeweiligen Schüler das Recht gegeben wurde, Stellung zu beziehen.

Wichtig: Das Schulgesetz Ihres Bundeslandes sollten Sie kennen!

Nachstehend einige Tipps und Vorschläge zum Einsatz von Sanktionen:

* **Sanktionen müssen so beschaffen sein, dass die Schüler sie ernsthaft vermeiden wollen.** Ansonsten dienen sie nicht der „Abschreckung".

* **Sanktionen sollten angekündigt werden.** Ihre Schüler sollten wissen, worauf welche Sanktion steht. Und sehr wichtig ist es, dass sie bei der Erteilung der Strafen eine zugrunde liegende Fairness erkennen können. Sie sollten immer wissen, warum eine Strafe gerade verhängt wurde.

* **Sanktionen müssen durchgesetzt werden.** Wenn Sie eine Bestrafung aussprechen, muss sie auch erfolgen. Ansonsten wäre sie zunächst einmal nur sinnlos. Bei der nächsten Strafankündigung würden die Schüler außerdem davon ausgehen, dass es sich wieder nur um eine „leere Drohung" handelt, und ggf. auch noch an Ihre Fairness appellieren („Aber beim letzten Mal …"). Daraus folgt auch:

* **Drohen Sie nicht mit etwas, was Sie nicht durchsetzen können oder wollen.** Unter Stresseinfluss kann das schnell passieren. Die Schüler kennen ihre Rechte aber sehr gut und wissen, was ein Lehrer darf und was nicht. Droht ein Lehrer damit, die Klasse den ganzen Nachmittag nacharbeiten zu lassen, dann erntet er wohl nur Hohngelächter.

* **Drohen Sie nicht mit einem Dritten.** Manchmal droht ein Lehrer damit, einen Schüler zu jemand anderem – meistens zum Schulleiter – zu schicken. Leider vermittelt das den Eindruck, dass der Lehrer mit einem Problem nicht selbst klarkommt. Natürlich gibt es auch Situationen, in denen diese Drohung gerechtfertigt ist, zum Beispiel bei sehr grobem Fehlverhalten.

* **Sanktionen können eine negative Atmosphäre schaffen.** Strafen können ein schlechtes Gefühl hervorrufen, wenn sie zu streng und ohne Gespür für die Schülertypen verhängt werden.

Wichtig: „Zuckerbrot und Peitsche": ein ausgewogenes Verhältnis beider fördert eine positive Beziehung!

Formen der Sanktion

Es gibt sehr unterschiedliche Formen der Bestrafung, mit denen Sie das Verhalten im Klassenzimmer beeinflussen können. Wie effektiv diese Maßnahmen letztendlich sind, hängt natürlich von der Situation ab. Nachstehend sind einige Beispiele angeführt. Das Thema „Nacharbeiten" wird in einem eigenen Abschnitt behandelt, weil sich dabei gewisse Komplikationen ergeben können.

Erzieherische Maßnahmen

Im Folgenden werden einige weitergehende erzieherische Maßnahmen geschildert. Hierzu gehören aber auch Vorgehensweisen wie das Ermahnen, die mündliche oder auch schriftliche Missbilligung eines Fehlverhaltens oder das zeitweise Wegnehmen von Gegenständen. Auch laut zu werden, ist eine erzieherische Maßnahme: Obwohl es traditionellerweise nicht als „Sanktion" angesehen wird, so ist Schreien doch die unmittelbarste Form der Bestrafung einer Klasse. Es ist kaum überraschend, dass viele Lehrer ab und zu darauf zurückgreifen. Manchmal kann es zwar dabei helfen, „Dampf abzulassen". Denken Sie aber daran, dass Schreien den Verlust der Selbstkontrolle demonstriert und sehr schädlich für die Stimme sein kann.

- **Wegnahme von Gegenständen:** Zum Vorhandensein von vor allem technischen Dingen wie Handys, MP3-Playern etc. im Klassenraum sollte es klare, mit den Kollegen abgestimmte Regeln geben, gegen deren Verstoß man genauso klar reagieren kann.
- **Erzieherisches Gespräch:** Ein Gespräch unter vier Augen kann unter Umständen genügen, um den „Missetäter" zur Vernunft zu bringen; ebenso ein Gespräch in der Gruppe (mit Schülern oder auch Eltern); ggf. mit Geschädigten, sodass dem „Täter" klar wird, welche Konsequenzen sein Verhalten für andere hat.
- **Entschuldigungsbrief an Betroffene.** Um Empathie zu fördern, können Sie auch eine Aufgabe verhängen, die dem „Täter" abverlangt, sich in die „Opfer" hineinzuversetzen.
- **Verlust von Vergünstigungen:** Die Verknüpfung des Verhaltens mit dem Gewinn oder Verlust bestimmter Vergünstigungen eröffnet eine gute

Möglichkeit, den Zusammenhang zwischen einem Fehlverhalten und den Konsequenzen klar aufzuzeigen. Diejenigen, die sich schlecht verhalten haben, erkennen dann einen klaren Zusammenhang zwischen ihrem Betragen unter der Woche und dem Verlust einer Vergünstigung.

* **Sanktionen für die ganze Klasse:** In manchen Situationen scheint eine Bestrafung der gesamten Klasse angemessen. Aber: In Deutschland sind Kollektivstrafen verboten. Selbst wenn nur zwei, drei Schüler Ihrer Klasse sich in einer Stunde benommen haben, in der alle anderen einen vernünftigen Unterricht unmöglich gemacht haben, so sollten diese zwei, drei Schüler von den Sanktionen, beispielsweise Nacharbeiten, ausgeklammert werden.

* **Zeitweiser Ausschluss vom Unterricht:** Dies ist schon eine relativ drastische Erziehungsmaßnahme. Für den Ausschluss vom Unterricht sollte ein Trainings- oder „Time-out-Raum" zur Verfügung stehen. Das Trainingsraumprogramm wurde 1994 von dem amerikanischen Sozialarbeiter E. Ford entwickelt. Im Trainingsraum arbeiten speziell ausgebildete Lehrer, die mehr oder weniger schwierige Schüler beraten. Es geht um die Reflektion und Veränderung des eigenen Verhaltens.

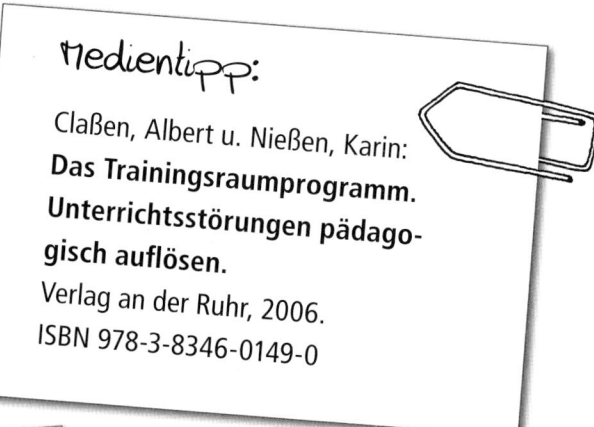

Medientipp:

Claßen, Albert u. Nießen, Karin:
Das Trainingsraumprogramm. Unterrichtsstörungen pädagogisch auflösen.
Verlag an der Ruhr, 2006.
ISBN 978-3-8346-0149-0

Medientipp:

www.trainingsraum.de

- **Wiedergutmachung angerichteten Schadens:** Beispielsweise die Reinigung eines beschmutzten/beschädigten Gegenstandes kann eine wirkungsvolle Sanktion sein; ebenso das Erteilen von Aufgaben, die dem Schüler die Auswirkungen seines Fehlverhaltens deutlich machen sollen.
- **Zu Hause anrufen, schriftliche Mitteilung, Elterngespräch:** Wenn Sie es mit Eltern zu tun haben, die von sich aus kooperativ sind, kann ein Anruf oder eine schriftliche Mitteilung (in einem Fall erheblichen Fehlverhaltens) eine sehr wirksame Sanktion sein. Wenn ein Schüler begreift, dass die Eltern über sein schlechtes Verhalten informiert werden, dann verfügen Sie über einen gewissen Kontrollmechanismus (möglichst vorher ankündigen – sonst wird schnell der Eindruck des „Petzens" entstehen). Wenn es aber den Eltern gleichgültig ist (das ist leider bei vielen schwierigen Schülern der Fall) oder sie ihre Kinder selbst nicht unter Kontrolle haben, läuft diese Form der Bestrafung ins Leere. Lesen Sie in der Schulordnung nach, bevor Sie die Eltern kontaktieren. Versuchen Sie zudem, etwas über den familiären Hintergrund zu erfahren. In den schlimmsten Fällen können Sie einen Schüler durch einen Anruf oder eine schriftliche Mitteilung in echte Schwierigkeiten bringen.
- **Sonder- oder Strafarbeiten** sollten immer sinnvoll sein und niemals beispielsweise auf stures Abschreiben hinauslaufen.

Ordnungsmaßnahmen

Wo erzieherische Maßnahmen nicht greifen, setzen die Ordnungsmaßnahmen an. Diese sind rigidere Maßnahmen und werden gemeinsam beschlossen, durch Schulleitung, ggf. eine Teil- bzw. Klassenkonferenz bis hin zur oberen Schulaufsichtsbehörde (bitte prüfen Sie hierzu das Schulgesetz Ihres Bundeslandes). Sie werden verhängt, wenn

- schwere oder wiederholte Verstöße begangen wurden,
- die Sicherheit von Menschen bedroht ist,
- der Schulbetrieb ernsthaft beeinträchtigt ist oder
- ein Schüler willentlich oder aus unverantwortlicher Leichtfertigkeit gegen schulische Pflichten verstößt.

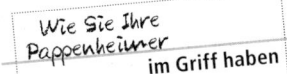

Sie sollen

* „die Bestrafung des Schülers nach einer Pflichtverletzung bewirken,
* erzieherische Inhalte vermitteln und
* den Unterricht und die Erziehungsarbeit in der Gegenwart und Zukunft sichern."

(Quelle: www.rechtsportal.de)

Im Schulgesetz finden Sie auch Hinweise darauf, ab welcher Stufe die Schule nicht mehr der Entscheidungsträger ist. Beispiele für Ordnungsmaßnahmen sind:

* schriftlicher Verweis,
* Klassenkonferenz,
* der Ausschluss von einer Klasse oder Lerngruppe und Verweis in eine andere,
* der längerfristige Ausschluss vom Unterrichts-/Schulgeschehen; beispielsweise auch von Klassenfahrten,
* Androhung von und ggf. Entlassung von der Schule,
* die Verweisung von allen öffentlichen Schulen.

Einige Anmerkungen zum Nacharbeiten

Nacharbeiten, in der Regel in Zusammenhang mit dem Nachholen von schuldhaft Versäumtem, ist eine relativ milde Erziehungs- oder auch Ordnungsmaßnahme. Die gesetzlichen Regelungen dazu finden Sie jeweils im Schulgesetz Ihres Bundeslandes (wer darf wie viel Zeit des Nacharbeitens anordnen etc.) Die Erziehungsberechtigten müssen zuvor innerhalb eines bestimmten Zeitrahmens informiert werden, bitte prüfen Sie das im Schulgesetz.

In Österreich ist Nacharbeiten verboten.

Je nach der Situation an Ihrer Schule kann es eine durchaus wirkungsvolle Sanktion sein. Sie werden auf Grund Ihrer beruflichen Erfahrungen entscheiden müssen, ob das Nacharbeitenlassen in Ihren Klassen Sinn hat.

- Stellen Sie sicher, dass das Nacharbeiten auch eingehalten wird. Schülern nachzujagen, kann unglaublich zeitraubend sein.
- Idealerweise sollte zwischen einem Fehlverhalten und der Bestrafung eine klare Verbindung bestehen. Deswegen sollte das Nacharbeiten so zeitnah wie möglich erfolgen.
- Lassen Sie Versäumtes nachholen: Bloßes Nacharbeiten ist nicht zulässig, es muss in direktem Zusammenhang mit dem versäumten Stoff stehen.

Wie man Sanktionen verhängen soll

Wenn Sie eine Strafe aussprechen müssen, dann hat die Art und Weise, wie Sie das machen, Einfluss auf die Reaktion der Schüler. Folglich wirkt es sich auch dahingehend aus, ob die Bestrafung überhaupt die gewünschte Wirkung hat. Es gilt eine Konfrontation zu vermeiden, indem man **mehrere, immer ernster werdende Warnungen** ausspricht. Damit soll dem Schüler klargemacht werden, dass er selbst den Lehrer zwingt, tatsächlich eine Strafe zu verhängen. Nachstehend einige detaillierte Tipps für den effektiven Einsatz von Sanktionen:

- **Verhängen Sie eine Sanktion diskret:** Versuchen Sie immer, eine Bestrafung auf ruhige Art zu erteilen, die dem jeweiligen Schüler angemessen ist. Sie können den Schüler auffordern, für einen Augenblick mit Ihnen nach draußen oder in den hinteren Teil des Klassenzimmers zu gehen. Sprechen Sie leise, damit die anderen nichts hören können. Wenn es den Schüler in Verlegenheit bringt, vor der ganzen Klasse bestraft zu werden, kann das zu einer Auseinandersetzung führen. Geben Sie den Störenfrieden kein Publikum!
- **Wenn nötig – schieben Sie die Verhängung der Strafe auf:** Sie brauchen eine Strafe nicht unbedingt gleich dann zu verhängen, wenn ein Fehlverhalten vorkommt. Wenn Sie zum Beispiel gerade mit der Stunde beginnen und ein Schüler stört dabei, könnten Sie ihm sagen, dass Sie gleich zu ihm kommen und mit ihm sprechen werden. Wenn dann die Klasse an einer Aufgabe sitzt, können Sie mit dem Betreffenden relativ ungestört reden.

- **Machen Sie die Situation deutlich:** Missverständnisse können zu Auseinandersetzungen führen. Machen Sie also immer Ihren Standpunkt und Ihre Erwartungen klar und deutlich. Erklären Sie dem Schüler ganz genau, was Sie von ihm erwarten. Machen Sie dann noch unmissverständlich klar, warum das Verhalten des Schülers nicht Ihren Erwartungen entsprach.

- **Machen Sie Ihre Stimmung deutlich:** Machen Sie dem Schüler klar, wie sich sein Verhalten auf Ihre Stimmung sowie auf Ihren Unterricht und den Rest der Klasse auswirkt. Verdeutlichen Sie dem Schüler, wie andere sein Verhalten sehen und warum es deshalb nicht akzeptabel ist.

- **Zeigen Sie eine positive Alternative auf:** Manchmal stellt sich ein Schüler durch sein Fehlverhalten selbst ins Abseits. Es liegt nun am Lehrer, ihm einen Ausweg aufzuzeigen. Sie können es zum Beispiel mit einer „Ablenkung" versuchen, indem Sie dem Schüler eine Aufgabe geben – etwa Hefte oder Materialien austeilen. Je jünger die Schüler sind, desto einfacher ist es, sie von einem Fehlverhalten abzulenken.

- **Wiederholen Sie Ihre Warnungen:** Mit Wiederholungen können Sie sicherstellen, dass Sie auch richtig verstanden werden. Wiederholen Sie Warnungen mehrere Male und sprechen Sie den Schüler dabei namentlich an, damit er sich auch wirklich persönlich angesprochen fühlt.

- **Sagen, nicht fragen:** Lehrer müssen sich durchsetzen, indem sie positive Anweisungen geben – und nicht Fragen stellen. Bei Fragen geben Sie einem Schüler die Möglichkeit zu allen möglichen Antworten, die zu unnützen Diskussionen führen können. Leiten Sie Ihre Anweisungen mit „Ich wünsche …"

oder „Ich erwarte von dir ..." ein. Sagen Sie Ihren Schülern genau, was Sie von ihnen wollen.

* **Sprechen Sie vor weiteren Schritten eine explizite Warnung aus:** Erklären Sie die Situation mit deutlichen Worten. Sagen Sie dem Schüler, was passieren wird, wenn er sich nicht an Ihre Anweisungen hält.

* **Bestrafen Sie das Verhalten, nicht den Schüler:** Betrachten Sie die Situation als Problem mit dem Verhalten, nicht mit dem Schüler. So können Sie Sanktionen „entpersönlichen". Machen Sie deutlich, dass eine Sanktion kein persönlicher Angriff gegen den Schüler ist, sondern eine logische, konsequente Reaktion auf sein Verhalten.

* **Lassen Sie eine Wahlmöglichkeit offen:** Auch diese Strategie (siehe Teil 1, Kapitel 3) trägt dazu bei, Sanktionen zu „entpersönlichen". Zugleich wird die Verantwortung dem Schüler zurückgegeben. Die Wahl ist einfach: „Entweder du hörst jetzt damit auf, oder du zwingst mich, dir eine Strafe zu geben."

* **Bleiben Sie entspannt:** Dann können Sie eine defensive Haltung vermeiden und die Angelegenheit mit nüchternem Blick behandeln – auch wenn Sie es mit schwierigen Schülern zu tun haben.

* **Verhängen Sie Strafen in klaren Schritten:** Ihre Sanktionen sollten auf einem niedrigen Niveau beginnen und sich allmählich steigern, wenn der Schüler sich weiterhin widersetzt. Geben Sie dem Schüler auf jeder Stufe Gelegenheit, seine Strafe zu akzeptieren, bevor Sie die Strafe steigern. Der Lehrer, der gleich mit der schlimmsten Strafe einsteigt, wird als unfair betrachtet, was höchstwahrscheinlich zu Auseinandersetzungen führt.

* **Gehen Sie nicht auf Konfrontationskurs, und bleiben Sie freundlich:** Bleiben Sie immer ruhig und freundlich, wenn Sie eine Strafe verhängen – auch wenn die Versuchung noch so groß ist, Dampf abzulassen. Achten Sie ständig auf Ihre Stimme und Körpersprache. Dann haben auch die Schüler keinen Anlass zum Ausrasten. Eine Auseinandersetzung wird unwahrscheinlicher.

* **Klingen Sie so, als ob Sie die Bestrafung bedauern:** Versuchen Sie, eher unglücklich und enttäuscht darüber zu klingen, dass Sie ein Schüler zu einer Bestrafung gezwungen hat. Geben Sie Ihrer Stimme den Klang des Bedauerns, keinesfalls sollte das Gefühl von „Revanche" durchklingen.

✖ Ermöglichen Sie die Chance zu einem „Rückzieher": Räumen Sie auf jeder Stufe des Bestrafungsvorgangs dem Schüler eine Möglichkeit ein, eine weitere Bestrafung zu vermeiden. Wenn es die Situation erlaubt, können Sie einem Schüler vorschlagen, eine Sanktion zu akzeptieren und für den Rest der Stunde gut mitzuarbeiten. Dann könnten Sie in Erwägung ziehen, auf die Bestrafung zu verzichten.

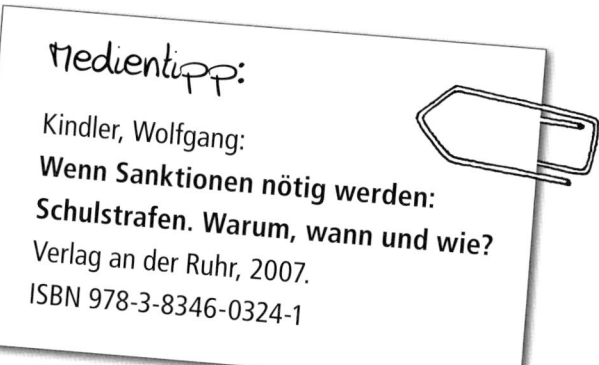

Medientipp:

Kindler, Wolfgang:
Wenn Sanktionen nötig werden:
Schulstrafen. Warum, wann und wie?
Verlag an der Ruhr, 2007.
ISBN 978-3-8346-0324-1

4. Gutes Verhalten unterrichten

Unterricht und Verhalten

Der eigentliche Sinn des Verhaltensmanagements liegt darin, **vernünftigen Unterricht** zu ermöglichen. Denn dafür betreten wir ein Klassenzimmer – und das sollte man nie aus den Augen verlieren. Lehrer, die einen ausgezeichneten Unterricht planen und durchführen können, werden unter normalen Umständen in vielen Fällen schon dadurch ein positives Klima aufrechterhalten können. Natürlich wird es Situationen geben, in denen es die Schüler unmöglich machen, überhaupt noch zu unterrichten. Aber wenn Sie Ihre Stunden **klar strukturieren und interessant, kurzweilig und spannend gestalten**, dann werden Sie Ihre Schüler meistens auf Linie halten. Und wenn die Schüler den Großteil einer Stunde engagiert mitarbeiten, dann werden sie kaum daran denken, herumzualbern.

Gleichzeitig können Sie einen größtmöglichen Anteil der Verantwortung für gutes Verhalten bewusst an die Klasse weitergeben, beispielsweise durch die Einrichtung eines **Klassenrats** (siehe S. 179).

Natürlich kann nicht jede Stunde ein multimediales Großereignis sein. Es wird Tage geben, an denen Sie einfach müde und erschöpft sind. An anderen Tagen kann der Stoff schlicht und einfach sehr trocken und schwierig aufzupeppen sein. Aber wenn die meisten Ihrer Stunden motivierend sind, dann neigen viele Schüler von sich aus zu einem akzeptablen Verhalten. Ein Lehrer, der seinen Schülern einen engagierten Unterricht bietet, erwirbt sich in der Klasse und in der ganzen Schule einen guten Ruf. Die Schüler werden über ihn außerhalb des Unterrichts sprechen. Werden Ihre Stunden als **interessant und unterhaltsam** empfunden, werden Ihre Schüler in positiver Stimmung in den Unterricht kommen und das Beste erwarten.

Selbstverständlich gilt es, die Waage zu halten zwischen unterhaltsamen Aktivitäten und den Anforderungen des Lehrplans. Hätten die Schüler die Wahl, dann würden die meisten den ganzen Tag Computer spielen oder auf dem Fußballfeld verbringen. Sie aber müssen ihnen den Unterrichtsstoff beibringen. Da kann es manchmal schwierig werden, den Stoff anregend aufzubereiten und gleichzeitig umfassend zu vermitteln. Meistens sehen die Schüler über eine gelegentlich trockene Stunde hinweg, wenn ein Lehrer üblicherweise auf anregende Weise unterrichtet.

Wenn Sie an Ihre eigene Schulzeit zurückdenken, fallen Ihnen hoffentlich ein oder zwei Lehrer ein, von denen Sie wirklich inspiriert wurden und die in Ihnen die Lust zum Lernen oder zumindest auf ein bestimmtes Fach geweckt haben!? Diese stellen sicherlich ein gutes Vorbild dar.

Effektives Planen und Unterrichten

Die Planung und Durchführung eines anspruchsvollen Unterrichts erfordert zum einen entsprechende **Fähigkeiten** und setzt zum anderen einen langen **Lernprozess** voraus. Aber vielleicht haben Sie auch ein Gespür dafür, was sich als effektiv erweisen kann. Mit wachsender Erfahrung lernen Sie auch, Ihren Unterricht an die verschiedenen Klassen und Schüler anzupassen – sogar während einer Unterrichtsstunde. Es erfordert Ihre Fantasie und die Fähigkeit, zur Vermittlung eines Stoffes auch über Seitenwege nachzudenken.

Von einem Referendar wird bei der Unterrichtsplanung die Einbeziehung einer Menge Details erwartet. Auf jeden Fall hilft Ihnen eine detaillierte Planung dabei, Ihre Stunden im Voraus genau zu durchdenken, was Ihnen auch ein Gefühl von Sicherheit bringt.

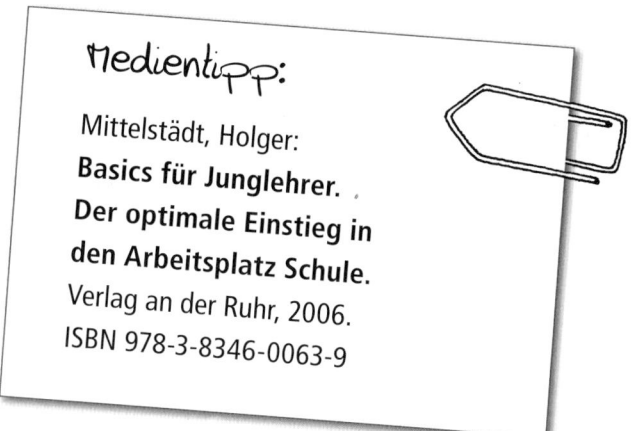

Medientipp:

Mittelstädt, Holger:
Basics für Junglehrer.
Der optimale Einstieg in
den Arbeitsplatz Schule.
Verlag an der Ruhr, 2006.
ISBN 978-3-8346-0063-9

Wenn Sie aber Ihre Ausbildung abgeschlossen haben und erste Erfahrungen sammeln, dann werden Sie vielleicht feststellen, dass zu viel Planung nicht unbedingt zu wirklich guten Unterrichtsstunden führt. Enthält Ihre Planung **zu viele Details**, könnten Sie an etwas unbedingt festhalten wollen, was gar nicht richtig funktioniert. Zudem kann das dazu führen, dass Sie an Ihrem Pult wie verwurzelt sitzen bleiben, damit Sie auf Ihre Notizen schauen können. Damit schränken Sie sich hinsichtlich der Kontrolle ein, die Sie über die Klasse haben. Eine detaillierte Planung setzt voraus, dass der Lehrer genau weiß, wie die Schüler reagieren werden. Doch was in der Vergangenheit mit einer Klasse funktioniert hat, kann sich bei einer anderen als völlig nutzlos erweisen. Mit der Erfahrung werden Sie lernen, wie Sie Ihre Stunden **anpassen** und **flexibel** auf Umstände reagieren können.

Die Möglichkeit, die Schüler einzubinden, ihr Interesse zu wecken und sie anzuregen, hängt von sehr verschiedenen Faktoren ab – vom Format und vom Inhalt einer Stunde und auch davon, wie eine Stunde gehalten wird. Die folgenden Vorschläge sollen Ihnen bei der Planung und Durchführung von Unterrichtsstunden helfen.

Der Aufbau der Stunden

Der Aufbau einer Stunde ist das A und O einer guten Planung. Es geht darum, dem Unterricht eine **klare und effektive Struktur** zu geben. Schüler wollen eine Struktur in ihrem Leben. Eine solche Struktur ist besonders wichtig für Schüler mit Verhaltensproblemen. Bei einem gut strukturierten Unterricht bleiben die Schüler im Idealfall konzentriert und aufmerksam. Die nachstehenden Vorschläge helfen Ihnen dabei, Ihren Stunden eine effektive Struktur zu geben.

✻ **Beginnen Sie mit einem Überblick:** Wenn man viel Zeit auf die Unterrichtsvorbereitung verwendet hat, neigt man leicht zu der Annahme, dass die Schüler von selbst irgendwie wissen, wie der Unterricht abläuft. Beginnt der Lehrer ohne weiteren Kommentar mit dem Unterrichtsstoff, vermissen die Schüler eine klare Struktur oder Zielrichtung. Kein Wunder, wenn Fehlverhalten aufkommt! Geben Sie den Schülern am Beginn der Stunde einen **Überblick, was in der Stunde warum geschehen wird** („Heute werden wir dies durchnehmen"; „Das müssen wir lernen, weil ..."). Kommen Sie im Verlauf der Stunde immer wieder auf diese Zielvorgabe zurück, damit die Schüler (und Sie selbst) auf Kurs bleiben. Viele Lehrer schreiben das **Lernziel** auch an die Tafel. Manchmal weicht eine Stunde völlig von der ursprünglichen Absicht ab.

Das muss nicht unbedingt ein Problem sein, solange der Lehrer den Unterricht an die Schüler anpasst und sie nicht die Richtung verlieren.

Tipp: Machen Sie sich vorweg einen eigenen, stichwortartigen Plan zum Ablauf der Stunde! So behalten Sie den Überblick.

✹ **Stellen Sie kurze, zielgerichtete Aufgaben:** Je länger eine bestimmte Aktivität dauert, desto wahrscheinlicher werden sich die Schüler langweilen. Mit relativ kurzen, zweckmäßigen Übungen können Sie die Aufmerksamkeit erhalten und den Schülern **klare Ziele** setzen. Nach der Erledigung einer Aufgabe können Sie die Schüler loben, bevor Sie zur nächsten weitergehen. Kurze, zielgerichtete Aufgaben vermitteln den Eindruck, dass der Unterricht ein gewisses Tempo hat und dass es vorwärts geht. Das ist besonders für solche Schüler wichtig, die nur zu einer kurzen Aufmerksamkeitsspanne fähig sind.

Es versteht sich von selbst, dass die Schüler keinesfalls unterfordert werden sollten und Konzentration auch eine für Lerner unentbehrliche Fähigkeit darstellt.

✹ **Gestalten Sie Ihre Stunden abwechslungsreich:** Achten Sie darauf, dass Sie eine Vielzahl **verschiedenartiger Aufgaben** stellen (etwas für die Augen, etwas für das Gehör oder Übungen in Verbindung mit Bewegung). Dadurch können Sie die verschiedenen Lerntypen ansprechen. Erfordert ein Teil des Lernstoffes ausführliche Erklärungen seitens des Lehrers, dann schließen Sie daran möglichst eine Gruppen- oder Projektarbeit an. Verwenden Sie in einer Unterrichtsstunde verschiedene **Übungsformen und Methoden** – vom Brainstorming mit der ganzen Klasse bis zu Zweierdiskussionen und Einzelarbeit, von Zeichnen und Skizzieren bis zu schriftlichen Aufgaben. **Handlungsorientierung** macht die Schüler zu Mitgestaltern Ihrer Stunde. Und wer will schon, dass seine eigene Stunde aus dem Ruder läuft? Wecken Sie in den Schülern den Ehrgeiz, besonders gute, kreative Ergebnisse zu erzielen, und sie werden diese auch verfolgen und präsentieren wollen.

- **Sagen Sie den Schülern genau, was sie erreichen sollen:** Fördern Sie die **Zielstrebigkei**t Ihrer Schüler, indem Sie ihnen genau sagen, was sie bei jeder Aufgabe erreichen sollen (zum Beispiel zehn Wörter finden, drei Ideen formulieren oder ein halbe Seite schreiben). Ein sinnvolles Verfahren bei umfangreicheren Aufgaben ist die Unterteilung in **drei Sektionen**: Was die Schüler schaffen müssen, was sie schaffen sollten und was sie darüber hinaus machen könnten. Mit diesen drei Kategorien geben Sie den Schülern klare Zielvorgaben. Die schnelleren werden vermutlich alle drei Teile der Aufgabe erledigen; diejenigen, die mehr Zeit benötigen, wissen aber, dass sie ein bestimmtes Quantum schaffen müssen.
- **Sagen Sie den Schülern genau, was sie erreicht haben:** Sprechen Sie am Ende der Stunde mit den Schülern darüber, was sie heute geleistet haben. Nehmen Sie sich die Zeit, sie für ihre gute Arbeit zu **loben**. So ermöglichen Sie ein angenehmes Erfolgserlebnis, sodass sie in Ihrer nächsten Stunde wahrscheinlich wieder gut mitarbeiten und sich ordentlich verhalten werden. Ein kleiner Rückblick auf die Stunde bildet einen guten Abschluss.

Der Stundenaufbau

✓ Stundenverlauf visualisieren
✓ Ziele nennen
✓ kurze, zielgerichtete, klare Aufgaben
✓ abwechslungsreiche Übungsformen und Methoden
✓ Lob für bewältigte Aufgaben
✓ Differenzierungsmöglichkeiten anbieten
✓ Abschluss: Rück- und Ausblick, ggf. Hausaufgaben
✓ Lob für Mitarbeit

Der Inhalt einer Unterrichtsstunde

Das Ergebnis der inhaltlichen Planung sollte eine **anregende, unterhaltsame Unterrichtsstunde** sein. Lehrer sollten Gedanken, Fakten und Informationen so vermitteln, dass sie von den Schülern auch verstanden werden. Wenn

Sie allen Schülern ein Thema oder einen Lerninhalt verständlich machen können, stellt das auch für Sie ein Erfolgserlebnis dar. Und es hilft Ihnen dabei, das Interesse der Schüler wach zu halten und ihr Verhalten im Griff zu behalten. Die nachstehenden Vorschläge sollen Ihnen dabei helfen, Lerninhalte effektiv zu vermitteln.

* **Machen Sie es unterhaltsam:** Will man Arbeit wie Vergnügen aussehen lassen, muss man oft gedankliche Umwege einschlagen. Deshalb funktioniert auch meine Kriminal-Stunde (siehe S. 138) so gut. Ein Quiz als Alternative zu einem Test ist beispielsweise eine interessante und amüsante Möglichkeit, den Wissensstand Ihrer Schüler zu einem bestimmten Thema abzufragen. Halten Sie Ausschau nach lustigen, pädagogisch sinnvollen **Spielen**, die Sie in Ihrem Unterricht einsetzen können. Sie könnten diese Spiele mit den herkömmlichen Methoden abwechseln, zum Beispiel als Belohnung für besondere Leistungen.
* **Lassen Sie die Schüler machen:** Handlungsorientierung sorgt nicht nur für nachhaltige Lerneffekte, sondern auch für Ehrgeiz, Stolz auf die eigenen Ergebnisse und den Willen, sie zu präsentieren.
* **Machen Sie es Sinn-voll:** Normalerweise zielt ein Unterricht nur auf das Sehen und Hören. Suchen Sie nach Möglichkeiten, die auch die anderen Sinne ansprechen. Lassen Sie die Schüler sich bewegen, Gegenstände anfassen, an Pflanzen riechen oder verschiedene Nahrungsmittel schmecken.

* **Verwenden Sie viele Utensilien**: Jüngeren Schülern gefällt es, während des Unterrichts etwas anzufassen – besonders Dinge, die normalerweise nicht in ein Klassenzimmer gehören. In einem späteren Kapitel (Teil 2, Kapitel 4) finden Sie dazu viele Anregungen.

* **Machen Sie es aktuell und themenbezogen**: Passen Sie die Arbeit im Unterricht den **Interessen Ihrer Schüler** an, oder stellen Sie **Bezüge zu aktuellen Ereignissen** her. Dadurch bleiben sie motiviert, und sie nehmen das Lernen ernster. Denn die Schüler stellen fest, dass der Unterrichtsstoff wirklich etwas mit der Welt außerhalb der Schule zu tun hat. Beispielsweise können Sie ein sportliches Großereignis wie eine Fußballweltmeisterschaft mit einem geografischen Thema verknüpfen.

* **Machen Sie es visuell ansprechend**: Damit sprechen Sie besonders die Schüler an, die visuelles Lernen bevorzugen. Sprengen Sie mal den Rahmen, und gehen Sie mit der Klasse in den Pausenhof, um das Ergebnis eines umfangreichen Brainstormings auf den Boden aufzumalen. Verwenden Sie knallige Farben, um die Aufmerksamkeit zu wecken, oder augenfällige Plakate, um zum Denken anzuregen.

* **Veranschaulichen Sie abstrakte Begriffe mit konkreten Beispielen**: Eine der wichtigsten Fähigkeiten eines guten Lehrers besteht darin, abstrakte Inhalte auf griffige Weise für die Schüler verständlich zu vermitteln. Suchen Sie bei abstrakten Inhalten nach Möglichkeiten, sie zu **konkretisieren**. Ein anschauliches Beispiel dafür konnte ich bei einem Lehrer beobachten, der seinen Schülern mit Hilfe eines Skateboards demonstrierte, wie Kräfte wirken und wie Raketen die Erdanziehung überwinden. Ein Schüler stellte sich auf das Skateboard und schwang mit beiden Armen, sodass es sich leicht bewegte. Danach stieß er sich von einem Mitschüler ab, sodass dass Skateboard schon weiter rollte. Schließlich schwang er ein Gewicht und warf es nach vorne, wodurch er das Brett durch das ganze Klassenzimmer vorwärts trieb.

Unterricht soll

✓ unterhaltsam sein

✓ handlungsorientiert sein

✓ alle Sinne ansprechen

✓ Lernen erlebbar/anfassbar machen

✓ anschaulich sein

✓ aktuell und lebensnah sein

✓ visuell ansprechend sein

Das Unterrichten selbst

Eine gute Unterrichtsstunde hängte ebenso vom Stil und von der Persönlichkeit des Lehrers ab wie von einer wohlüberlegten Planung. Die Hinweise zur verbalen und nonverbalen Kommunikation sowie zu den Unterrichtsstilen (siehe Kapitel 1 und 2 dieses Teils) können Ihnen dabei helfen, Ihren Unterricht auf optimale Weise abzuhalten. Im Großen und Ganzen haben Lehrer, die eine gewisse **Leidenschaft für ihr Fach** zeigen, die am Unterrichten Freude haben und die sich für ihre Schüler interessieren, weit weniger Schwierigkeiten mit dem Verhalten ihrer Schüler.

Die Bedeutung des Zeitmanagements

Die Art, wie Lehrer die Zeit im Griff haben, kann überraschend positive oder negative Auswirkungen auf das Verhalten der Schüler haben. Ist der Ablauf einer Stunde sehr hastig, fühlen sich die Schüler gestresst, und Probleme mit dem Verhalten werden wahrscheinlicher. Achten Sie auf einen **relativ entspannten Ablauf** und auf **ein richtig bemessenes Pensum**. Räumen Sie für jede Aufgabe eine angemessene Zeitspanne ein. Lehrer nehmen sich für eine Unterrichtsstunde oft zu viel vor und drängen folglich zur Eile, um den vorgesehenen Stoff abzuarbeiten. Seien Sie also flexibel dabei, was in einer Unterrichtsstunde wirklich zu schaffen ist. Bei schwierigeren Schülern werden Sie Zeit zur Behebung von Problemen einplanen müssen, folglich bleibt weniger Zeit für den eigentlichen Unterricht.

Tipp: Lösen Sie die schwierigeren Aufgaben in der Vorbereitung einmal selbst, um zu sehen, wie lange sie dauern!

Gerade am Beginn und am Ende einer Stunde meinen Lehrer oft, zur Eile drängen zu müssen. Wenn Sie aber das Verhalten im Griff haben wollen, dann sind gerade diese Zeitpunkte entscheidend. Räumen Sie also ausreichend Zeit ein, um Ihre Klasse „startklar" werden zu lassen. Manche Klassen reagieren gut auf einen „Schnellstart", wenn sich der Lehrer also regelrecht ins Unterrichten stürzt. Andere Klassen brauchen Zeit, um sich zu konzentrieren und in die richtige Arbeitsstimmung zu kommen. Planen Sie Ihre Stunden so, dass am Ende ausreichend Zeit für einen **ruhigen, geordneten Abschluss** bleibt, zum Beispiel für eine kurze Zusammenfassung des Unterrichtsstoffes. Nachstehend einige Vorschläge für ein effektiveres Zeitmanagement:

✱ **Wenden Sie sich an die ganze Klasse:** Räumen Sie zu Beginn der Stunde Zeit ein, damit sich die ganze Klasse wieder sammeln und konzentrieren kann. Das ist besonders nach einer Pause oder beim Wechsel von einem Fach zu einem anderen wichtig und kann in Form von Ritualen (Spielen, Liedern, Stilleübungen …) geschehen.

- ✳ **Regelmäßige Pausen:** Die Abfolge von kurzen Aufgaben verleiht einer Stunde ein gewisses Tempo und lässt keine Langeweile aufkommen. In den kurzen Pausen zwischen den Aufgaben können sich die Schüler erholen. In dieser Unterbrechung könnten sie mit einem Partner die Aufgabe besprechen. Oder Sie könnten eine Lockerungsübung oder eine Denksportaufgabe mit der ganzen Klasse dazwischenschalten, um die Anspannung einer schwierigen Aufgabe zu lösen.

- ✳ **Versuchen Sie, immer früh genug zum Ende zu kommen:** Aus den schon angeführten Gründen ist es mehr als empfehlenswert, immer rechtzeitig und in Ruhe zum Ende zu kommen, auch wenn dann eventuell mal Zeit übrig bleibt, die gefüllt werden muss. Hier kann dann aber beispielsweise ein Ruheritual oder ein kleines Spiel zum Einsatz kommen.

- ✳ **Die abschließende Zusammenfassung:** Ein kurzer Rückblick auf das Erlernte und Geleistete bildet einen sinnvollen Stundenabschluss, der die ganze Klasse nochmals einbezieht und ihr ein gewisses Erfolgserlebnis vermittelt. Der Unterrichtsstoff kann dabei auch noch gefestigt werden. Ebenso ergibt sich die Gelegenheit, die Klasse für gute Mitarbeit und gutes Verhalten zu loben.

- ✳ **Entlassen Sie die Klasse in einer positiven Stimmung:** Sie wollen sicher, dass die Klasse Sie für die nächste Stunde in einer positiven Erinnerung hat – egal, ob am nächsten Tag oder erst in der nächsten Woche. Die letzten Minuten der vorangegangenen Stunde mit Ihnen werden die Schüler am frischesten in Erinnerung haben. Wenn diese Minuten ruhig und geordnet verlaufen sind, wird dies gutes Verhalten fördern.

Medientipp:

Thömmes, Arthur:
Produktive Unterrichtseinstiege/Produktive Arbeitsphasen/ Unterrichtsphasen erfolgreich abschließen.
Verlag an der Ruhr.
ISBN 978-3-8346-0022-6
ISBN 978-8-4603-258
ISBN 978-3-8346-0153-7

Wie Sie Ihre
Pappenheimer
im Griff haben

Erfolgsgarantie

An manchen Tagen werden Sie einfach nicht in der Verfassung sein, mit Ihren schwierigen Klassen zurechtzukommen. Für solche Fälle brauchen Sie einige **„Masterstunden"**, die gutes Verhalten fördern.

Nachfolgend finden Sie Vorschläge für Unterrichtsstunden, die auch in schwierigsten Klassen wahrscheinlich funktionieren werden.

✱ **Der Computerraum:** Aus irgendeinem Grund wird auch der schwierigste Schüler ruhiggestellt, wenn man ihn vor einen Computer setzt. Zumindest arbeitet er mit und ist ruhig, während er im Internet surft. Die meisten Fächer bieten zumindest manchmal Gelegenheit, den Computer (oder andere neue Medien) einzusetzen. Nutzen Sie also diesen Umstand aus, wenn Sie eine wirklich friedliche Stunde benötigen.

✱ **Ein Video zeigen:** Bei Filmen verhält es sich ähnlich: Selbst die aufmüpfigste Klasse kommt normalerweise zur Ruhe, wenn sie ein Video ansehen darf. Vielleicht gibt es einen Film, der gerade inhaltlich gut passt? Achten Sie auch darauf, dass der Inhalt des Films aktuell und spannend genug ist, um das Interesse der Schüler wach zu halten.

Um die Aufmerksamkeit der Schüler zu fördern, sollten Sie außerdem einige Aufgaben stellen, die nach der Vorführung schriftlich oder mündlich zu beantworten sind.

* **Spannende und motivierende Stunden:** Solche Stunden müssen ungewöhnlich, irgendwie „anders" sein: Inhalte können als Theaterstück aufgeführt oder zu einem Brettspiel verarbeitet werden, Zeitungen zu Inhalten können angefertigt werden, die Schüler müssen in einer Art Schnitzeljagd Inhalten auf die Spur kommen etc. Sie können dafür auch geeignete Utensilien oder Requisiten verwenden, wie in der auf S. 138 beschriebenen „Kriminalszene". Auch wenn solche Stunden eine gewisse Vorbereitung erfordern, können Sie sich damit die tatsächliche Zeit des Unterrichtens vereinfachen.

* **Unterstützung von außen:** Nach meiner Erfahrung reagieren Schüler sehr positiv auf Personen, die keine Lehrer sind. Vielleicht sind sie zu sehr daran gewöhnt, uns Lehrer jeden Tag zu „genießen" – unsere Stimmen zu hören und die Strafen zu erdulden, die wir ihnen aufbrummen. Wenn Sie es schaffen, jemanden aus dem „richtigen Leben" in den Unterricht mitzubringen, können Sie sich selbst ein wenig zurücklehnen. Das könnte eine Theatergruppe sein, ein Polizeibeamter, der über Jugendkriminalität spricht, Eltern, die mit den Schülern über berufliche Möglichkeiten diskutieren …

„Masterstunden"

✓ Internetrecherche
✓ Filmvorführung mit Detektivaufgaben
✓ Außergewöhnliches: Theater spielen etc.
✓ Besuch von außen zu Fachthema einladen

Spannende Stunden außerhalb des Lehrplans

In diesem Abschnitt finden Sie einige Vorschläge, wie Sie eine schwierige (oder auch einfache) Klasse zu aktiver Teilnahme am Unterricht anregen können. Es handelt sich natürlich nur um grobe Ideen, die Sie dann anhand Ihres spezifischen Stoffes entsprechend als Grundlage für eine Stunde nehmen können. Einige mögen auf den ersten Blick ein wenig seltsam erscheinen. Aber denken Sie daran: Wenn die Schüler nicht unbedingt motiviert für die Schule sind, können vielleicht gerade die verrücktesten Ideen ihr Engagement wecken. Zudem können Sie mit Ihren Schülern dabei eine Menge Spaß haben. Zu jedem Vorschlag finden Sie Hinweise, in welches Fach er passt, welche Voraussetzungen nötig sind und wie die ganze Sache ablaufen könnte.

Der Tatort

Geeignet für folgende Fächer:

* Geschichte (Überprüfung von Beweisen)
* Deutsch (Literatur – Kriminalroman, Drama)
* Kunsterziehung (Skizzen anfertigen)

Voraussetzungen/Utensilien:

* freier Platz (zum Beispiel in der Mitte des Klassenzimmers, wenn Tische und Stühle beiseite geschoben sind)
* Absperrband oder eine andere Absperrung für den „Tatort"
* verschiedene Requisiten, die mit dem „Verbrechen" in Zusammenhang stehen (zum Beispiel ein umgestoßener Stuhl, eine Handtasche mit am Boden verstreutem Inhalt, ein Stück Seil)

Beschreibung:

Diese Stunde zieht auch die wildeste Klasse in ihren Bann. Sie werden feststellen, dass sich Ihre Schüler bereitwillig auf die „Fiktion" dieser Stunde einlassen. Sagen Sie ihnen, sobald sie das Klassenzimmer betreten, dass ein Verbrechen geschehen sei und sie nichts anfassen dürften. Die Klasse schlüpft in die Rolle von Ermittlern, die den Tatort untersuchen. Sie besprechen ihre Erkenntnisse, die sie dann schriftlich, mündlich oder als Skizze zusammenfassen sollen.

Diese Stunde kann als Einstieg zum Beispiel in die Lektüre eines Krimis genutzt werden, für Spekulationen bezüglich eines geschichtlichen Geschehens etc. Lassen Sie sie spekulieren, was Tatort und Gegenstände mit dem aktuellen Unterrichtsstoff zu tun haben.

Das Ganze funktioniert auch andersherum, hier brauchen die Schüler natürlich Zeit, um benötigte Gegenstände zusammenzutragen: Lassen Sie die Schüler im Zusammenhang mit dem Lernstoff einen Tatort kreieren.

Eine Dose Hundefutter

Geeignet für folgende Fächer:

* Kunst (Gestaltung einer Verpackung)
* Deutsch (Thema „Medien" – die Macht der Werbung)
* Naturwissenschaften/Hauswirtschaft (Untersuchung des Doseninhalts)

Voraussetzungen/Utensilien:

* eine leere Dose Hunde- oder Katzenfutter (sauber ausgewaschen)
* Schokoriegel (zerkleinert)
* Pudding oder Götterspeise
* eine Gabel

Beschreibung:

Diese Stunde, ursprünglich für den Kunstunterricht (Design) gedacht, schockiert die Schüler so, dass sie ganz von alleine aufpassen. Sobald die Schüler im Klassenzimmer sind, zeigt ihnen der Lehrer die Hundefutterdose und isst daraus. Die Reaktion darauf wird sehr lebendig ausfallen. Aber bald werden sich die Schüler beruhigen, wenn sie hören, was der Lehrer zu dem Geschmack zu sagen hat.

Die Klasse kann sich dann darüber Gedanken machen, wie sehr die Verbraucher darauf vertrauen, was auf Verpackungen steht. Die Schüler können außerdem prüfen, was verschiedene Konservendosen eigentlich alles enthalten. (In der Hundefutterdose befinden sich selbstverständlich die zerkleinerten Schokoriegel, vermischt mit Pudding.)

Der Markt

Geeignet für folgende Fächer:

* Fremdsprachen (Wortschatz)
* Mathematik (Geld, Preise, Addition und Subtraktion)
* Kunstunterricht (planen und skizzieren)
* Theater (Rollenspiel, Improvisation)

Voraussetzungen/Utensilien:

* „Marktstände" (zum Beispiel die Tische)
* Lebensmittel oder andere Waren für die Stände
* (Spiel-)Geld

Beschreibung:

Diese Stunde war ursprünglich für den Französischunterricht konzipiert. Auf den Marktständen waren verschiedene französische Lebensmittel verteilt. Die Schüler gingen herum und kauften ein (bzw. standen hinter den Tischen und verkauften). Dabei mussten sie das richtige Vokabular verwenden. Sie reagierten sehr positiv auf die Idee, leckere Croissants zu kaufen und dann zu essen.

Die Marktstände können für verschiedene Fächer mit Objekten ausgestattet werden. Nach dem Einkauf kann die Klasse eine Skizze mit den
verschiedenen Ständen anfertigen. Die ganze Stunde kann auch als
improvisiertes Rollenspiel gestaltet werden, wofür sich die Schüler
verschiedene Szenen ausdenken.

Hilfsmittel und Materialien

Schüler reagieren sehr positiv auf unterschiedliche Gegenstände, Anschau-
ungsmaterialien und Geräte, die Sie „von außen" mit in den Unterricht bringen, ganz besonders natürlich auf etwas Außergewöhnliches. Höchst motiviert sind sie, wie oben erwähnt, in der Regel, wenn Sie **Personen** einladen.
Das müssen nicht einmal Personen von außerhalb der Schule sein: Warum
laden Sie nicht einmal einen anderen Lehrer ein, der über ein bestimmtes Spe-
zialwissen verfügt, oder Schüler aus höheren Klassen, die beispielsweise Ihre
Schüler beim Lesen unterstützen oder irgendwelche interessanten Hobbys
haben, zum Beispiel musizieren, tanzen …? Nachstehend folgen einige Ideen
zu unüblichen, motivierenden Materialien:

* **Die Videokamera:** Mit einer Video- oder Digitalkamera können Sie Ihre
  Schüler wunderbar motivieren. Die Verwendung der Kamera könnte zum
  Beispiel als Belohnung für gutes Verhalten in mehreren Stunden dienen.
  Die Schüler können sich ein Filmprojekt überlegen, das sich auf den Inhalt
  der vorangegangenen Stunden bezieht.
* **Kostüme und Perücken** sind traditionellerweise die Domäne der Theater-
  gruppen. Aber sie können auch in vielen Fächern zur Motivation der Schü-
  ler eingesetzt werden. Sie können beispielsweise im Fremdsprachenunter-
  richt Kostüme zur Einführung von Wortschatz verwenden. Oder Sie können
  sich als verrückter Professor verkleiden und ein Experiment durchführen.
  Auf jeden Fall können Sie mit Kostümen und Perücken die Aufmerksamkeit
  Ihrer Schüler wecken und sie für den Unterricht interessieren.

* **Klang- und Lichteffekte:** Dem Klassenzimmer ein wenig Atmosphäre zu verleihen, ist eine Möglichkeit, die Schüler zu gutem Verhalten anzuregen. Sie können die Geräusche eine Sturms vorspielen, wenn Sie im Unterricht das Thema „Wetter" behandeln, oder Tierstimmen, wenn es um die entsprechenden Arten geht. Sie können bei der Lektüre von Geistergeschichten das Klassenzimmer verdunkeln und mit Kerzen beleuchten. Sie können Hintergrundmusik laufen lassen, um eine laute Klasse zu beruhigen. Je außergewöhnlicher den Schülern das Klassenzimmer erscheint, desto mehr engagieren sie sich für ihre Aufgaben.

Teil 3 Die Schüler

1. Die Gründe für Verhaltensprobleme

Natürlich stecken hinter dem Fehlverhalten von Schülern eine Reihe komplexer Gründe. Wenn ein Schüler ernste Verhaltensprobleme hat, spielen dabei normalerweise mehrere Faktoren eine Rolle. In diesem Kapitel gehe ich auf die Bereiche ein, auf die ein Lehrer **direkt durch besondere Strategien und Methoden** einwirken kann.

Die Gründe des Fehlverhaltens bei Schülern

Sieht man sich immer oder die meiste Zeit mit Verhaltensproblemen konfrontiert, neigt man leicht zu der Ansicht, dass das Fehlverhalten **vorsätzlich** geschieht. Geht eine wohldurchdachte und gut geplante Stunde schief, ist es nur natürlich, wenn man als Lehrer eine Abwehrhaltung einnimmt. Sie haben eine Menge Arbeit in die Unterrichtsvorbereitung gesteckt: Warum würdigen Ihre Schüler das nicht? Haben sie sich etwa gegen Sie verschworen und beschlossen, Ihren Unterricht kaputt zu machen? Und der Verdacht, dass die Schüler einen Lehrer „fertigmachen wollen", mündet schnell in einen abweisenden Unterrichtsstil. Ohne Zweifel gibt es einzelne Schüler, die sich absichtlich schlecht verhalten. Aber der größte Teil des Fehlverhaltens geht auf sehr unterschiedliche Faktoren zurück. Nachfolgend finden Sie eine Übersicht darüber, welche Strategien sich bei welchen Gründen besonders eignen.

Selbstverständlich liegt es an manchen **Schulen** mit dem Ethos im Argen. Oder die **Schulregeln** sind so nicht sinnvoll und müssten neu formuliert werden. An anderen Schulen liegt es an der schieren Zahl von Schülern mit schwierigem Hintergrund oder besonders gravierenden Lernstörungen. Unglücklicherweise kann der einzelne Lehrer wenig gegen eine solche Situation ausrichten – außer, sein Bestes für die Schüler zu geben. Es ist eine sehr persönliche Entscheidung, wie viel Stress Sie sich selbst auferlegen wollen. Ob sich in Zukunft eine Verbesserung einstellt, bleibt offen. Wenn Sie unter besonders schwierigen Umständen arbeiten, finden Sie im letzten Kapitel einige Ratschläge für den Umgang mit Stress.

Langeweile

Manche Schüler haben schlicht und einfach keinen Bock auf Schule. Wenn Sie an Ihre eigene Schulzeit zurückdenken, werden Sie sich wahrscheinlich an Zeiten erinnern, in denen Sie sich langweilten. Wenn Schüler begreifen, dass die Schule wichtig und Lernen für ihr zukünftiges Leben von entscheidender Bedeutung ist, wenn sie Verantwortung für ihre Lernprozesse übernehmen, dann werden sie in den meisten Fällen mit der Langeweile umzugehen wissen. Sehen Schüler in der Schule aber einen Ort, an dem sie sich **gezwunge-nermaßen** aufhalten müssen, werden grundlegende Verhaltensprobleme wahrscheinlicher. Denn Sie werden ihre Langeweile dann kaum durch interessante Beiträge zum Unterricht bekämpfen. Einen Lehrer aufzuziehen oder mit der Klasse herumzualbern, scheint dann einfach unterhaltsamer, als sich mit irgendeinem trockenen Stoff herumzuschlagen.

Die Langeweile bekämpfen

Die Schule interessanter machen – das scheint die naheliegende Antwort auf die Frage zu sein, wie man die Langeweile bekämpfen könnte. Das ist leicht gesagt – vor allem angesichts der Fülle von Inhalten, die Sie in einem begrenzten Zeitrahmen vermitteln müssen. Es gilt, Prioritäten zu setzen. Wenn Sie wissen, dass Ihre Schüler nur eine geringe Konzentrationsfähigkeit haben und leicht zu Fehlverhalten neigen, dann sollten Sie den Kampf gegen die Langeweile zu einem Ihrer Hauptanliegen machen. Stellen Sie die Anforderungen des Lehrplans eine Weile in den Hintergrund, und motivieren Sie Ihre Schüler wieder für das Lernen. Nachstehend finden Sie zusammengefasst einige Vorschläge, wie Sie das bewerkstelligen können (siehe dazu Teil 2, Kapitel 4).

- **Gestalten Sie den Unterricht unterhaltsam und interessant.**
- **Bringen Sie Abwechslung in den Unterricht.**
- **Sprechen Sie alle Sinne an.**
- **Führen Sie kurze, kompakte Übungen durch.**
- **Beziehen Sie den Unterricht auf das reale Leben:** Manche Schüler haben nicht den Eindruck, dass die Schule irgendetwas mit ihrem „normalen" Leben zu tun hat. Stellen Sie eine Verbindung zwischen dem Lernstoff und den Berufen her, die die Schüler später ergreifen könnten. Oder verknüpfen Sie den Stoff mit Themen, die die Schüler betreffen und interessieren.
- **Räumen Sie eine „Auszeit" ein:** Manchmal braucht ein unruhiger Schüler oder eine unruhige Klasse eine Auszeit, zum Beispiel fünf Minuten Unterbrechung des Unterrichts zum Reden. Ein bisschen Flexibilität ist besser als reine Zeitverschwendung.
- **Machen Sie einen „Deal":** Ist der Unterricht größtenteils anregend und interessant, wird eine Klasse leichter über eine gelegentliche Phase der Langeweile hinwegkommen. Wenn Sie gerade einen sehr trockenen Stoff durchnehmen müssen, dann sprechen Sie die Klasse direkt darauf an (nicht ohne darauf hinzuweisen, warum der Stoff dennoch wichtig ist!) und verweisen Sie auf Spannendes, das folgen wird. Gleichzeitig könnten Sie einen „Handel" abschließen: Wenn die Klasse in den nächsten zwanzig Minuten ordentlich mitarbeitet, dann gibt es fünf Minuten Pause zum Entspannen und Reden.

Wichtig: Berücksichtigen Sie bei der Wahl Ihrer Unterrichtsthemen die Interessen Ihrer Schüler!

Demotivation

Es gibt einen Unterschied zwischen einem Schüler, den die Schule langweilt, und einem Schüler, der keine **Lust zum Lernen** hat. Manche Schüler verlieren ihre Lernmotivation, weil sie den Stoff zu schwierig finden oder weil sie bestimmte Lernschwierigkeiten haben. Andere Schüler leiden unter Versagensängsten oder sind in einem bestimmten Fach mental blockiert. Wenn wir die Lernarbeit eng an den Fähigkeiten eines jeden Schülers ausrichten, dann gelingt es uns vielleicht, sie wieder zu motivieren. Es gibt auch Schüler, die keine Lust zum Lernen haben, weil ihnen nie beigebracht wurde, dass Lernen wichtig ist oder dass es auch Spaß machen kann.

Mit mangelnder Lernmotivation umgehen

In diesem Buch finden Sie viele Ideen, wie Sie Ihren Unterricht unterhaltsam, interessant und motivierend gestalten können (besonders in Teil 2, Kapitel 4). Wenn Ihnen das gelingt, sollten Sie in der Lage sein, Ihre Schüler wieder für die Schule insgesamt und für das Lernen zu begeistern – ein schönes Erfolgserlebnis für jeden Lehrer. Hier finden Sie zusammenfassend Vorschläge, wie Sie mit unmotivierten Schülern oder Klassen umgehen können.

- **Verdeutlichen Sie, was in einer Stunde vor sich gehen wird:** Formulieren Sie zu Beginn der Stunde Ihre Ziele.
- **Machen Sie die Gründe des Lernens einsichtig:** Setzen Sie eventuell die Lerninhalte zu einem Beruf, den die Schüler vielleicht ergreifen wollen, in Beziehung.
- **Unterteilen Sie den Unterricht in einzelne Abschnitte, und setzen Sie für jede Aufgabe Ziele, die ein Schüler erreichen muss.**
- **Stellen Sie für Erreichtes eine Belohnung in Aussicht.**
- **Regen Sie die Schüler an, sich „Lernpartner" zu suchen** – andere Schüler, die sie motivieren und bei der Arbeit halten.
- **Finden Sie heraus, wo die Talente der unmotivierten Schüler liegen** (zum Beispiel beim Zeichnen oder am Computer). Beziehen Sie solche Aktivitäten in den Unterricht ein, um ihnen Erfolgserlebnisse zu ermöglichen.
- **Stellen Sie ruhig auch Aufgaben, die die Schüler wirklich fordern:** Oft stören unmotivierte Schüler den Unterricht, weil sie sich langweilen. Die Schüler reagieren in der Regel positiv auf Herausforderungen. Äußern Sie Ihre Zuversicht, dass sie diese schwierigen Aufgaben schaffen werden.

Mangelndes Interesse an bestimmten Fächern

Es ist eine Tatsache, dass sich manche Schüler für einige Unterrichtsfächer einfach nicht interessieren. Vielleicht halten sie diese Fächer für **unwichtig**, vielleicht halten sie sich selbst in manchen Dingen einfach **nicht für begabt**. Manche Fächer haben unglücklicherweise außerdem ein ziemlich negatives Image. Die negative Einstellung zu einem Fach kann natürlich Verhaltensprobleme verursachen.

In der Grundschule kann sich das Verhalten zum Beispiel im Schreib- oder Zeichenunterricht verschlechtern. Da der Lehrer aber alle bzw. die meisten Fächer unterrichtet, fällt es ihm leichter, eventuelle Interesselosigkeit oder mangelnde Fähigkeit in bestimmten Bereichen festzustellen. In der Sekundarstufe kann ein Schüler, der sich im Sportunterricht oder in Mathematik völlig unauffällig verhält, zum Albtraum für den Englischlehrer werden – oder umgekehrt. Der Englischlehrer kann zu der Einschätzung kommen, dass es sich um einen wahrlich schwierigen Schüler handelt, und völlig überrascht sein, von Kollegen das genaue Gegenteil zu erfahren.

Der Umgang mit mangelndem Interesse an bestimmten Fächern

Die naheliegende Antwort auf dieses Problem ist wiederum, bei den Schülern mehr Interesse an den ungeliebten Fächern zu wecken. Als Fachlehrer in der Sekundarstufe sind Ihre Fächer vielleicht gleichzeitig auch Ihre Leidenschaft!? Sie sollten also nach Möglichkeiten suchen, wie Sie Ihren Schülern nahebringen können, dass Ihre Fachgebiete interessant sind und Spaß machen können. Nachstehend finden Sie dazu einige Vorschläge.

* **Finden Sie die wahren Interessen Ihrer Schüler heraus** – und nutzen Sie diese für Ihr Fach aus. Wenn Sie also Englisch unterrichten und sich Ihre Klasse besonders für Computer interessiert, können Sie mit den Schülern am Computer Speisekarten oder Postkarten entwerfen oder gemeinsam ein Wörterbuch aufbauen. Wenn Sie Geschichte unterrichten und Ihre Schüler sich für Theater interessieren, dann können Sie es mit Rollenspielen, Sprechübungen etc. versuchen.
* **Verschaffen Sie sich in der Sekundarstufe einen Überblick über die schwierigen Schüler und deren Problemfächer:** Sprechen Sie mit Kollegen darüber, wo die Stärken und Interessen dieser Schüler liegen. Machen Sie sich diese Informationen für Ihren Unterricht zunutze.
* **Vergewissern Sie sich, dass mangelndes Interesse nicht ein Symptom für eine unerkannte Lernschwäche ist:** Manche Schüler mit Lese- und Schreibschwächen verbergen ihre Schwierigkeiten hinter angeblichem Desinteresse am Unterricht.
* **Hat in der Grundschule eine ganze Klasse Probleme mit einem bestimmten Fach,** dann versuchen Sie, die Schüler mit einer aufregenderen Stunde zu „ködern". Wenn sie in allen Fächern gut mitarbeiten, dann winkt als Belohnung eine besondere Stunde, in der beispielsweise eine Person von außen den Schülern etwas erzählt und mit ihnen diskutiert.

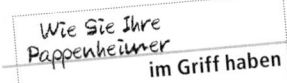

- **Organisieren Sie Projekte** mit der ganzen Schule, mit der Fachschaft oder auch fächerübergreifend, um das Interesse an unbeliebten Fächern zu steigern. Leidet zum Beispiel das Fach Mathematik an der Schule unter einem schlechten Ruf, dann veranstalten Sie einen „Tag der Mathematik". Bei dieser Gelegenheit kann bewiesen werden, wie spannend Mathematik sein kann – und die unmotivierten Schüler können diesen Beweis im Rahmen einer bestimmten Aufgabenstellung selber antreten.
- **Stellen Sie einen klaren Zusammenhang zwischen einem Fach und dem wirklichen Leben her,** also zu bestimmten Berufen oder Persönlichkeiten. Wenn Sie beispielsweise Französisch unterrichten und ein berühmter Fußballspieler nach Deutschland wechselt, könnte die Klasse ein Willkommen für ihn vorbereiten.

Interesse an Ihrem Fach wecken

✓ Interessen der Schüler nutzen
✓ mit Kollegen über die Schüler austauschen
✓ Desinteresse von Lernschwächen unterscheiden
✓ „Werbung" für ungeliebte Fächer machen
✓ Realitätsbezug des Faches verdeutlichen

Besondere Störungen

Bestimmte Schwächen können ein wichtiger Faktor bei Verhaltensproblemen sein. Das gilt nicht nur für Schüler mit **besonderen emotionalen oder mit Verhaltensschwierigkeiten**. Wenn ein Schüler mit dem Lernstoff zu kämpfen hat und es dem Lehrer nicht gelingt, ihm den Stoff begreiflich zu machen, dann ist problematisches Verhalten fast unvermeidlich. Finden Sie vor dem ersten Treffen mit Ihren Schülern heraus, wer besondere Schwächen hat und wie sich diese auf Ihren Unterricht auswirken könnten (siehe auch Kapitel 2 dieses Teils). Hat ein Schüler eine bestimmte Lernschwäche, zum Beispiel beim Lesen und Schreiben, liegt es in Ihrem Verantwortungsbereich, sich über das Problem zu informieren und es zu berücksichtigen. Eine solche Schwäche wirkt sich nämlich nicht nur auf den Deutschunterricht, sondern auch auf alle anderen Fächer aus. Es passiert sehr schnell, dass Lernschwierigkeiten falsch interpretiert werden. Das wiederum kann zu Verhaltensproblemen führen, die bei genauerem Hinsehen hätten vermieden werden können. Im nächsten Kapitel finden Sie ausführlichere Informationen zu diesem Problembereich.

Gruppenzwang

Gruppenzwang kann ein wichtiger Faktor bei schulischen Verhaltensproblemen sein. Das gilt besonders für solche Klassen, in denen die Zahl der „Störer" ziemlich hoch ist. Wir wissen es alle: **Durch Fehlverhalten können Schüler leider durchaus Respekt seitens der Mitschüler erfahren.** Wenn jemand die ganze Klasse dazu bringt, über den Lehrer zu lachen, gewinnt er in der Gruppe an Ansehen. Daneben gibt es die Angst, zum Außenseiter zu werden, wenn man nicht mitmacht. Nicht nur für Jugendliche ist es extrem schwierig, den Mut aufzubringen, sich von der Masse abzusetzen. Wenn die Mehrheit der Klasse an einem Fehlverhalten beteiligt ist, bedarf es eines sehr starken Willens, nicht mitzumachen.

Der Umgang mit Gruppenzwang

Gibt es lediglich ein oder zwei Zwischenfälle in einer ansonsten relativ kooperativen Gruppe, ist die Sache recht einfach. Man nimmt die Störenfriede beiseite und „knöpft sie sich vor". Wenn sich aber der größte Teil einer Klasse schlecht verhält, alle schwätzen und keiner mitarbeitet, kann es extrem

schwierig werden: Es entsteht ein chaotisches Durcheinander, der Lehrer beginnt zu schreien, geht in Abwehrhaltung und ist völlig gestresst. Nachfolgend finden Sie einige Vorschläge zum Umgang mit Gruppenzwang.

* **Achten Sie auf die Positiven:** Auch wenn sich scheinbar die ganze Klasse schlecht verhält, gibt es wahrscheinliche eine Hand voll Schüler, die machen, was Sie wollen. Konzentrieren Sie Ihre Energie und Aufmerksamkeit auf diese Schüler, loben und belohnen Sie sie für ihr gutes Verhalten. Wenn an Ihrer Schule Mobbing weitverbreitet ist, sollten Sie aber damit vorsichtig sein, einzelne Schüler vor der ganzen Klasse hervorzuheben. Nehmen Sie die ordentlichen Schüler nach der Stunde beiseite und danken Sie Ihnen für ihre Teilnahme und ihre Beiträge zum Unterricht.

* **Ändern Sie die Sitzordnung:** In vielen Situationen sind genügend Schüler in der Klasse, die sich ordentlich verhalten. Sie können also die Störenfriede auseinander setzen und jeweils neben einem ruhigen Schüler platzieren, der sich wahrscheinlich nicht von seinem neuen Nachbarn beeinflussen lässt.

* **Bringen Sie die „Rädelsführer" auf Ihre Seite:** In den meisten Gruppensituationen haben ein oder zwei Personen das Sagen. Meist ist ganz offensichtlich, wer der „Rädelsführer" einer Klasse ist. Versuchen Sie, diesen Schüler auf Ihre Seite zu bringen. Sie werden sehen, dass der Rest der Klasse schnell dem Anführer folgt. Das soll aber nicht heißen, einen einzelnen Schüler zu begünstigen. Versuchen Sie vielmehr, **die Motive für das Fehlverhalten des Rädelsführers herauszufinden, um daraus die richtigen Schlüsse zu ziehen.**

* **Zeigen Sie ein Gegenbeispiel:** Wenn Sie die Ratschläge dieses Buches befolgen, werden Ihre Schüler eventuell begreifen, dass es eine Alternative gibt. Letztendlich wird der Druck des Lehrers gegenüber dem Gruppenzwang die Oberhand behalten. Halten Sie also durch!

Tipp: Appellieren Sie an die Vorbildfunktion der Rädelsführer, und heben Sie deren positive Eigenschaften hervor!

Mangelnde Selbstdisziplin

Wenn wir älter werden, erkennen wir, dass Selbstdisziplin ein wichtiges Mittel zum Erfolg ist. Wir haben vielleicht nicht gerade viel Lust, jeden Tag um sechs Uhr aufzustehen. Aber wir wissen, dass wir die Zähne zusammenbeißen müssen. Manche unserer Schüler haben **Selbstkontrolle, Selbstdisziplin** und **Konzentrationsfähigkeit** noch nicht erlernt. Die Ursache mag im familiären Hintergrund liegen, wo diese Fähigkeiten vielleicht nicht geachtet, vermittelt oder vorgelebt werden.

Der Umgang mit mangelnder Selbstdisziplin

Wir müssen mit unseren Schülern die Kunst der Selbstdisziplin einüben, wenn sie sich so verhalten sollen, wie es für einen guten Unterricht notwendig ist. Selbstdisziplin und **Konzentrationsfähigkeit** gehen Hand in Hand – und alle Lehrer wissen, wie wichtig Konzentration für effektives Lernen ist.

Nachstehend finden Sie einige Übungen, die Sie der Altersstufe und dem Fach anpassen können. Mit diesen **Konzentrationsübungen** können Sie eine lebendige Klasse zu Beginn des Unterrichts beruhigen. Alternativ dazu können Sie die Übungen auch zum Ende der Stunden oder des Schultags einsetzen, um die Schüler in ruhiger Stimmung zu entlassen. Diese Konzentrationsübungen sind im Wesentlichen eine Form der Meditation, wobei die Schüler sich über eine längere Zeitspanne auf eine Sache konzentrieren und so die unzähligen Eindrücke der schulischen Umgebung ausblenden können.

* **Lauschen:** Die Schüler schließen die Augen und hören für ein oder zwei Minuten ganz aufmerksam auf die Geräusche im Klassenzimmer oder auf dem Korridor. Fragen Sie nach, was die Schüler gehört haben.
* **Zählen:** Die Schüler schließen die Augen und zählen rückwärts von fünfzig bis null. Dann öffnen sie ihre Augen und warten, bis die Stunde beginnt.
* **Rückwärts buchstabieren:** Die Schüler schließen die Augen und buchstabieren im Kopf ein Wort von hinten – zum Beispiel ihren Namen oder einen Schlüsselbegriff der Stunde.

* **Statue:** Die Schüler nehmen eine bequeme Position ein und bleiben für eine bestimmte Zeitspanne regungslos sitzen (beginnen Sie mit ein oder zwei Minuten, und steigern Sie dann allmählich).

Medientipp:

Endres, Wolfgang:
Besser konzentrieren:
44 Ausdauer-Tipps. 3. – 6. Klasse.
Beltz, 2007.
ISBN 978-3-407-38064-7

Der Lehrer

Wenn auch unabsichtlich, so tragen manche Lehrer persönlich zum Fehlverhalten ihrer Schüler bei. Wenn Sie an Ihre eigene Schulzeit zurückdenken, werden Sie sich vielleicht an Lehrer erinnern, bei denen sich alle oder die meisten schlecht verhalten haben. Denken Sie mal darüber nach, warum das so war und ob Sie die gleichen **Fehler** machen wie diese Lehrer damals.

Wenn Sie die Tipps dieses Buches befolgen, können Sie es meistens vermeiden, Verhaltensprobleme selbst herauszufordern. Nachstehend folgt eine Liste der „Kardinalfehler", die Sie unter allen Umständen vermeiden sollten. Seien Sie ehrlich: Zu welchen Fehlern tendieren Sie selbst? Sind Ihnen Ihre Schwachstellen bewusst, können Sie sich selbst rechtzeitig „ertappen" und Probleme vermeiden.

Die „Kardinalfehler"

* **Die Klasse überstrapazieren:** Überhäufen Sie Ihre Klasse mit **zu vielen Aufgaben**, um sie zu beschäftigen? Enden die meisten Stunden in Chaos, Sie selbst sind völlig gestresst? Denken Sie daran – ruhig bleiben ist die Lösung. Das schließt natürlich mit ein, auch auf Ruhe bei Ihren Schülern zu achten.

* **Undeutlichkeit und Unsicherheit:** Haben Sie manchmal den Eindruck, dass Ihre Schüler mehr als Sie Herr der Lage sind? Wenn der Lehrer offensichtlich **der Klasse die Kontrolle überlässt** und sich nicht **deutlich äußert**, was er eigentlich will, dann ist es vollkommen normal, dass die Schüler an den Grenzen rütteln.

* **Grobheit:** Sprechen Sie grob mit Ihren Schülern? Rutschen Ihnen Äußerungen heraus wie „Halt den Mund" oder „Stell dich nicht so blöd an"? Ihre Schüler sind auch Menschen – sprechen Sie mit ihnen **wie mit Erwachsenen**, egal, wie sehr Sie sich provoziert fühlen.

* **Überreaktionen**: Fühlen Sie sich schnell **verletzt**, und reagieren Sie auf kleine Verfehlungen, als ob es Verbrechen gegen die Menschheit wären?

Vergessen Sie nicht, dass Ihre Schüler auch Kinder bzw. pubertäre Jugendliche sind. Deswegen ist es ganz normal und natürlich, dass im Klassenzimmer ein wenig herumgealbert wird.

- ✖ **Aggressivität:** Gehen Sie auf **Konfrontationskurs** zu Ihren Schülern, wenn sie sich schlecht verhalten? Lassen Sie sich auf ein **Kräftemessen** ein, nach dem Motto **Wie du mir, so ich dir?** Es passiert schnell, dass man aggressiv reagiert, aber dadurch können Auseinandersetzungen schnell eskalieren.

- ✖ **Schlechte Laune:** Stellen Sie sich vor, Sie sitzen in einem Klassenzimmer, und der Lehrer vorne ist ständig schlecht gelaunt. Tagtäglich nörgelt er an Ihnen herum und moniert die kleinsten Kleinigkeiten. Und Sie sind dazu gezwungen, alles hinzunehmen. Ich denke, in einer solchen Situation würden auch Sie in „problematisches" Verhalten verfallen.

- ✖ **Negativität:** „Ich hoffe nur, ihr führt euch heute nicht wieder so auf wie in der letzten Stunde." Lautet so oder so ähnlich die Einleitungsformel Ihres Unterrichts? Wenn ja, dann begehen Sie den Kardinalfehler der „Negativität". Denken Sie daran – **drücken Sie sich positiv aus!**

- ✖ **Langeweile:** Ist Ihr Feuer erloschen – haben Sie den Biss verloren, der Sie zu einem lebhaften Lehrer gemacht hat? Seien Sie ehrlich. Sind Ihre Stunden **langweilig geworden**, weil Sie zu sehr auf der Erledigung von Arbeitsblättern herumreiten? Dann werden Ihre Schüler zwangsläufig stören und herumalbern, um nicht einzuschlafen.

Kardinalfehler vermeiden

- ✓ Schüler nicht „überfrachten"
- ✓ Herr der Lage bleiben
- ✓ groben Umgangston vermeiden
- ✓ Vorfälle nicht persönlich nehmen
- ✓ nicht aufs Kräftemessen einlassen
- ✓ schlechte Laune „vor der Tür lassen"
- ✓ Nörgeln vermeiden
- ✓ Optimismus statt Pessimismus

Wie sich Schüler ändern

Die Schüler der ersten Klasse müssen sich an jeder Schule erst einmal zurecht-
finden. Sie müssen das Gebäude kennenlernen und herausfinden, wie es an
der Schule so läuft. Gerade die vorherrschende Aufregung, ggf. auch der
Widerstand dagegen, sich in die geltenden Strukturen einzufügen, können
für Verhaltensprobleme sorgen. Aber in der Regel bedeutet der Mangel an
Kenntnissen über alles, was mit der Schule zu tun hat, auch, dass ein Lehrer
noch sehr viel Einfluss auf das Lern- und das Verhalten im Allgemeinen
nehmen kann. Später, in den höheren Klassen, kennen sie die Grenzen und
empfinden es unter Umständen als unterhaltsam, an den Pfählen zu rütteln.
Dann kann es verstärkt zu Verhaltensproblemen kommen.

Die folgenden Beschreibungen der Schüler in verschiedenen Altersstufen
sollen in kurzer, allgemeiner Form auf die Faktoren hinweisen, die ihr Verhalten beeinflussen können. Vielleicht vergessen wir manchmal, was es heißt,
jung zu sein, was es heißt, in eine neue Schule zu kommen, welche Verwir-
rungen die physischen und psychischen Veränderungen der Pubertät stiften
können. Wenn wir uns als Lehrer diese Zeit wieder ins Gedächtnis rufen, wird
es manchmal leichter fallen, uns in die Lage der Schüler zu versetzen (siehe
dazu auch Teil 4, Kapitel 3 und 4).

Die Schüler der Grundschule

Schulanfänger können ziemlich überwältigt werden von der neuen Umgebung
und von all den Dingen, mit denen sie sich vertraut machen sollen. Zwar kommen sie oft aus Kindergarten bzw. -hort. Aber die Schule kann für sie dennoch
zunächst ein verwirrender, beängstigender Ort sein. Kein Wunder, wenn sich
das auf das Verhalten auswirkt! Welches Verhalten in dieser fremden Situation
akzeptiert wird und welches nicht, können sie unter Umständen auf eine
wenig wünschenswerte Art und Weise herausfinden wollen.

Manche werden ein Verhalten, wie es vom Lehrer erwartet wird, überhaupt
noch nicht kennen, zum Beispiel still zu sitzen oder sich über längere Zeit auf
eine bestimmte Sache zu konzentrieren.

Zu den Gefühlen der Fremdheit und Verwirrung, welche die neue Umgebung hervorruft, kommt außerdem, dass Kinder in diesem Alter noch kaum eine Vorstellung davon haben, was andere denken und fühlen. Ihr **Einfühlungs-vermögen** ist einfach noch nicht richtig ausgeprägt. Erst wenn sie älter werden, erkennen sie, dass schlechtes Verhalten andere (Mitschüler und Erwachsene) beeinflussen und stören kann.

Wichtig: Stecken Sie keinen Schüler in eine „Schublade"! Geben Sie jedem eine Chance, sich zu entwickeln.

Weiterführende Schulen

Während der Grundschuljahre bleiben die meisten Schüler an ein und derselben Schule, in allen bzw. den meisten Unterrichtsstunden haben sie denselben Lehrer, was für ein Gefühl von Kontinuität sorgt. Wenn es nun mit diesem einen Lehrer nicht mehr weitergeht, kann das Probleme hervorrufen. Kinder in diesem Alter testen aus, wie viel sie sich Erwachsenen gegenüber erlauben können. Die Pubertät setzt immer früher ein und bringt ganz eigene Verhaltensprobleme mit sich.

Die Schüler der **niedrigen Sekundarstufe** werden körperlich immer reifer, einige wachsen schneller als die anderen. Leicht verfällt man als Lehrer dem Trugschluss, ein körperlich weiter entwickelter Schüler müsse auch hinsichtlich seiner geistigen Entwicklung und seiner sozialen Kompetenz reifer sein. Mit dieser Fehleinschätzung einhergehen entsprechende Erwartungen an diese Schüler. Vermeiden Sie es, von der äußeren Erscheinung falsche Erwartungen abzuleiten.

In den nun folgenden Jahren haben die Schüler den **Übergang zum Erwachsensein** zu bewältigen – eine Zeit enormer körperlicher, mentaler und emotionaler Veränderungen.

Außerdem: Weiterführende Schulen sind gewöhnlich wesentlich größer als Grundschulen – sowohl in der räumlichen Ausdehnung als auch in der Zahl der Schüler. Jüngere Schüler können sich in dieser neuen Umgebung zunächst leicht verlieren. Auch haben sie hinsichtlich der weiterführenden Schulen sicher schon ein – nicht immer erfreuliches – Bild, teilweise auch Vorurteile, im Kopf. Sie müssen sich auf neue Mitschüler einstellen und auf andere verzichten, mit denen sie zuvor viel Zeit verbracht haben.

Auch die Umstellung von einem Lehrer zu **verschiedenen Fachlehrern** ist zu bewältigen. Und weil diese sehr viele Schüler unterrichten, ist es für sie nicht so einfach, jeden Schüler als Individuum mit seinen Stärken und Schwächen kennenzulernen.

Medientipp:

Potter, Molly:
**Schulübergang – so wird's leichter.
Materialien und Arbeitsblätter, die
die Schüler stärken und sensibel vorbereiten.**
Verlag an der Ruhr, 2010.
ISBN 978-3834-60613-6

2. Verschiedene Schülertypen

Mit verschiedenen Schülertypen umgehen

Natürlich ist jeder anders. Dennoch sind bis zu einem gewissen Maße einige Verallgemeinerungen möglich, die beim Umgang mit Verhaltensproblemen nützlich sein können. In diesem Kapitel werden verschiedene Gründe und „Schülertypen" und ihre möglichen Verhaltensprobleme beschrieben. Ebenso wird auf Strategien eingegangen, die zur Lösung der Probleme beitragen können.

Verhaltensauffälligkeiten/ sonderpädagogischer Förderbedarf

Der Begriff „sonderpädagogischer Förderbedarf" (SPF) bezieht sich auf sehr unterschiedliche Lern- und andere Schwierigkeiten. Obwohl nicht jeder Förderbedarf direkt mit dem Verhalten zusammenhängt, kann die wiederholte Fehlinterpretation von Lernproblemen tatsächlich mit der Zeit zu Verhaltensproblemen führen. Wenn einem Schüler das Lernen schwerfällt, dann ist es nicht weiter überraschend, wenn es auch zu Problemen mit dem Verhalten kommt. Es gehört zu den Pflichten eines Lehrers, auf die Bedürfnisse aller Schüler einzugehen – vom Stärksten bis hin zum Schwächsten, vom Unauffälligsten bis hin zum größten Störenfried. Je besser der Lehrer über die Bedürfnisse seiner Schüler informiert ist, desto besser kann er seinen Unterricht und seinen Unterrichtsstil darauf ausrichten.

Besprechen Sie sich in allen im Folgenden aufgeführten Fällen, wenn Sie den Verdacht haben, dass Handlungsbedarf besteht, rechtzeitig mit dem Klassenlehrer, ggf. dem Fach- oder Beratungslehrer und sonderpädagogischem Fachpersonal an Ihrer Schule. Wenn Sie sich einig sind, sprechen Sie mit den Eltern des betreffenden Schülers – bzw. koordinieren Sie sich mit dem Beratungslehrer. Bitte keine Alleingänge!

Sonderpädagogischer Förderbedarf muss diagnostiziert und anschließend entschieden werden, **wo und wie die betroffenen Schüler am besten zu fördern sind** (An Förderschulen? An integrativen Schulen? Sollen/können sie an der derzeit besuchten Schule bleiben und dort von Fachpersonal betreut werden? ...). In der Regel wirken anschließend verschiedene Personengruppen / Institutionen, wie Therapeuten, Psychologen, Eltern, Lehrer ..., zusammen.

Im Folgenden einige allgemeine Informationen und Tipps in punkto Verhaltensmanagement, wenn Sie stark verhaltensauffällige Schüler im Unterricht haben.

Emotionale/soziale Schwierigkeiten

Schüler mit emotionalen oder sozialen Schwierigkeiten verursachen Probleme, weil sie übertrieben aggressiv sind oder ihre Wut nicht unter Kontrolle haben, weil sie introvertiert oder emotional labil sind, Leistungen verweigern und sich nicht anpassen können oder wollen. Ihnen mangelt es häufig an Selbstwertgefühl, oft haben sie große Versagensängste. Nicht selten gehen starke emotionale und soziale Störungen darum auch mit gravierenden Lernschwierigkeiten einher.

Einige dieser Schüler ahmen mit ihrem problematischen Verhalten bestimmte Vorbilder nach. Ihren Eltern fehlt es möglicherweise an erzieherischen Fähigkeiten. Oder sie reagieren sehr aggressiv und negativ ihren Kindern gegenüber. Bei manchen Schülern kann es auch auf Grund körperlicher Beeinträchtigungen zu emotionalen oder Verhaltensschwierigkeiten kommen.

Der Umgang mit schwerwiegenden emotionalen und Verhaltensschwierigkeiten

Wenn Sie einen oder mehrere Schüler mit derartigen Schwierigkeiten in der Klasse haben, werden Sie alle Ihnen zur Verfügung stehenden Möglichkeiten aufwenden müssen, um dieses Problem in den Griff zu bekommen. Natürlich müssen langfristig die Gründe für das Verhalten ausfindig gemacht werden.

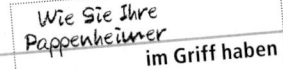

Die Fallstudie „Der aggressive Schüler" (S. 185) geht auf einen speziellen Schüler ein. Nachstehend finden Sie einige allgemeine Ratschläge, wie Sie den Schüler im schulischen Alltag behandeln und wie Sie ihm Erfolgserlebnisse verschaffen können, die er wahrscheinlich dringend nötig hat:

* Bemühen Sie sich, ein **ruhiges, konsequentes und positives Vorbild** darzustellen, von dem der Schüler lernen kann. Klare Regeln – klare Konsequenzen.

* Achten Sie bei mit den Störungen einhergehenden Leistungsbeeinträchtigungen auf den **individuellen Förderbedarf** des Schülers.

* Achten Sie dann auch besonders auf einen steten **Wechsel von Anspannung und Entspannung.**

* Helfen Sie dem Schüler, wo es geht, sich und seine Schwächen zu akzeptieren und deren bestmögliche **Überwindung** ins Auge zu fassen. Fördern Sie seine **Leistungsbereitschaft**.

* Berücksichtigen Sie die individuellen Umstände des Schülers bei **Leistungsbeurteilungen**. Machen Sie ihm kleine Erfolge bewusst.

* Lassen Sie ihm dabei immer wieder die Chance, **neu anzufangen**.

* Gehen Sie auf den Schüler ein, grüßen Sie ihn beispielsweise morgens unter Nennung seines Namens. Formulieren Sie **positive Erwartungen** bezüglich seiner Leistungen, die keinesfalls so hoch gesteckt sein sollten, dass die Gefahr besteht, dass er weit darunter bleibt.

* Seien Sie bezüglich Ihrer Erwartungen so **konsequent** wie möglich. Aber zeigen Sie auch **Flexibilität**, wenn es notwendig ist.

* Werden Sie nicht laut – dadurch wird aggressives Verhalten nur noch gesteigert.

* Achten Sie darauf, wenn sich der Schüler gut und richtig verhält, und **loben Sie ihn** dafür. Warten Sie nicht auf einen negativen Vorfall, um erst dann auf diesen Schüler aufmerksam zu werden.

* Setzen Sie in Bezug auf Lernen und Verhalten **Ziele, die leicht zu erreichen sind**; belohnen Sie den Schüler, wenn er ein Ziel geschafft hat.

* Überdenken Sie die **Sitzordnung** – am besten setzen Sie den Schüler so nah wie möglich ans Lehrerpult.

* Denken Sie daran, dass es gerade für Schüler mit sozialen und emotionalen Verhaltensauffälligkeiten wichtig ist, **in und von der Gruppe** zu lernen.

✖ Beziehen Sie die Schüler, wo möglich, in **das Erstellen von Regeln und Ordnungen** mit ein – so tragen sie auch ein Stück der Verantwortung dafür und verstehen ihren Sinn besser.

✖ Legen Sie sich bei einem besonders aggressiven Schüler einen **Notfallplan** zurecht, um sich und andere schützen zu können.

Weiterführende Information

Emotional bzw. sozial sehr auffällige Kinder sind manchmal auch motorisch und sprachlich nicht so weit entwickelt wie die anderen, wenn zum Beispiel Vernachlässigung im familiären Bereich der Grund für ihre Probleme ist. Ein Kommunikationstraining ist essenziell, um Störungen und Schwächen aufzufangen, die aus einem Nichtverstehen oder Sich-nicht-Ausdrücken resultieren können.

Aufmerksamkeitsdefizit-/Hyperaktivitätsstörung (ADHS)

Schüler mit ADHS, einer neurobiologischen Störung, haben größte Probleme damit, sich überhaupt auf etwas konzentrieren zu können. Hyperaktivität muss dabei nicht zwangsläufig Bestandteil der Störung sein.

Medientipp:

Informieren Sie sich eingehend über diese Störung, zum Beispiel hier:

www.ads-hyperaktivitaet.de/ADHS/adhs.html

Medientipp:

Lernen mit ADS-Kindern:
Ein Praxishandbuch für
Eltern, Lehrer und Therapeuten.
Kohlhammer, 2009.
ISBN 978-3-1702-0859-9

Betroffene Kinder können zum Beispiel auffallen durch mangelnde Konzentration und leichte Ablenkbarkeit, sehr unterschiedliche Leistungen, fehlende Systematik, ggf. eine gewisse Langsamkeit, Vergesslichkeit, Impulsivität, „Träumerei" (oder eben Hyperaktivität). Oft stören sie den Unterricht und missachten aufgestellte Regeln, spielen den Klassenclown oder sind aggressiv. Sie können auch Kontaktstörungen aufweisen.

Durch die Konzentrationsschwierigkeiten entstehen ggf. auch Lese-, Rechtschreib- oder Rechenschwächen oder eine beeinträchtigte Sprachentwicklung.

Es besteht die Gefahr, die „Störenfriede" oder „Träumer" falsch einzuschätzen – sie fallen nicht absichtlich aus der Rolle, im Gegenteil leiden sie häufig selbst am meisten darunter. Wer ihnen in Unkenntnis der Situation Faulheit oder Widerspenstigkeit vorwirft, wird damit ihre Probleme nur noch vergrößern. (Auf der anderen Seite besteht natürlich auch die Gefahr einer vorschnellen Diagnose bzw. einer Therapie, die das Problem nicht löst, sondern nur „betäubt".)

Der Umgang mit ADHS

Wenn Sie einen Schüler mit dieser Störung in der Klasse haben, kann es durchaus sein, dass er Medikamente wie Ritalin einnimmt, um das Problem unter Kontrolle zu halten. Wenn Sie dagegen den Verdacht haben, dass ein Schüler betroffen sein könnte, und noch keine Diagnose erfolgt ist, sollten Sie zunächst mit Kollegen (dem Klassenlehrer, dem Beratungslehrer …) Rücksprache halten. Wenn Sie sich einig sind, sollte ein **Gespräch mit den Eltern** stattfinden (gehen Sie dabei jedoch einfühlsam vor, informieren Sie sich vorher selbst genauestens – die Eltern werden ihrem Sprössling zunächst ungern einen „Stempel aufdrücken lassen" sowie ungern realisieren, dass er ein Störenfried ist). Ein Arztbesuch (bzw. Psychologen/Therapeuten) und ein Test können Aufschluss geben, und der Schüler kann medikamentös eingestellt werden. Die Eltern können sich auch für eine Therapie entscheiden.

Im Normalfall ist es ratsam, den Schüler in seinem Schul- und Klassenverband zu belassen. Nur in ganz schlimmen Fällen sollte über eine andere Schule nachgedacht werden. Im Folgenden einige allgemeine Tipps zum Umgang mit betroffenen Schülern:

✖ Halten Sie sich die Situation des Schülers vor Augen, auch wenn das nicht immer ganz einfach ist. Im Zweifelsfall würde er gern Ihre Anforderungen voll erfüllen, kann es aber nicht; auch zum Störenfried wird er eher unfreiwillig. **Ignorieren Sie kleinere Zwischenfälle so weit wie möglich.** Achten Sie besonders auf Beispiele für gutes Verhalten und Leistungen, die im Rahmen der Möglichkeiten des Schülers hervorzuheben sind. **Loben Sie ihn dann nachdrücklich**, um ihn zu weiterem positivem Verhalten zu ermuntern.

* **Klare und transparente Regeln und Konsequenzen** sind auch hier sehr wichtig.

* Gestalten Sie den Unterricht nach Möglichkeit **aktiv und abwechslungsreich**, damit der Schüler bei Hyperaktivität nicht für längere Zeit still sitzen und zuhören muss. Unterbrechen Sie längere Konzentrationsphasen durch praktische Tätigkeiten.

* Bieten Sie dem Schüler, wenn hyperaktiv, Möglichkeiten zu freiwilliger Mitarbeit, sodass er aufstehen und sich im Klassenzimmer „nützlich" machen kann.

* **Konzentrationsübungen** können hilfreich sein. Einige Übungen finden Sie im vorigen Kapitel (Der Umgang mit mangelnder Selbstdisziplin). Erwarten Sie aber keine Wunder!

* Vermeiden Sie **Ablenkungen**. Am besten sitzt der Schüler so weit wie möglich vorn und neben einem ruhigeren Mitschüler.

* Eine kurze **Zusammenfassung des Inhaltes** der vorangegangenen Stunden zu Beginn der nächsten Stunde wird helfen. Die Erarbeitung von Inhalten in der Gruppe kann ebenfalls hilfreich sein.

* Setzen Sie während der ganzen Unterrichtszeit **kleine Ziele**, die der Schüler relativ leicht bewältigen kann, und schaffen Sie kleine Einheiten. Loben Sie ihn für jedes erreichte Ziel. **Unmittelbare Rückmeldungen sowie positive Verstärkungen** sind für betroffene Schüler sehr wichtig. Eine klare Struktur des Unterrichts wird dem Schüler helfen, ebenso Wiederholung, Merksätze etc.

* Verwenden Sie **visuelle Hinweise**, damit der Schüler sieht, wie die Zeit vergeht. Befestigen Sie zum Beispiel einen individuellen Zeitplan mit farbigen Symbolen an der Tafel. Gestalten Sie auch Ihre Inhalte möglichst anschaulich.

* Wenn der Schüler überhaupt nicht mehr bei der Sache ist oder sein Verhalten aus dem Ruder läuft, versuchen Sie, ihn durch eine **motivierende Alternative** abzulenken.

* Geben Sie dem Schüler ggf. **Hilfen zur Selbstorganisation** an die Hand (zum Beispiel Checklisten).

Umgang mit ADHS

- ✓ kleine Zwischenfälle ignorieren
- ✓ positive Verstärkung
- ✓ klare, transparente Regeln
- ✓ aktiver, motivierender Unterricht
- ✓ Konzentrationsübungen
- ✓ Ablenkung vermeiden
- ✓ Gelerntes wiederholen
- ✓ kleine Ziele stecken
- ✓ klare Unterrichtsstruktur
- ✓ visuelle Hinweise
- ✓ Hilfen zur Selbstorganisation

Hyperaktivität

Hyperaktivität kann nicht nur Bestandteil von ADHS, sondern auch ein Symptom für andere Erkrankungen/Störungen sein. Im Unterricht bedeutet sie Unruhe, Konzentrationsschwäche, unreflektiertes Hineinrufen von Gedanken, ggf. auch starke Stimmungsschwankungen.

Die Tipps im Abschnitt „Umgang mit ADHS" können hilfreich sein.

Hyperaktivität kann durch bestimmte Nahrungsmittel oder Getränke noch verstärkt werden, zum Beispiel durch solche mit hohem Zuckergehalt.

 **Tipp:** Sprechen Sie mit den Eltern über zusätzliche Möglichkeiten, dem Bewegungsdrang der Kinder gerecht zu werden (Sportverein etc.).

Lernstörungen

Es gibt sehr unterschiedliche Lernschwierigkeiten, zum Beispiel beim **Lesen**, beim **Schreiben** oder beim **Rechnen**. Obwohl Lernschwierigkeiten nicht zwangsläufig zu Verhaltensproblemen führen, können Schüler schnell frustriert sein und sich schämen, wenn sie etwas nicht gleich können oder verstehen. Sie entwickeln dann ein geringes Selbstwertgefühl. Indirekte Folgen ihrer Probleme können sowohl ein Zurückziehen als auch das Spielen des Klassenclowns sein, außerdem auch Aggressivität. Ebenso können Schulunlust oder -angst, Hyperaktivität, Unruhe und Unkonzentriertheit damit einhergehen.

Verhaltensprobleme können außerdem auftreten, wenn ein Lehrer auf eine Lernschwierigkeit in unangemessener Weise reagiert – wenn er zum Beispiel dem Schüler Faulheit vorwirft.

Eine Diagnostik kann die Schule gemeinsam mit Psychologen im schulpsychologischen Dienst erstellen, selbstverständlich nur **mit dem Einverständnis der Eltern**. Nehmen Sie diese mit ins Boot. Halten Sie Rücksprache mit ihnen, und weisen Sie sie auf Einrichtungen hin, die ihnen und dem Kind zusätzlich helfen können.

Medientipp:

Die Suche nach Selbsthilfegruppen unterstützt der Selbsthilfeverband „ADHS Deutschland":

www.adhs-deutschland.de

Der Umgang mit Lernschwierigkeiten

Zu Ihrer Arbeit als Lehrer gehört, auf die Bedürfnisse aller Ihrer Schüler einzugehen. Hat ein Schüler beispielsweise ein Problem wie Legasthenie, wirkt sich das auf viele schulische Bereiche aus. Sie müssen über solche Lernschwierigkeiten Bescheid wissen und auf den Schüler in angemessener Weise eingehen. Achten Sie auch auf Probleme, die sich auf die gesamte Unterrichtszeit, nicht nur auf Einzelarbeit beziehen. Ein Schüler mit Legasthenie kann zum Beispiel Schwierigkeiten haben, wenn er seine Hausaufgaben notieren oder von der Tafel ablesen soll.

Nachstehend wiederum einige allgemeine Ratschläge, damit Sie (über die Unterstützung durch Sonderpädagogen und die konkrete Therapie der Störungen hinaus) angemessen auf die Bedürfnisse Ihrer Schüler reagieren können.

* Finden Sie genau heraus, **worin** die Lernschwierigkeiten Ihrer Schüler bestehen und **welche Folgen** sie für die Schüler haben.
* Halten Sie sich zum Beispiel durch **Gespräche mit sonderpädagogischem Fachpersonal oder Beratungslehrern** auf dem Laufenden.
* Geben Sie dem Schüler mit einer Lernschwierigkeit nach Möglichkeit **spezielle Aufgaben,** und ermöglichen Sie ihm dadurch **seine Erfolgserlebnisse**. Auch wenn die Vorbereitung differenzierter Aufgaben zeitaufwändig ist, so ist es doch wichtig, auf die Bedürfnisse aller Schüler einzugehen, um so auch Verhaltensprobleme zu vermeiden.
* Bringen Sie den Schüler unter keinen Umständen in Verlegenheit. Lenken Sie die Aufmerksamkeit der anderen nicht auf eine besondere Schwäche. Wenn Sie mit einem Schüler über sein Problem reden müssen, dann machen Sie das **diskret** in einem Einzelgespräch.
* Machen Sie bei einer Lernschwäche Zugeständnisse. Halten Sie Ihre Ansprüche aber dennoch so hoch wie möglich. Sie tun diesen Schülern keinen Gefallen, wenn Sie von ihnen **weniger fordern**, als sie zu erreichen fähig sind.

Wichtig: Besprechen Sie sich regelmäßig mit den Sonderpädagogischen Förderkollegen!

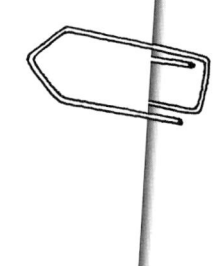

Medientipp:

Kostenlose Übungen und Spiele für LRS sowie weiterführende Informationen finden Sie hier:
www.legasthenie-software.de

Um den einzelnen Störungen entgegenzuwirken, gibt es verschiedene Trainingsprogramme. Für weiterführende Informationen empfehlen sich folgende Bücher:

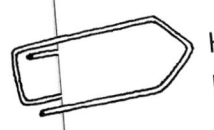

Häfele, Hemma und Hartmut:
Bessere Lernerfolge für legasthene und lernschwache SchülerInnen durch Förderung der Sprachfertigkeiten:

Band 1: **Informationen zu Diagnose und Therapie für TherapeutInnen, LehrerInnen und Eltern.**
BoD, 2009.
ISBN 978-3-8370-9019-2

Band 2: **Praktische Maßnahmen für zu Hause, für den Unterricht und zur außerschulischen Förderung.**
BoD, 2010.
ISBN 978-3-8391-6162-3

Sonderpädagogisches Personal

Im Bildungssystem sind eine Reihe **spezialisierter Fachkräfte** (Beratungsleh-rer, Sonderpädagogen, Psychologen) tätig. Sie stehen Ihnen gerne hilfreich zur Seite, wenn Sie Schüler mit besonderem Förderbedarf unterrichten. Abhängig vom Typ und von der Größe der Schule gibt es möglicherweise auch bei Ihnen entsprechende Fachkräfte, mit denen Sie zusammenarbeiten können. Nehmen Sie Kontakt mit diesen Personen auf. Fragen Sie nach Unterstützung oder detaillierteren Informationen über einen Schüler, der Ihnen Probleme bereitet. Beraten Sie sich regelmäßig, und geben Sie Rückmeldung, inwieweit ihre Rat-schläge gegriffen haben.

Andererseits können Sie selbst die Fachkräfte unterstützen, indem Sie auf Schüler aufmerksam machen, deren Förderbedarf bislang noch nicht er-kannt wurde. Für die Fachkräfte kann es sich schwierig gestalten, neuen Förderbedarf selbst zu entdecken, weil sie in den Klassen nicht regelmäßig unterrichten. Bei Schülern können zu jedem Zeitpunkt ihrer Schullaufbahn Verhaltensprobleme auftreten. Sie sollten also in Ihren Klassen ein Auge darauf haben, ob bei einem Schüler Verhaltens- oder Lernschwierigkeiten auftauchen.

Bei manchen Lehrern, vor allem an integrativen Schulen, arbeitet eine Fach-kraft für besonderen Förderbedarf im Klassenzimmer mit. Besprechen Sie dann vorab Ihren Unterrichtsplan, damit Ihr Kollege entscheiden kann, wo er ansetzen muss. Klären Sie vorher ab, ob der Assistenzlehrer mit einigen Schülern getrennt von der Klasse arbeiten will, ob er auf der Basis von Grup-penarbeit mitwirkt oder einzelnen Schülern dabei hilft, sich in die Klassen zu integrieren.

Fallstudien

Die folgenden Fallstudien sind frei erfunden. Dabei geht es nicht unbedingt um Schüler mit besonderem Förderbedarf, obwohl in jedem Fall ganz offensichtlich etwas schiefläuft. Jeder Fall behandelt ein Verhaltensproblem, danach folgen einige Lösungsvorschläge. Die Fälle beziehen sich sowohl auf die Primar- als auch Sekundarstufe; die Lösungsvorschläge können Sie Ihren eigenen Erfordernissen anpassen.

Der faule, unmotivierte Schüler

Christine hat scheinbar überhaupt keine Lust. Sie bringt kaum mal eine Aufgabe zu Ende. Und wenn sie etwas abliefert, dann ist es lückenhaft und oberflächlich. Sie wissen nicht mehr, ob Sie aufgeben und Christine einfach so weitermachen lassen oder sie mit dem Problem konfrontieren sollen. Wenn Sie Christine darauf ansprechen, warum sie eine Aufgabe nicht fertig gemacht hat, dann antwortet sie nur: „Ich hatte keine Lust!"

Sie haben es bereits mit Nacharbeiten versucht, damit sie ihre Aufgaben fertig macht. Doch Christine ist einfach nicht erschienen. Das hat aber weniger mit der Absicht zu tun, die Strafe zu vermeiden. Sie hat es scheinbar einfach vergessen.

Der Umgang mit unmotivierten Schülern

* Klären Sie ab, ob bei dem Schüler bereits eine **Lernschwierigkeit** festgestellt wurde. Es könnte sein, dass er beim Schreiben Probleme hat oder dem Unterricht nicht folgen kann. Wenn er auf besonderen Förderbedarf noch nicht getestet wurde, sollte dies nachgeholt werden.
* Geben Sie ihm im Unterricht Aufgaben, die er schaffen kann. Liefern Sie **visuelle Hilfsmittel und Strukturen**, die bei der Selbstorganisation helfen, zum Beispiel Linien, die der Schüler innerhalb einer bestimmten Zeit beschriften soll. Wenn er eine Aufgabe geschafft hat, sollten Sie ihn positiv bestärken.

- Wenn es die Unterrichtssituation erlaubt, können Sie sich zu dem Schüler setzen und mit ihm **besprechen**, was gerade zu tun ist. **Ermuntern** Sie ihn immer wieder, wenn er etwas gut macht.
- Wenn Sie zu sehr mit der ganzen Klasse beschäftigt sind, um sich um ihn alleine zu kümmern, dann setzen Sie ihn neben einen **guten Schüler**, der ihm helfen und ihn motivieren kann.
- Finden Sie heraus, was den Schüler wirklich **interessiert**, und versuchen Sie, das in Ihrer Unterrichtsplanung zu berücksichtigen.
- Es könnte sein, dass der Schüler mit **Schreibschwierigkeiten** zu kämpfen hat und dass er mit Hilfe eines Computers mehr Aufgaben schafft. Sie können ihn in diesem Fall an einem Laptop arbeiten lassen, falls ein solches Gerät an der Schule zur Verfügung steht.
- Finden Sie heraus, welche **Belohnungen/Bestärkungen** den Schüler wirklich motivieren.
- Sprechen Sie mit den **Kollegen**, die den Schüler unterrichten oder bereits unterrichtet haben. Sind bei ihnen dieselben Probleme aufgetreten? Wenn ja, auf welche Strategien setzen Ihre Kollegen? Wenn nein, hat der Schüler Probleme nur in Ihrem Unterricht? Wenn das der Fall ist, dann sprechen Sie den Schüler darauf an, und versuchen Sie, die Gründe herauszufinden.

Der Störenfried

Paul ist der Albtraum in Ihrer Klasse. Wenn er auftaucht (natürlich immer zu spät), stört er sofort den Unterricht und beginnt, andere Schüler aufzuziehen und sie zu schlechtem Betragen zu verleiten. Zudem verhält er sich gegenüber den ruhigeren Mitschülern sehr aggressiv. Selten beteiligt er sich am Unterricht. Wenn er eine Arbeit abliefert, kann es passieren, dass Sie darin grobe Bemerkungen finden, die unter Umständen gegen Sie persönlich gerichtet sind.

Wenn Sie gegen Paul Strafen aussprechen, reagiert er sehr negativ und beschimpft Sie. Er weigert sich, zum Nacharbeiten zu erscheinen. Er drängelt sich an Ihnen vorbei aus den Raum, wenn Sie ihn nach dem Unterricht zurückhalten wollen.

Der Umgang mit Störenfrieden

- Bei diesen ernsthaften Verhaltensauffälligkeiten ist es sehr wahrscheinlich, dass der Schüler bereits den **sonderpädagogischen Fachkräften** bekannt ist, falls es an Ihrer Schule welche gibt. Sprechen Sie mit ihnen bzw. mit seinem Klassen- oder dem Beratungslehrer darüber. Gibt es etwas, was Sie über seinen familiären Hintergrund wissen sollten? Welche Vorschläge für den Umgang mit dem Schüler machen die Kollegen, und was wird bereits unternommen, um sein Verhalten zu ändern?
- Sprechen Sie mit dem Schüler außerhalb des Unterrichts über sein Verhalten. Achten Sie aber darauf, nicht verletzend zu sein. Stellen Sie einfach fest, **wo Sie das Problem sehen und welche Folgen es hat** – für Sie, für Ihren Unterricht, für die Klassenkameraden und für ihn persönlich. Suchen Sie nach den **Gründen** – vielleicht sind Sie damit schon einen ganzen Schritt weiter. Sagen Sie ihm ggf., dass Sie sein Verhalten keinesfalls dulden werden, egal, wie schwierig das wird. Der Schüler ist vielleicht schon daran gewöhnt, dass ihn die Lehrer einfach aufgeben. Machen Sie deutlich, dass dies bei Ihnen nicht der Fall sein wird.
- Wenn es einen **Klassenrat** gibt, thematisieren Sie ggf. das Verhalten dort. Lassen Sie aber solche Schritte nie unangekündigt. Die Einrichtung eines Klassenrats in Form einer regelmäßig stattfindenden Gesprächsrunde, in der Schüler und Lehrer über Organisatorisches wie auch über Probleme und Konflikte beraten, fördert das Verantwortungsbewusstsein der Schüler und damit automatisch auch das Verhalten.

Medientipp:

Blum, Eva und Hans-Joachim:
Der Klassenrat.
Ziele, Vorteile, Organisation.
Verlag an der Ruhr, 2006.
ISBN 978-3-8346-0060-8

- Das Verhalten des Schülers hat im Zweifelsfall für die ganze Klasse Folgen. Ist ein **Gespräch mit der ganzen Klasse** sinnvoll und nötig? Sagen Sie dem Schüler ggf. im Vier-Augen-Gespräch, dass es sich nicht vermeiden lässt. Machen Sie aber immer klar, dass es um das Verbessern der Situation und nicht um ein Ausschließen/Diskriminieren des „Störers" geht.

- Achten Sie darauf, wenn sich der Schüler gut verhält (falls es je geschieht). Ein **Lob** vor der ganzen Klasse kann nützlich sein, besonders wenn er auf die Anerkennung seiner Mitschüler anspricht.

- Wenn er negativ auf Bestrafungen reagiert, ist zu bedenken, wie weit sie einen Sinn haben. Setzen Sie, wo es geht, auf **positive Kommentare, Lob und Belohnungen**.

- Rufen Sie, wenn Sie es für nötig halten, den Klassenlehrer, den Beratungslehrer oder den Schulleiter zu Hilfe, um mit einer Situation fertig zu werden. Wenn Sie sich von dem Schüler persönlich bedroht fühlen oder sich die ganze Klasse von seinem schlechten Verhalten anstecken lässt, dann sollte er für eine Weile von Ihrem Unterricht ausgeschlossen werden.

- Sprechen Sie mit Ihren **Kollegen** darüber, wie sie mit dem Schüler umgehen. Vielleicht reagiert er positiv auf einen bestimmten Unterrichtsstil.

- Wenn Sie wissen, dass die **Eltern oder Erziehungsberechtigten** des Schülers kooperationsbereit sind, dann sprechen Sie mit ihnen über sein Verhalten. Seien Sie aber vorsichtig. Gehen wir vom obigen Fall aus, dann ist es durchaus möglich, dass seine Eltern ein ähnlich aggressives Verhalten an den Tag legen. Ein Anruf zu Hause könnte die Situation also noch verschlimmern.

- Nehmen Sie das Verhalten des Schülers **nicht persönlich**. Bleiben Sie stets ruhig und höflich. Lassen Sie sich nie auf sein Niveau ein.

- Versuchen Sie, sich in die Lage des Schülers zu versetzen, und nehmen Sie seine **psychologischen Probleme** ernst. Auch wenn es Ihnen schwerfällt: Zeigen Sie mehr Verständnis als Verärgerung, wenn er Ihren Unterricht stört.

Der Schüler mit Konzentrationsschwächen

Janina ist ein nettes Mädchen, aber es fällt ihr ungeheuer schwer, sich auf eine Sache zu konzentrieren. Zu Beginn der Stunde braucht sie sehr lange, um sich „einzurichten". Mit einer Aufgabe beginnt sie sehr ordentlich, aber nach wenigen Minuten wird sie unkonzentriert. Sie schwätzt mit ihren Freundinnen, geht im Klassenzimmer herum oder starrt gedankenverloren aus dem Fenster.

Wenn Sie sie darauf ansprechen, will sie sich sofort wieder an die Aufgabe machen (was ihr aber nicht gelingt). Oder aber sie regt sich sehr auf und rennt aus dem Klassenzimmer. Sie haben bereits verschiedene Taktiken versucht, indem Sie etwa kleinere Vorfälle einfach ignorierten oder ihr bestimmte Teilziele setzten. Aber nichts scheint zu funktionieren. Deshalb sind Sie beunruhigt, dass sich Ihr Verhältnis zu Janina verschlechtert.

Der Umgang mit konzentrationsschwachen Schülern

* Klären Sie ab, ob bei Janina eine bestimmte **Lernschwäche** vorliegt. Wenn ja, dann versuchen Sie es mit Aufgaben, die auf sie zugeschnitten sind, und orientieren Sie sich an den entsprechenden Strategien (siehe S. 172).
* **Persönliche Aufmerksamkeit** wird Janina bestärken. Grüßen Sie sie beispielsweise namentlich, wenn sie ins Klassenzimmer kommt.
* Wenn Janina morgens Schwierigkeiten hat, sich zu konzentrieren, dann teilen Sie ihr zu Beginn des Unterrichts eine Aufgabe zu, die sie als **verantwortungsvoll** empfindet. Sie können sie zum Beispiel damit beauftragen, Unterrichtsmaterialien zu verteilen.
* Achten Sie darauf, dass Janina jede Aufgabe **richtig versteht**. Nachdem die Klasse mit einer Aufgabe angefangen hat, können Sie sich für eine Weile zu ihr setzen und prüfen, ob sie weiß, was zu tun ist. Erkundigen Sie sich, ob dafür eine Fachkraft herangezogen werden kann.
* Setzen Sie Janina **erreichbare Ziele,** und prüfen Sie regelmäßig, wie sie mit ihren Übungen vorankommt. Belohnen oder loben Sie sie auch

für gelungene Kleinigkeiten. Überlegen Sie außerdem, was sie am meisten motiviert.

* Gibt es einen **verantwortungsbewussten Mitschüler**, mit dem Janina zusammenarbeiten kann?

* Verwenden Sie ggf. eine **Sanduhr**, damit Janina beobachten kann, wie sie mit ihrer Aufgabe vorankommt. Geben Sie ihr Aufgaben, die sie nach Durchlaufen des Sandes fertig haben sollte. Wenn der Sand durchgelaufen ist, soll sie die Hand heben. Schauen Sie dann nach, wie weit sie ist. Wenn Sie jedoch feststellen, dass sich das Mädchen daraufhin zu sehr unter Druck setzt, sollten Sie von dem Einsatz absehen.

* Finden Sie heraus, wofür sich Janina außerhalb der Schule **interessiert**. Wenn sie gerne zeichnet, geben Sie ihr viele entsprechende Aufgaben. Sorgen Sie dafür, dass sie viele Erfolgserlebnisse hat, indem Sie ihre Talente aktivieren.
* Suchen Sie das Gespräch mit **Janinas Eltern**. Vielleicht lassen sich Möglichkeiten der Zusammenarbeit finden, um Janinas Lernverhalten zu verbessern.

Der Schüler mit Kontaktschwierigkeiten

Sandra ist ein seltsames Mädchen. Während der Pausen geht sie alleine herum und sieht traurig aus. Morgens kommt sie ungewaschen und etwas schmuddelig in die Schule. Von anderen Schülern wird sie deshalb bereits gehänselt. Obwohl ihre individuellen Leistungen gut sind, ist sie zur Gruppenarbeit unfähig. Auch will keiner ihrer Mitschüler mit ihr zusammenarbeiten, weil sie sich merkwürdig verhält. Dadurch gerät der Lehrer in eine schwierige Situation. Denn wenn er sie in einer Gruppe unterbringen will, kommt es in der Klasse zu Konflikten.

Versucht der Lehrer, mit Sandra alleine zu sprechen, vermeidet sie Augenkontakt und murmelt fast unverständliche Antworten. Ihr eine Strafe zu erteilen, scheint unangebracht, denn sie macht eigentlich nichts falsch. Aber ihr seltsames Verhalten wirkt sich auf die ganze Klasse aus.

Der Umgang mit diesem Problem

* Sprechen Sie zunächst mit Kollegen, und informieren Sie sich über Sandras **familiären Hintergrund**. Grenzen ihre Probleme vielleicht an Verwahrlosung? Das ist ein sehr sensibles Thema, bei dem sowohl aufmerksame Beobachtung als auch Intuition eine Rolle spielen.

Medientipp:
Weitergehende Informationen dazu finden Sie hier:
www.cornelsen.de/kts/1.c.1134884.de

Wie Sie Ihre Pappenheimer im Griff haben

* Schränken Sie die Gruppenarbeit zumindest für einen gewissen Zeitraum ein. Suchen Sie nach Möglichkeiten, wie Sandra bei Gruppenarbeiten ihre Aufgaben **alleine** machen kann. Aber vermeiden Sie es immer, Sandra als Außenseiterin hinzustellen.

* Fördern Sie ihr **Selbstvertrauen**, indem Sie sie etwa mit einer schriftlichen Bemerkung für eine gute Arbeit loben. Achten Sie darauf, dass die Klasse nichts von dem Lob mitbekommt. Es könnte zum Anlass werden, sie weiter zu isolieren.

* Nehmen Sie sich die Zeit, und reden Sie mit Sandra alleine. Versuchen Sie, schrittweise ihr **Vertrauen zu gewinnen** und sie zu Augenkontakt und deutlichem Sprechen zu bewegen. Fordern Sie sie freundlich auf, Ihnen in die Augen zu schauen, wenn sie mit Ihnen spricht.

* Falls es die Lage zulässt, dann sprechen Sie mit der Klasse **allgemein** darüber, wie es ist, ein Außenseiter zu sein – aber nur, wenn Sandra nicht dabei ist. Machen Sie deutlich, wie wichtig es ist, bei einer Gruppenarbeit jeden zu akzeptieren. Nennen Sie Sandra keinesfalls beim Namen; „abstrahieren" Sie das Thema, sodass kein direkter Zusammenhang erkennbar ist. Aber ihre Mitschüler sollen sich vorstellen, wie schlecht man sich dabei fühlen muss, wenn man von der Gruppe ausgeschlossen wird, weil man von niemandem gemocht wird.

Medientipp:

Der Einsatz einer Lektüre zum Thema kann helfen. An leseschwache Jugendliche richtet sich die K.L.A.R.-Reihe, hier würde sich beispielsweise folgender Roman eignen:

Kindler, Wolfgang:
Dich machen wir fertig!
Verlag an der Ruhr, 2007.
ISBN 978-3-8346-0286-2

Zu allen Romanen gibt es Literatur-Karteien mit Materialien zur Bearbeitung des Themas im Unterricht.

- Machen Sie mit der Klasse einige Rollenspiele zu den Themen **Mobbing** und **Freundschaft**. Stellen Sie klar, dass Sie in der Klasse keine Mobbing-Vorfälle dulden werden. Sprechen Sie auch deutlich die Konsequenzen an, die bei solchen Vorfällen verhängt würden.
- Versuchen Sie ein oder zwei Mitschüler ausfindig zu machen, die sich mit Sandra **anfreunden** könnten. Setzen Sie Sandra mit einem von beiden zusammen. Vielleicht kann er ihr einige soziale Fertigkeiten vermitteln.
- Wenn Sie im Klassenzimmer noch etwas zu tun haben, können Sie Sandra fragen, ob sie in der Pause im Zimmer bleiben und Ihnen **helfen** will (vielleicht finden sich noch andere „Freiwillige", die Ihnen zusammen mit Sandra zur Hand gehen wollen; vielleicht entsteht daraus ein freundschaftliches Verhältnis zu ihr). Sandra könnte Ihnen beim Aufräumen von Unterrichtsmaterialien oder beim Aufstellen von Schautafeln helfen. So entsteht in ihr das Gefühl, dass sie gebraucht und gemocht wird. Es kann ihr dabei helfen, Selbstvertrauen zu entwickeln und das Gefühl loszuwerden, dass sie in der Pause immer allein und isoliert ist.

Wichtig: Fördern Sie regelmäßig den Zusammenhalt der Klassengemeinschaft!

Der aggressive Schüler

Leo ist ein Problem für die ganze Schule. Die Lehrer sprechen in ihren Klassen oft über sein aggressives, unsoziales Verhalten. Leo ist ein großer, kräftiger Junge. Manche, auch Lehrer, fühlen sich von ihm physisch bedroht. Auf die leiseste Provokation wird er laut und beginnt, Probleme zu machen. Gegenüber seinen Mitschülern, die bereits Angst vor ihm haben, verhält er sich sehr negativ.

Leo arbeitet im Unterricht kaum mit. Wenn der Lehrer ihn deshalb bestrafen will, reagiert er sehr feindselig. Er geht so weit, den Lehrer zu bedrohen, indem er das Werfen eines Stuhls androht oder Ähnliches.

Der Umgang mit einem aggressiven Schüler

* Leo hat eindeutig ein Problem damit, mit seiner **Wut** umzugehen. Fragen Sie auch in diesem Fall bei den Sonderpädagogen oder beim Schulpsychologen nach, ob sein Verhalten bereits bekannt ist und analysiert wurde. Versuchen Sie, herauszufinden, was genau ihn „ausrasten" und wie sich seine Aggressivität vermeiden lässt. Schließen Sie sich ggf. mit Beratungslehrer und Eltern kurz.

* Führen Sie ggf. mit der Klasse ein **Anti-Aggressions-Training** durch, zum Beispiel in der Projektwoche. Oder sprechen Sie mit Leos Eltern über das Absolvieren eines außerschulischen Kurses.

* Vermeiden Sie unter allen Umständen **Konfrontationen** mit Leo – es bringt nichts, wenn Sie etwas riskieren. Denn es ist ganz offensichtlich, dass Leo durch und bei Konfrontationen aggressiv wird. Bleiben Sie stattdessen immer ruhig und zurückhaltend.

* Überlegen Sie, ob für Leo eine „**Auszeit**" sinnvoll wäre. Wenn er beispielsweise spürt, dass er gleich explodieren wird, könnte er das Klassenzimmer für einige Zeit verlassen, damit die Situation nicht eskaliert. Suchen Sie für ihn einen sicheren Ort, wo er sich unter diesen Umständen „abkühlen" kann, beispielsweise den **Trainings- oder Time-out-Raum**. Dorthin sollte er auch auf jeden Fall geschickt werden, wenn die Situation eskaliert. Auf jeden Fall muss der Schüler unter Aufsicht bleiben.

 **Tipp:** Wenn Sie keinen Trainingsraum haben, suchen Sie gemeinsam mit Kollegen auf Ihrem Flur nach Alternativen!

* Versuchen Sie zu umgehen, dass man sich im Klassenzimmer auf Leo und seine Probleme konzentriert. Heben Sie ihn möglichst nur dann hervor, wenn er etwas richtig macht.

* Fragen Sie **Kollegen** um Rat, wie man mit Leo umgehen soll. Sprechen Sie ggf. mit einem erfahreneren Kollegen, dem Klassen- oder Beratungslehrer über Ihre Befürchtungen. Erklären Sie genau, wie Sie sich fühlen und wie sich Leos Verhalten auf die Stimmung in der Klasse auswirkt. Es ist sehr

wahrscheinlich, dass Leos Verhalten bereits der Schulleitung bekannt ist, vielleicht wurde Leo sogar bereits davor gewarnt, von der Schule verwiesen zu werden.

* **Dokumentieren** Sie alle Vorfälle mit Leo, besonders wenn er aggressiv wird oder mit Gewalt droht bzw. Gewalt anwendet. Geben Sie Kopien dieser Informationen an die Schulleitung und den Schulpsychologen weiter. Wenn Sie glauben, dass die Situation außer Kontrolle gerät oder die Gefahr besteht, dass Sie tätlich angegriffen werden, dann besprechen Sie das Problem.

* Nächster Schritt nach den Erziehungsmaßnahmen bei wiederholtem „Ausrasten", Beleidigungen von Lehrern und/oder Mitschülern bis hin zu Handgreiflichkeiten ist die **Vorladung der Eltern und des Schülers beim Schulleiter**, wo über das Verhängen einer Ordnungsmaßnahme entschieden wird (siehe Teil 2, Kapitel 3).

3. Die Meinung der Schüler

Beim Schreiben dieses Buches führte ich mit vielen Schülern **Interviews über ihre Einstellung zum Verhalten**. Die Schüler äußerten sich sehr offen. Sie hatten durchaus vernünftige Ansichten darüber, was ihre Lehrer tun könnten und sollten, um positives Verhalten zu fördern. Manche ihrer Bemerkungen überraschten mich. Aber eigentlich ist es selbstverständlich, dass es in Bezug auf Fehlverhalten unterschiedliche Ansichten zwischen Lehrer und Schüler gibt.

Die befragten Schüler repräsentieren einen **Querschnitt durch die Sekundarstufe**, gehören verschiedenen Altersstufen an und haben unterschiedliche familiäre und kulturelle Hintergründe. Ich sprach mit Schülern, die sich im Unterricht für gewöhnlich gut verhalten, und mit solchen, die eher als schwierig einzustufen sind. Die Schüler hatten eine ganze Bandbreite unterschiedlicher Fähigkeiten – manche waren sehr begabt, andere hatten bestimmte Lernschwierigkeiten.

Die Kontrolle über das Klassenzimmer

„Was macht ein Lehrer richtig, wenn er eine Klasse im Griff hat?"

Die Schüler machten zwei Lehrertypen aus, die das Verhalten einer Klasse gut im Griff haben. Diese wurden in Teil 2, Kapitel 2 bereits ausführlich beschrieben. Der erste Typ könnte als **„bestimmt, aber herzlich"** beschrieben werden: Die Schüler mögen so einen Lehrer, aber er kann sie auch auf Linie halten. Den zweiten Typ könnte man als **„streng und einschüchternd"** bezeichnen: Obwohl sich die Schüler bei ihm gut verhalten, gefallen ihnen seine Stunden nicht besonders. Und sie haben das Gefühl, dass dieser Lehrer seine Klassen eigentlich nicht mag. Nachfolgend einige Aspekte der beiden Unterrichtsstile, wie sie von den Schülern beschrieben wurden:

Der „bestimmte, aber herzliche" Lehrer

* **Unterrichtsstil:** Dieser Lehrertyp geht von der ersten Stunde an sehr
  bestimmt mit der Klasse um. Er sagt deutlich, was er erwartet, worüber

es keine Diskussionen geben wird (die Schüler beschrieben, wie manche Lehrer sie eindringlich zu guten Verhalten aufforderten). Dieser Lehrertyp beharrt auf seinen Erwartungen. Wenn nötig, greift er durch, aber er ist auch **„nett"**, **„lustig"** und **„irgendwie elternmäßig"**.

* **Der Unterricht:** Dieser Lehrertyp gestaltet den Unterricht interessant, sodass die Schüler beim Lernen Spaß haben. **Methodenvielfalt**, Variation der **Sozialform** und **Handlungsorientierung** sorgen dafür, dass die Schüler motiviert bleiben. Sie wissen genau, wie viel sie leisten müssen, um den Lehrer zufrieden zu stellen. Bei einer schwierigen Stunde belohnt er die Klasse für ihre zusätzlichen Bemühungen. Die Schüler fanden es besonders wichtig, dass der Lehrer keine Aufgaben stellt, die sie überfordern, bzw. diesbezüglich mit sich reden lässt. Ganz deutlich wurde zudem, dass die Schüler auch das Fach mochten, wenn sie den Lehrer mochten.
* **Disziplin:** Die Schüler wussten ganz genau, dass dieser Lehrer zwar **Sanktionen** verhängt, dies aber auf **ruhige, kontrollierte Art und Weise** geschieht. Er bemüht sich, niemanden für das Fehlverhalten anderer zu bestrafen.

- **Das Lehrer-Schüler-Verhältnis:** Die Schüler **mögen und respektieren** diesen Lehrertyp. Er wird als gut gelaunt und „lebendig" beschrieben. Sie haben eine persönliche Beziehung zu ihm, weil er das Lernen individualisiert und offen mit ihnen redet. Sie haben das Gefühl, dass dieser Lehrer sie wirklich mag und sich für sie interessiert.
- **Die Wahrnehmung des Lehrers durch die Schüler:** Dieser Lehrertyp genießt an der Schule einen guten Ruf. Das ist wahrscheinlich ein ziemlich wichtiger Faktor bezüglich der Erwartungen und des Verhaltens der Schüler. Sie wissen genau, dass dieser Lehrer eine „gute" und eine „schlechte" Seite hat. Und sie sind vorsichtig, um nicht seine „schlechte" Seite kennenlernen zu müssen.

Der „strenge und einschüchternde" Lehrer

- **Unterrichtsstil:** Die Schüler meinen, dass dieser Lehrertyp eher männlich als weiblich ist. Ein Schüler bemerkte, dass „zwar jeder seine Arbeit macht, aber keiner diesen Lehrer mag".

- **Der Unterricht:** Oft überwiegt der **Frontalunterricht** maßgeblich. Die Schüler müssen ihre Arbeit beenden, bevor sie den Raum verlassen dürfen. Manchmal haben sie richtiggehend **Angst** vor dem Lehrer, sodass sie sich nicht trauen, um Hilfe zu bitten.
- **Disziplin:** Zur Disziplinierung der Klasse setzt dieser Lehrertyp auf **Androhung von Sanktionen**. Er ist damit nicht zimperlich und lässt gerne nacharbeiten. Dabei ist er unnachgiebig. Er greift oft in die Sitzordnung ein, um die Kontrolle zu behalten.
- **Das Lehrer-Schüler-Verhältnis:** Wenn von diesem Lehrertyp die Rede war, benutzten die Schüler häufig das Wort **„drohen"**. Sie haben nicht das Gefühl, dass zu ihm ein persönliches Verhältnis entstehen könnte.
- **Die Wahrnehmung des Lehrers durch die Schüler:** Ganz offensichtlich hat dieser Lehrertyp „keine Angst vor den Schülern". Die Schüler haben Respekt vor ihm, aber eher aus Angst bzw. Einschüchterung, weniger aus Bewunderung.

„Was machen die Lehrer falsch, die ihre Klasse nicht im Griff haben?"

Den befragten Schülern war ziemlich klar, was Lehrer tun oder unterlassen sollten, wenn eine Klasse in ihrem Verhalten Schwierigkeiten macht. Viele

Aspekte der Antworten beziehen sich darauf, wie die Schüler die **Einstellung und Haltung des Lehrers** wahrnehmen. Zwischen dem, was der Lehrer von den Schülern will, und dem, was die Schüler tatsächlich machen, klafft in diesem Fall offensichtlich eine gewaltige Lücke.

- **Unterrichtsstil:** Diese Lehrer agieren so, als ob sie **Angst vor den Schülern** hätten. Die befragten Schüler konnten das nicht richtig erklären, aber sie wussten genau, bei wem das der Fall war. Außerdem hatten sie das Gefühl, dass der Lehrer nicht ins Visier der Schüler geraten wollte und sehr **unsicher** darüber war, welches Verhältnis zu den Schülern anzustreben sei. Viele stellten fest, dass dieser Lehrertyp „zwar schreit, aber nicht streng ist" oder dass er „immer schreit" und „Schüler heruntermacht".
- **Der Unterricht:** Die Schüler verhalten sich schlecht, wenn der Unterricht **keinen Spaß macht** und wenn der Lehrer nicht richtig erklären kann. Manche Lehrer verzichteten auf methodische Vielfalt – vielleicht, um keine weiteren Verhaltensprobleme zu provozieren. Aber gerade darum empfanden die Schüler den Unterricht als eintönig, und das Verhalten verschlechterte sich.
- **Disziplin:** Diese Lehrer drohten zwar Sanktionen an, aber sprechen sie **nicht konsequent** aus. Entweder wurden die Strafen nicht wirklich verhängt, oder der Sache wurde nicht weiter nachgegangen, wenn die

Wie Sie Ihre Pappenheimer im Griff haben

Sanktion erst mal ausgesprochen war. In anderen Fällen wurde in jeder Stunde die „Höchststrafe" verhängt (zum Beispiel Ausschluss vom Unterricht). Oder aber der Lehrer wurde sehr ablehnend und defensiv und teilte übermäßig viele Strafen aus, was die Schüler als sehr ungerecht empfanden. Manche Lehrer begannen sehr nachsichtig mit der Klasse. Doch wenn sich die Klasse dann schlecht benahm, baten sie die Schüler regelrecht darum, sich anständig zu verhalten, anstatt es ihnen einfach zu „sagen". Normalerweise durften sich die Schüler hinsetzen, wo sie wollten. Eine **Sitzordnung** war eher selten. Außerdem verhielt sich der Lehrer defensiv. Die Schüler wurden gleich angeschrien, noch bevor sie überhaupt Gelegenheit hatten, zu erklären, was eigentlich los war.

* **Das Lehrer-Schüler-Verhältnis:** Die Schüler wollen als **gleichwertig** behandelt werden. Sie mochten Lehrer nicht, die zu ihnen von oben herab sprachen oder die ihnen das Gefühl gaben, eine Stufe unter ihnen zu stehen. Dies geschah aber häufig, offensichtlich aus Unsicherheit.

* **Die Wahrnehmung des Lehrers durch die Schüler:** Die Schüler waren von den Lehrern enttäuscht, die eine Klasse nicht im Griff hatten. Ein Schüler merkte an, dass „manche Lehrer selbst schuld sind." Ein anderer meinte, dass manche Lehrer von der Klasse gar keine Chance bekommen hätten, vielleicht weil sie jung, neu und unerfahren gewesen seien. Außerdem wurde von den Schülern die „starke Vermutung" geäußert, dass manche uneffektive Lehrer ihre „Lieblinge" hätten oder Mädchen und Jungen unterschiedlich behandelten. Die etwas schwierigeren Schüler hatten das Gefühl, dass diese Lehrer auf ihnen „herumhackten" und bestimmte Schüler besonders „auf dem Kieker" gehabt hätten.

„Wie sieht der ideale Lehrer aus?"

Selbstverständlich besteht nicht unbedingt Deckungsgleichheit zwischen einem Lehrer, den die Schüler für ideal halten, und einem Lehrer, der das Verhalten der Klasse im Griff hat. Dennoch waren sich die befragten Schüler ziemlich einig darüber, dass **ein Lehrer eine Klasse im Griff haben sollte**. Sie wünschten sich lediglich, dass das auf eine besondere Art und Weise geschehe. Auf die Frage nach dem idealen Lehrer beschrieben alle Schüler eine Persönlichkeit, die dem Ideal „bestimmt, aber herzlich" ziemlich nahe kommt.

3

* **Unterrichtsstil:** Wörter wie **„Spaß"** oder **„freundlich"** wurden sehr häufig genannt. Der ideale Lehrer ist eine **lebhafte** und **humorvolle** Persönlichkeit. Wichtig für einen Lehrer sei es auch, ggf. aufkommende schlechte Laune im Griff zu haben. Der ideale Lehrer ist **klar, bestimmt und gerecht** und hat die Fähigkeit, wenn nötig auch sehr ernst zu sein.

* **Der Unterricht:** Der ideale Lehrer gestaltet den Unterricht **unterhaltsam und interessant**; es gibt bei ihm viele **positive Bestärkungen**. Die Stunden sind abwechslungsreich und nicht immer enorm anspruchsvoll. Auf keinen Fall gibt es zu viele schriftliche Aufgaben. Am besten wird der Unterricht noch mit Spielen „garniert". Der Lehrer hilft den Schülern gerne, wenn es nötig ist.

* **Disziplin:** Der sagenumwobene „perfekte Lehrer" schreit nicht, obwohl er streng sein kann, wenn sich die Klasse schlecht benimmt. Die befragten Schüler meinten, dass der Lehrer auf die Klasse so reagieren sollte, wie sie sich selbst verhält, also im Bedarfsfall auch streng werden sollte. Ansonsten aber sollte der Unterricht „Spaß machen". Der Lehrer sollte einem Schüler noch eine Chance geben, bevor er ihn beispielsweise nacharbeiten lässt.

* **Das Lehrer-Schüler-Verhältnis:** Wiederum beharrten die Schüler darauf, als **gleichwertig** behandelt zu werden. Außerdem wünschten sie sich, dass die Lehrer in einem **angemessenen Ton** mit ihnen redeten und ihr **Interesse für die Persönlichkeiten** signalisierten, die vor ihnen sitzen.

* **Die Wahrnehmung des Lehrers durch die Schüler**: Die Schüler waren sich sicher, dass sie den idealen Lehrer gleich erkennen würden. Er ist stark, aber es macht bei ihm auch Spaß. Und sie hätten sicher bald einen **„sehr guten Draht"** zu ihm.

Vergünstigungen und Sanktionen

„Welche Vergünstigungen bzw. Belohnungen bewirken etwas? Warum?"

Überraschenderweise konnte die Mehrzahl der Vergünstigungen bzw. Belohnungen die befragten Schüler nur wenig beeindrucken. Wahrscheinlich war ein mündliches oder schriftliches Lob die größte Belohnung, die sie bisher erhalten hatten – ohne es überhaupt als „Belohnung" aufzufassen!

Die Schüler offenbarten sich als **überaus materialistisch**. Eine anständige, handfeste Belohnung würde sie viel eher zu gutem Verhalten veranlassen! Glücklicherweise erkannten die am meisten motivierten Schüler eine gute Ausbildung als die Beste aller Belohnungen an.

Belobigungen

Jüngere Schüler waren ganz eifrig beim Einsammeln von Belobigungen. Aber sie betonten auch, dass hauptsächlich „die braven Schüler" darauf aus waren. Deshalb stellten sich Belobigungen als nicht unbedingt nützlich für die Beeinflussung des Verhaltens heraus. Manche der weniger braven Schüler waren ehrlich genug, zuzugeben, dass sie die Belobigungen nirgends sammeln können, weil sie die Hefte, in denen sie eingetragen werden, immer wieder verlieren.

Tipp: Sammeln Sie die Belobigungen, und händigen Sie diese zum Beispiel am nächsten Elternsprechtag den Eltern aus!

Belobigungen sind wenig effektiv, wenn damit nicht eine „Vergünstigung" verbunden ist. Die Schüler meinten, dass es für gesammelte Pluspunkte **„Preise"** geben sollte. Das wäre dann viel effektiver. Manche Schüler stellten auch fest, dass einige Lehrer es einfach vergessen, Punkte bzw. Belobigungen zu verteilen. Andere Lehrer hätten die braven, ruhigen Schüler schlicht übersehen und Punkte nur an die lauten verteilt.

Preisverleihungen/Urkunden

Für Schüler, die von ihren Eltern unterstützt werden, sind Urkunden und Auszeichnungen eine sehr beliebte Form der Belohnung. Denn diese Eltern sind stolz darauf, was ihre Sprösslinge erreichen. Die Schüler waren der Meinung, dass die Auszeichnungen vor möglichst großem Publikum verliehen werden sollten. Dadurch hätte die Belohnung einen noch größeren Wert.

Andere Vorschläge

Die Schüler erwarten für gutes Verhalten handfeste Vergünstigungen bzw. Belohnungen. Ihnen gefiel zum Beispiel die Idee, für das Sekretariat oder für einen Lehrer „Besorgungen zu machen" (um sich so eine Unterrichtsstunde zu „sparen" – ein sehr beliebter Gedanke!). Andere bevorzugte Formen der Belohnung waren beispielsweise Sticker oder Schokoriegel.

„Welche Strafen zeigen Wirkung? Warum?"

Die Schüler hatten sehr klare Ansichten darüber, wie effektiv sich die verschiedenen Sanktionen auf ihr Verhalten auswirken. Die meisten Bestrafungen wirken – grob gesagt – nur bei den „guten" Schülern, die wirklich Erfolg haben wollen. Bei den „schlechten" Schülern hingegen würden viele Formen der Bestrafung gar nichts bewirken, weil es ihnen ganz einfach egal ist, ob sie bestraft werden (zumindest tun sie so!).

Nacharbeit

In Bezug auf Nacharbeiten äußerten die befragten Schüler gemischte Gefühle. Abhängig vom Grund der Strafe und davon, wie das Nacharbeiten abläuft, ist es ihrer Meinung nach eine sinnvolle Sanktion oder auch reine Zeitverschwendung. Einige Schüler sagten, sie seien zum Nacharbeiten einfach nicht erschienen, weil diesbezüglich kein besonderer Druck ausgeübt worden wäre. Andere meinten, sie würden zum Nacharbeiten nur dann erscheinen, wenn sie den Grund dafür einsähen.

Manchmal hatten die Schüler auch den Eindruck, dass sie bestraft wurden, weil sie Hilfe brauchten. In einem Fall hatte ein Lehrer einen Schüler nacharbeiten lassen, weil er eine Aufgabe während der Stunde nicht fertig gemacht hatte. Dies hatte der Schüler als Bestrafung für sein Unvermögen aufgefasst. Das Nacharbeitenlassen einer ganzen Klasse halten die Schüler für äußerst ungerecht.

Kurzes Nacharbeiten wird als effektive Strafe betrachtet, aber langes Nacharbeiten wird zumeist abgelehnt. Nacharbeiten während der Pause oder zur Mittagszeit kann für die Schüler problematisch werden, weil sie dann keine Zeit zum Essen haben. Wenn sich ein Schüler nach einem Nacharbeiten während der Pause schlecht verhält, kann das auf Hunger oder Energiemangel zurückzuführen sein. Die Schüler sind der festen Ansicht, dass der Lehrer ihnen für die Zeit des Nacharbeitens eine Aufgabe stellen sollte (was ja ohnehin den rechtlichen Vorgaben entspricht).

Ausschluss vom Unterricht

Das System der **„Roten Karte"**, auch als **Trainingsraum-Prinzip** bekannt (siehe S. 118), mit der ein Schüler aus dem Klassenzimmer geschickt wird, hielten die befragten Schüler für eine sinnvolle Strafe. Denn vor allem würden dadurch die schwierigen Schüler von der Stunde ausgeschlossen, und die anderen könnten **ungestört weiterlernen**. Die Schüler wussten auch genau, dass dies einen Eintrag in die Schülerakte nach sich zieht, wenn sich die Vorfälle häufen. Dennoch waren sie auch der Ansicht, dass der Ausschluss von einer Unterrichtsstunde nicht viel Einfluss auf das Verhalten „schlimmer" Schüler hat, weil diese das eher für einen großen Spaß halten (oder aber ihre Verlegenheit über die schlimme Strafe erfolgreich herunterspielen und deshalb einen Scherz daraus machen). Der Ausschluss eines Schülers vom Unterricht für mehrere Stunden wurde von den Befragten als mäßig sinnvoll empfunden. Denn der Bestrafte würde dann genau das erreichen, was er will: dem Unterricht entkommen und nichts tun müssen.

Der vorübergehende Verweis von der Schule

Die Mehrheit der Schüler ging nicht davon aus, jemals (vorübergehend) von der Schule verwiesen zu werden. Sie hatten aber ziemlich genaue Vorstellungen davon, was diejenigen davon halten, die eine solche Strafe verdienten. Einerseits waren die Befragten der Meinung, dass sich durch den vorübergehenden Verweis die **Atmosphäre** in der Klasse und damit das Verhalten **verbessert**. Andererseits aber glaubten sie auch, dass der Verweis für die schlimmen Schüler nur „einen Tag ohne Schule, an dem man nichts tun muss" mit sich bringe. Dies ist so natürlich nicht richtig, weil die vom Unterricht Ausgeschlossenen den Stoff zu Hause alleine erarbeiten müssen und diese Aufgaben bei ihrer Rückkehr in die Leistungsbewertung der jeweiligen Schulfächer mit einfließt.

Das ist den meisten Schülern wohl nicht bewusst.

Andere Sanktionen

Als sehr wirkungsvolle Sanktion empfanden die Schüler es, nach einem Vorfall zum **Gespräch** erscheinen zu müssen, besonders bei einem Lehrer in der Pause oder nach der Schule. Ebenso nützlich empfanden sie ein **Treffen mit Mitschülern, Lehrern, Schulleiter und Eltern**, wenn ein Schüler ständig Schwierigkeiten macht. Auch **Anrufe und Briefe** nach Hause fanden die Befragten sinnvoll, vorausgesetzt, die Eltern des Schülers nehmen so etwas ernst. Viele Schüler sagten, dass sie eine solche Sanktion nur zu gerne vermeiden würden.

Andere Faktoren, die das Verhalten betreffen

„Welchen Einfluss hat das Klassenzimmer auf dein Verhalten?"

Wenn ein Klassenzimmer schon unsauber ist, dann neigen die Schüler eher dazu, Abfall einfach auf den Boden zu werfen. Ein sauberes und nett gestaltetes Klassenzimmer bewirke hingegen automatisch, dass man darauf achtet, dass es so bleibt. Viele Schüler waren der Ansicht, dass ihre Unterrichtsräume „langweilig" und „kalt" seien. Darüber waren sie nicht gerade froh, folglich kam schlechtes Verhalten öfter vor.

„In welchen Fächern ist es am einfachsten, sich gut zu verhalten?"

Es ist sicher nicht überraschend, dass die Schüler auf diese Frage die Fächer nannten, für die man nicht lernen muss (Kunst, Musik, Sport). Sie erklärten, dass man sich in diesen Fächern weniger konzentrieren müsse und dass sie in diesen Unterrichtsstunden entspannter seien. Besonders der Sportunterricht wird eher als Vergnügen empfunden, nicht so sehr als „Arbeitsstunde". Auch während der Stunden, in denen Organisatorisches im Klassenrat besprochen wurde (bzw. während der Tutorenstunden) fiel ihnen gutes Verhalten leichter. Diese Stunden wurden nicht als normaler Unterricht betrachtet.

Die Meinung der Schüler zum Fehlverhalten

„Was haltet ihr von Schülern, die sich schlecht betragen?"

Gegenüber den weniger braven Schülern ließen die Befragten gemischte Gefühle erkennen. Oberflächlich hielten sie solche Schüler für amüsant, durch sie werde der Unterricht abwechslungsreicher. Leider erkannten sie auch einen klaren Zusammenhang zwischen **Fehlverhalten** und der **Beliebtheit** in einer Klasse. Die Mehrheit der Befragten fühlte sich von den „aufmüpfigeren" Schülern an der Schule nicht bedroht.

Allerdings äußerten die Befragten auch Ablehnung und Verärgerung. Sie hatten den Eindruck, dass diese Schüler die ganze Aufmerksamkeit des Lehrers auf sich zögen und dies nicht gerecht sei. Sie zeigten zudem Sympathien für die Lehrer, die sich mit den Verhaltensproblemen herumschlagen müssen. Deutlich kam die Ansicht zum Ausdruck, dass diese Schüler auf keinen Fall **das Lernen der anderen negativ beeinflussen** dürften.

Manche der Befragten erwähnten, dass sie von den weniger braven Schülern als „Streber" beschimpft wurden, weil sie sich anständig betragen wollten. Diese Betitelung wurde besonders von den älteren Schülern spöttisch kommentiert. Sie meinten, sie drücke einen gewissen Neid aus. Außerdem stellten die Befragten noch fest, dass die Jungen allgemein dazu tendieren, die Mädchen als „Streberinnen" zu bezeichnen.

„Warum benehmen sich Schüler schlecht?"

Die Befragten konnten sehr gut erklären, warum sich manche Mitschüler schlecht benehmen. Sie sprachen von **Rädelsführern**, deren Beispiel manche Schüler aus Druck folgten. Außerdem seien diese Rädelsführer sehr beliebt in der Klasse. Die Schüler erklärten, dass sie sich diesen Mitschülern anschlössen, weil diese laut und wagemutig seien und sich trauen würden, die Lehrer herauszufordern. Das Fehlverhalten komme in der Klasse oft gut an, weil damit Spaß verbunden sei. Deshalb wollten es auch die anderen „ausprobieren" und herausfinden, welche Wirkung sie damit erzielen könnten. Außerdem stellten die Befragten fest, dass sie sich eher mitzumachen trauten, wenn es ihre Freunde seien, die mit dem „Herumblödeln" anfangen.

Die Befragten hielten **Langeweile** für den wichtigsten Grund, der zu Verhaltensproblemen führt. Wer herumalbere, ziehe die Aufmerksamkeit des Lehrers **und** der Klasse auf sich. Vor ihren Freunden stünden sie dann gut da, und es gäbe zudem eine Abwechslung vom langweiligen Unterricht. Als weiteres Problem wurde die mangelnde Selbstkontrolle ausgemacht. Zu bestimmten Tageszeiten oder Wochentagen und in manchen Fächern, wie zum Beispiel Sport, sei dieser Mangel an Selbstdisziplin größer. Von den Befragten wurde auch das Thema „Gangs" angesprochen. Diejenigen, die in keiner „Gang" mitmachen und ihr Verhalten entsprechend ändern wollten, hatten Angst, dass die anderen gegen sie gewalttätig werden oder Mitschüler gegen sie aufhetzen könnten.

Teil 4 Die Lernumgebung

1. Das Klassenzimmer

Das Ambiente des Klassenzimmers

Denken Sie einen Augenblick darüber nach, wie die Räume, in denen wir wohnen und arbeiten, unsere Stimmung beeinflussen. Wer mit anderen Menschen in einer kleinen Wohnung zusammenlebt, fühlt sich oft **gestresst** und verliert leicht die gute Laune. Man scheint sich gegenseitig auf die Füße zu treten, die Emotionen kochen hoch. Ähnlich verhält es sich, wenn man in einer unordentlichen, chaotischen Umgebung arbeitet. Sehr schnell fühlt man sich dann **deprimiert und überfordert**. Hat man jedoch das Glück, in einem offenen, großzügigen, hellen und luftigen Raum mit schöner Aussicht zu wohnen oder zu arbeiten, dann verbringt man die Zeit dort in wesentlich positiverer Stimmung. Folglich ist man entspannter und arbeitet effektiver.

Wie Sie als Lehrer **den Raum nutzen** und wie **Sie das Klassenzimmer ausstatten und anordnen**, hat einen großen Einfluss auf das Verhalten der Schüler. In diesem Kapitel geht es darum, wie das Ambiente des Klassenzimmers genutzt und verbessert werden kann, um positive Auswirkungen auf das Verhalten der Schüler zu erzielen. Außerdem kann das Ambiente auch die gute Laune des Lehrers unterstützen.

Vieles an den Klassenzimmern lässt sich nicht ändern, zum Beispiel die Größe oder die bauliche Ausstattung. Doch es gibt auch viele Möglichkeiten, um eine positive Lernatmosphäre zu unterstützen.

Das Klassenzimmer besser gestalten

Die Schüler sollten den Klassenraum als einen **ruhigen, ansprechenden Ort** wahrnehmen, an dem **strukturiertes Lernen** stattfinden kann. Immerhin verbringen sie viel Zeit in diesen Räumen. Deshalb sollte das Klassenzimmer so einladend, bequem und ordentlich wie möglich sein.

Nachfolgend einige Vorschläge zur Optimierung der Räumlichkeiten:

* **Halten Sie Ordnung:** Eine ordentliche Umgebung ist einem „ordentlichen" Unterrichtsstil förderlich. Auch Ihren Schülern vermittelt sich der Eindruck von **Ordnung und Struktur**. In einem großen Durcheinander fällt die Arbeit viel schwerer, ständig muss man nach irgendwelchen Sachen suchen. Versuchen Sie, Materialien wie Ordner, Papier etc. an bestimmten Stellen aufzubewahren, damit der Raum auf den ersten Blick aufgeräumt aussieht. Dafür brauchen Sie Regale/Schränke/Kartons bzw. Kästen.

* **Visuelle Planungshilfen:** Stundenpläne, Jahresplaner etc. an der Wand helfen den Schülern, die **Struktur ihres Alltags** zu überblicken.

* **Achten Sie auf Organisation:** In der Grundschule müssen für jedes Fach verschiedene Materialien aufbewahrt werden. Es ist sehr sinnvoll, dafür bestimmte **„Standorte"** einzurichten und dann mit den Schülern einzu-üben, wo die einzelnen Materialien unterzubringen sind – falls dazu genü-gend Platz zur Verfügung steht. In der Sekundarstufe gibt es möglicher-weise feste Orte, wo die Schüler ihre Bücher und Materialien aufbewahren. Die Stunde kann damit beginnen, dass sich die Schüler ihre Lernmaterialien holen oder dass Freiwillige die Bücher austeilen.

* **Sicherheit:** Achten Sie auf die **Sicherheit in Ihrem Klassenzimmer**, besonders wenn Sie es mit schwierigen Schülern zu tun haben. Halten Sie Chemikalien und scharfe oder spitze Gegenstände unter Verschluss. Auch für das Verstauen von Schultaschen und Turnbeuteln sollten von Beginn an klare Regeln gelten, wenn öfters Sicherheitsprobleme auftreten.

* **Gestalten Sie das Klassenzimmer ansprechend und bunt: Stellwände, Poster oder Schaukästen**, ggf. auch bemalte Wände, können viel zu einer angenehmen, positiven Atmosphäre im Klassenzimmer beitragen. Außerdem unterstützen solche Hilfsmittel effektives Lernen – und Sie können damit auch die Erfolge Ihrer Schüler hervorheben. Mehr dazu im folgenden Unterkapitel.

- **Schaffen Sie eine anregende Atmosphäre:** Hilfsmittel wie **Musik, Beleuchtung, Klänge** können dazu beitragen, eine anregende Atmosphäre zu schaffen.

- **Gestalten Sie den Raum persönlicher:** Wenn die Schüler **Pflanzen** mögen, dann können Sie welche im Klassenzimmer deponieren. Sie können auch ein **Haustier** anschaffen (zum Beispiel Kaninchen oder Schildkröten, ggf. auch Mäuse, Hamster … die Spannbreite ist recht weit. Es muss natürlich sichergestellt sein, dass die Tiere in den Ferien versorgt werden können.). Das ist eine sinnvolle Möglichkeit, Ihren Schülern Verantwortung beizubringen und zu übertragen. Außerdem könnte es eine Belohnung für gutes Verhalten sein.

  Stimmen Sie sich diesbezüglich mit dem Schulleiter ab.

- **Denken Sie genau über die Anordnung nach:** Die Art, wie Sie die Tische in Ihrem Klassenzimmer anordnen, sagt viel über Ihren Unterrichtsstil aus und hat Einfluss auf das Verhalten Ihrer Schüler. Siehe dazu das Unterkapitel „Anordnung des Klassenzimmers" S. 210.

Klassenzimmergestaltung

- ✓ Schaffen Sie ein Ordnungssystem!
- ✓ Visualisieren Sie Planungs- und Lernhilfen!
- ✓ Richten Sie feste Materialstandorte ein!
- ✓ Hängen Sie Jacken und Turnbeutel auf!
- ✓ Bringen Sie Farbe ins Klassenzimmer!
- ✓ Verwenden Sie hin und wieder Musik!
- ✓ Schaffen Sie Pflanzen und/oder ein Klassen-Haustier an!
- ✓ Verändern Sie die Sitzordnung sinnvoll!

Tipp: Machen Sie aus Ihrem Klassenraum einen „Lebensraum"!

Stellwände, Poster, Schaukästen etc.

Egal, wie bescheiden der allgemeine Zustand sein mag – es gibt zahlreiche Möglichkeiten, wie Sie Ihr Klassenzimmer „aufpeppen" können. Mit Postern oder Stellwänden können Sie schäbige Wände mehr oder weniger vergessen machen (abgesehen davon, dass man auch mit der Klasse gemeinsam ein Projekt zur Renovierung des Klassenraums starten kann). Poster können Ihren Schülern beim Lernen helfen, sie sind aber auch eine sehr gute Form der Anerkennung guter Leistungen, indem sie Ergebnisse präsentieren. Nachfolgend einige Vorschläge für die sinnvolle Verwendung:

* **Blickfang:** Von den Schülern gestaltete Poster, Bilder etc. sind eine prima Dekoration. Sie könnten auch eine dreidimensionale Dekoration mit Bezug zu einem Unterrichtsthema entwerfen, zum Beispiel die Konstruktion eines Atommodells. Auch die Decke kann zur Gestaltung genutzt werden. Spannen Sie eine Schnur durch den ganzen Raum, an der Sie beispielsweise die Arbeiten der Schüler anbringen können.

* **Fragen und Antworten:** Sie können auf Postern wichtige Fragen an der Wand anbringen, die sich auf den Unterricht beziehen. Die Schüler können ihre Antworten dazuschreiben oder anheften. Sie können auch ein „Doppelposter" entwerfen: Die erste Seite mit den Fragen lässt sich anheben, darunter finden die Schüler die richtigen Antworten.

* **„Allgemeingültiges":** Gemeinsam erarbeitete Klassenregeln u.Ä. an der Wand machen ein schnelles Erinnern und Verweisen möglich.

* **Regelmäßiger Wechsel:** Wenn Sie lediglich zu Beginn des Schuljahres einige Dekorationen aufhängen, verlieren sie sehr schnell ihren Reiz, und die Schüler werden kaum noch Notiz davon nehmen. Nehmen Sie sich die Zeit, um sie alle paar Wochen auszutauschen.

* **Bezug zum Unterricht:** Präsentieren Sie Unterrichtsergebnisse oder illustrieren Sie die aktuellen Unterrichtsthemen. Damit unterstreichen Sie die positive Arbeitsstimmung der Klasse, was wiederum gutes Verhalten fördert.

* **Interessen der Schüler:** Besonders stolz werden die Schüler auf ihren Klassenraum sein, wenn sie selbst über die Dekoration entscheiden und daran mitwirken dürfen; beispielsweise an einem gemeinsamen Nachmittag in der Schule.

Wichtig: Dekoration regelmäßig wechseln/
aktualisieren!

Medientipp:

Bachner, Silke, Kehse, Sabine:
Schule innen schöner machen!
Kunstprojekte für Kinder.
Verlag an der Ruhr, 2009.
ISBN 978-3-8346-0494-1

Die Anordnung des Klassenzimmers

Die Anordnung des Klassenzimmers hat großen Einfluss auf das Verhalten und
das Lernen der Schüler – und auch auf ihre Erwartungen, was wohl im Klassenzimmer passieren wird. Abhängig von der Altersstufe und den Fächern, die Sie
unterrichten, können Sie entscheiden, wie Sie **Tische und Stühle** anordnen.
Außerdem können Sie für bestimmte Arbeiten die Anordnung abändern,
wobei Ihnen die Schüler beim Umstellen helfen sollten. Nachstehend folgen
einige Überlegungen dazu, wie die Schüler auf verschiedene Anordnungen
reagieren und welchen Einfluss sie auf das Lernen haben könnten. Die Beispiele
beziehen sich auf die gängigste Ausstattung von Klassenzimmern – nämlich
auf Stühle und Tische.

Die Tische hintereinander in Reihen

Das ist wohl die traditionellste Anordnung eines Klassenzimmers – sowohl aus
der Sicht des Lehrers als auch der Schüler. Diese Anordnung ist die sicherste
Option für Lehrer, die mit Verhaltensproblemen in ihren Klassen zu tun haben.

Vorteile:

Alle Schüler schauen nach vorne. Deshalb ist es für den Lehrer relativ einfach, Schwätzereien oder kleinere Vorfälle zu bemerken. Alle Schüler können auf die Tafel oder Ihre Demonstrationen blicken. Unterrichtsmaterialien oder Bücher können leicht nach hinten weitergereicht werden. Diese Anordnung vereinfacht auch das Aufzeichnen einer Sitzordnung.

Nachteile:

Stehen die Tische hintereinander, lassen sich Gruppenarbeiten weniger einfach durchführen, auch wird es für die Schüler schwieriger, auf Beiträge von Mitschülern einzugehen. Zudem besteht die Möglichkeit, dass der Lehrer die Schüler auf den hinteren Plätzen übersieht. Des Weiteren begünstigt diese Anordnung den Frontalunterricht, bei dem hauptsächlich der Lehrer redet oder an die Tafel schreibt. Bewegt sich der Lehrer durch die Klasse, kann er sich jeweils nur um zwei Schüler kümmern. Diese Sitzordnung eignet sich dennoch auf Grund der genannten Vorteile für Klassen mit verhaltensauffälligen Schülern. Einzelne Tische für schwierige Schüler kann man zum Beispiel von den anderen leicht abgerückt stellen.

Tipp: Auffällige Schüler sollten vorne sitzen, damit sie nicht so leicht abgelenkt werden!

Hufeisen oder Halbkreise

Diese Anordnung begünstigt die Kommunikation miteinander und damit den schülerzentrierteren Unterricht.

 Vorteile:

Die Schüler hören die Beiträge ihrer Kameraden besser und können sich besser aufeinander beziehen. Gleichzeitig haben alle den Lehrer und die Tafel im Blick. Das Umstellen der Tische für die Gruppenarbeit (siehe unten) geht schneller.

 Nachteile:

Bei großen Klassen wird es problematisch, hier muss man ggf. zwei Halbkreise oder Hufeisen ineinanderstellen. Bei Hufeisen kann es an den Ecken schnell zu ungewünschten Schülergesprächen kommen, insofern eignet sich der Halbkreis noch besser.

Die Tische in Gruppen

Diese Anordnung eignet sich für Projekt- und Gruppenarbeiten. Für Lehrer mit schwierigen Klassen kann diese Anordnung aber Anlass zu Problemen werden. Denn es ist nicht mehr so einfach, die Klasse unter Kontrolle zu halten.

 ## Vorteile:

Gruppenarbeiten lassen sich problemloser durchführen. Der Lehrer kann sich an eine ganze Gruppe wenden. Möglicherweise kann er sich während des Unterrichts freier im Zimmer bewegen.

 ## Nachteile:

Wenn der Lehrer nicht in alle Gesichter schauen kann, fällt es den Schülern leichter, unbemerkt zu schwätzen oder etwas „auszuhecken". Für die Schüler wird es schwieriger, auf die Tafel zu blicken.

Tipp: Vorsicht, Schwätzerfalle: Achten Sie darauf, dass kein Schüler mit dem Rücken zur Tafel sitzt!

Die verschiedenen Räume

Abhängig von der Altersstufe der Schüler und von ihrer Fächerkombination, können Lehrer in sehr unterschiedlichen Räumen arbeiten. Schüler der Grund- oder unteren Sekundarstufe haben oft ein Klassenzimmer. In der höheren Sekundarstufe wird dagegen häufig der Raum gewechselt.

Jeder Raum in der Schule hat in Bezug auf das Verhalten der Schüler seine Vor- und Nachteile. Wenn wir die Kontrolle über das Schülerverhalten maximieren wollen, müssen wir auch die positiven und negativen Aspekte der Räume berücksichtigen. Die nachstehenden Überlegungen können dabei helfen, diese Eigenschaften zu erkennen und die Vorteile der Räume auszunutzen, um die Schwierigkeiten auf ein Minimum zu reduzieren.

Das Klassenzimmer

Wenn wir mit Verhaltensproblemen zu tun haben, bietet ein Klassenzimmer natürlich viele Vorteile. Das gewohnte Arrangement von Tischen und Stühlen (dazu die Aufteilung in Bereiche in der Grundschule) macht bereits eine gewisse Kontrolle und Routine möglich.

Andererseits aber sind die Schüler auf ihren Plätzen **körperlich eingeschränkt** und suchen nach Möglichkeiten, ihre Energie loszuwerden: Das gilt insbesondere dann, wenn sie von Natur aus unruhig oder kinästhetisch veranlagt sind oder wenn es ihnen an Konzentrationsfähigkeit und Selbstdisziplin mangelt. Manche Schüler schaukeln und rücken mit ihren Stühlen, andere stören durch übermäßige Geräuschentwicklung oder werfen Dinge durch den Raum. Schüler, denen es schwerfällt, ruhig zu sitzen, stehen auf und laufen im Klassenzimmer herum. Ein Raum kann auch sehr beengend wirken, wenn er klein ist und sich viele Tische und Stühle darin befinden.

 Die Vorteile maximieren:

Machen Sie es zu einer Priorität, dass die Schüler auf ihren Plätzen bleiben, besonders wenn es Schwierigkeiten mit dem Verhalten gibt. Bringen Sie ihnen bei, sich zu melden und zu warten, wenn sie Hilfe brauchen. Gehen Sie dann zu den Schülern in der Reihenfolge, in der sie sich gemeldet haben. Bestehen Sie darauf, dass die Schüler erst um Erlaubnis bitten, wenn sie ihren Platz verlassen wollen.

Sagen Sie ihren Schülern, wie sie sich hinsetzen sollen (auf einen Stuhl oder auf den Boden). Überlegen Sie sich die richtige Anordnung der Tische gut (siehe vorheriger Abschnitt). Die Anordnung in Reihen ist sicher die bewährteste Methode bei schwierigen Klassen. Wenden Sie sich an die ganze Klasse, lassen Sie Ihren Blick durchs Zimmer schweifen. Achten Sie darauf, dass alle Blicke auf Sie gerichtet und alle Schüler aufmerksam sind.

 Die Nachteile minimieren:

Wenn Sie einen sehr unruhigen Schüler unterrichten, dann können Sie ihm als Ziel, ggf. mit einem Anreiz, dieses zu erreichen, vorgeben, auf seinem Platz sitzen zu bleiben. Schaffen Sie andere Möglichkeiten zum **Abbau überschüssiger Energie**. Verteilen Sie zum Beispiel Pfeifenreiniger, die sich in verschiedene Formen biegen lassen. Achten Sie auch darauf, dass Ihre Stunden ausreichend Gelegenheit zu aktiver, praktischer Arbeit und auch zu Bewegung bieten.

> **Tipp:** Bewegung baut überschüssige Energie ab und vermindert so Unruhe!

Sie können eine kurze **„Bewegungszeit"** einführen, bei der die Schüler zum Beispiel ihre Materialien holen können. Vereinbaren Sie ein Zeichen, etwa in die Hände klatschen, woraufhin die Schüler wieder auf ihren Platz zurückgehen sollen. Wenn Sie eine „Bewegungszeit" bei einer schwierigen Klasse einführen, dann lassen Sie besser nur jeweils ein oder zwei Gruppen herumgehen. Bei einer sehr langen Unterrichtszeit sollten Sie mehrere Pausen machen.

Sie können auch durch Bewegungsspiele u.Ä. Möglichkeiten schaffen, Energie loszuwerden.

> **Medientipp:**
>
> Zahlreiche Beispiele, wie das gehen kann, finden Sie zum Beispiel hier:
>
> Wittschier, Karola und Michael:
> **Grammatik mit Bewegung.**
> **30 Grammatik-Spiele zum besseren Lernen.**
> Verlag an der Ruhr, 2003.
> ISBN 978-3-8607-2768-3

Räume für die naturwissenschaftlichen Fächer

Physik-, Chemie- oder Biologieräume sind für Schüler sehr spannende Orte. Meistens sind die Bänke und Stühle in diesen Räumen fixiert und mit Blickrichtung nach vorne. Die Schüler können also keine Störungen durch das Herumrücken von Mobiliar verursachen. Da die Blickrichtung nach vorne gerichtet ist, kann der Lehrer auf einfache Weise der ganzen Klasse Experimente vorführen.

Andererseits gibt es in Physik- und Chemiesälen viele **Gefahrenquellen**. Die Sicherheit sollte natürlich höchste Priorität haben.

 ### Die Vorteile maximieren:

Scheuen Sie die praktischen Übungen nicht, wenn Sie in einem Labor unterrichten. Genau diese Art von Unterricht finden die Schüler abwechslungsreich und interessant. Nur durch Erfahrung können sie lernen, wie man Experimente sicher und vernünftig durchführt. Es ist gut möglich, dass Sie einige anstrengende Stunden überstehen müssen, bevor Ihre Schüler mit den Ein- und Vorrichtungen gut umgehen können. Achten Sie darauf, dass die ganze Klasse Ihnen zusieht und konzentriert bei der Sache ist, bevor Sie mit dem Unterricht beginnen. Sie können die Klasse damit belohnen, selbst ein Experiment durchführen zu dürfen. Dafür aber müssen die Schüler zuvor in voller Aufmerksamkeit den Unterricht verfolgen, damit sie genau wissen, was zu tun ist.

Die Nachteile minimieren:

Führen Sie Ihre Schüler nicht in Versuchung! Verschließen Sie Chemikalien und Geräte in Schränken, oder bewahren Sie sie in anderen Räumen auf. Stellen Sie von Anfang an klar, dass Sie es nicht dulden werden, wenn Schüler mit Wasserschläuchen oder Bunsenbrennern Blödsinn treiben. Wer es trotzdem macht, wird entsprechend bestraft. Es wäre sicher sinnvoll, gleich in der ersten Unterrichtsstunde ausführlich auf die Sicherheit im Labor einzugehen. Sie können die Schüler mit Postern an der Wand immer wieder an die wichtigsten Regeln erinnern.

Wichtig: Sicherheit geht vor!

„Große" Räume

Großzügige Räume, wie Theatersäle, Turnhallen oder Aulen, können eine wunderbare Umgebung fürs Lernen sein. Ihre Schüler genießen in einem offenen Raum **mehr Bewegungsfreiheit**, sie sind weniger eingeschränkt und ruhiger. Unterricht in solchen Räumen macht den Schülern meist Freude: Die Stunden bringen zwangsläufig mehr Abwechslung mit sich als andere, vor allem auch methodisch.

Natürlich kann der Anblick eines so großen Raumes die Schüler dazu verleiten, diesen auch zu nutzen. Dann kann es schwierig werden, die Klasse an der richtigen Stelle „einzusammeln" und zur Ruhe zu bringen. Während der Stunden kann ein hoher **Geräuschpegel** aufkommen, sodass es dem Lehrer schwerfällt, die Aufmerksamkeit der Schüler wiederherzustellen. Will der Lehrer doch schriftliche Aufgaben machen lassen, dann wird es unter Umständen schwierig, die notwendigen Tische, Stühle und Materialien herbeizuschaffen. Die Schüler ihrerseits ärgern sich über schriftliche Arbeiten in solchen Fächern, weil Schriftliches ihrer Meinung nach nicht hierher gehört.

 ## Die Vorteile maximieren:

Verdeutlichen Sie der Klasse gleich beim ersten Mal in einem solchen Raum, dass der Unterricht zwar unterhaltsam und interessant wird, dass Sie aber zugleich von den Schülern ein **hohes Maß an Disziplin** erwarten. Wenn die Schüler in diesem Raum unterrichtet werden möchten, müssen sie mit Ihnen „kooperieren".

 ## Die Nachteile minimieren:

Sagen Sie von Anfang an klar und deutlich, welches Verhalten Sie von den Schülern erwarten. Sie könnten ihnen noch vor dem Betreten erklären, dass sie sich nach dem Eintreten umgehend **auf den Boden setzen** sollen, damit Sie mit dem Unterricht beginnen können. Wenn sie diese Anweisung nicht befolgen, dann holen Sie die Klasse wieder nach draußen und lassen Sie sie erneut antreten. Überlegen Sie sich eine gute Möglichkeit, wie Sie in den „offenen" Räumen die Schüler aufmerksam machen können, zum Beispiel durch eine der in Teil 1, Kapitel 3 beschriebenen Ruheanweisungen (siehe „Warten auf Ruhe").

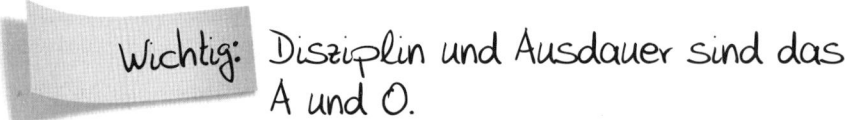

Wichtig: Disziplin und Ausdauer sind das A und O.

Es gibt mehrere Möglichkeiten, schriftliche Arbeiten machen zu lassen, falls dazu nicht die Einrichtung zur Verfügung steht. Sie könnten das Schriftliche als **Hausaufgabe** geben; nur wenn die Hausaufgabe vollständig ist, bekommen die Schüler wieder eine „praktische" Stunde. Sie können aber auch die Stunde in einen „praktischen" und einen „theoretischen" Teil gliedern. Wenn sich im Raum weder Tische noch Stühle befinden, können sich die Schüler auf den Boden setzen und auf **Klemmbrettern** schreiben. Sie können aber auch in ein leeres Klassenzimmer gehen.

Unterricht im Freien

Ebenso wie große Räume, vermittelt Unterricht im Freien Ihren Schülern ein Gefühl von Freiheit. Sie sehen darin etwas Außergewöhnliches und die Möglichkeit, dem Schulgebäude zu entkommen und die nähere Umgebung zu erkunden. Selbst wenn Sie ein typisches Lernfach unterrichten, sollten Sie nach Gelegenheiten suchen, hin und wieder Stunden im Freien abzuhalten – und sei es nur einmal eine Fantasiereise oder ein Rollenspiel, das Sie dort stattfinden lassen können. Solche Stunden eignen sich auch hervorragend als Belohnung oder als Abwechslung nach einer besonders intensiven Arbeitsphase.

Die Vor- und Nachteile gleichen denen beim Unterrichten in großen Räumen. Denken Sie daran, den Schülern die **Verhaltensregeln** zu erklären, bevor es nach draußen geht. Wenn Sie das versäumen, kann es sehr schwer werden, die nötige Aufmerksamkeit der Schüler (wieder) zu gewinnen. Vereinbaren Sie mit der Klasse ein **Signal**, woraufhin Stille herrschen sollte.

Problematische Räumlichkeiten

Oft müssen Lehrer mit unzulänglichen Räumlichkeiten zurechtkommen – Räume, in denen Unterrichten so schwerfällt, dass davon auch das Verhalten der Schüler betroffen ist. Vielleicht unterrichten Sie in einem alten, vernachlässigten Schulgebäude, wo in den Klassenzimmern der Putz von den Wänden blättert. Sie können es mit einer Turnhalle zu tun bekommen, die in zwei Räume aufgeteilt wurde und in der Sie nur durch eine dünne Wand von einer anderen Klasse abgetrennt sind. Ihr Klassenzimmer hat womöglich eine breite Fensterwand, durch die im Winter Kälte hereindringt – im Sommer wird es dafür brütend heiß.

Ihnen bleibt in einem solchen Fall nichts anderes übrig, als die Probleme so weit wie möglich zu minimieren, damit es die Schüler möglichst angenehm haben. Nachstehend einige Überlegungen und Vorschläge.

Geräusche

Denken Sie über Möglichkeiten nach, den Geräuschpegel während des Unterrichts so weit wie möglich zu minimieren. Unterrichten Sie mit normaler, kontrollierter Stimme, damit die Schüler leise sein müssen, um Sie zu hören. Vereinbaren Sie ein Stillesignal, um die Klasse wieder aufmerksam zu machen. Sie könnten zum Beispiel eine Hand heben.

Fordern Sie die Schüler dazu auf, ihre eigene Geräuschentwicklung unter Kontrolle zu halten. Denken Sie sich zusammen mit der Klasse ein „Lärmometer" aus, womit die Schüler zum Beispiel bei Diskussionen selbst feststellen können, wann es zu laut wird.

Tipp: Visualisieren Sie den Geräusch-pegel mit einer „Lärmampel": Mit dem bekannten System der Verkehrs-ampel Grün-Gelb-Rot wird den Schülern vermittelt, ob und in welcher Stärke der erträgliche Lärmpegel überschritten wird.

Medientipp:

www.timetex.de

Zur Stressvermeidung könnten Sie die Stunde in eindeutige Stillezeiten und solche, in denen man sich austauschen kann, unterteilen. Zum Beispiel könnte auf eine Gruppenarbeit eine Phase der Ruhe folgen: Die einzelnen Gruppen präsentieren Ergebnisse, während der Rest der Klasse still zuhört. Sie können auch **Stillerituale** und **„Auszeiten"** für Lärm einführen, in denen die Klasse etwa fünf Minuten in völliger Stille arbeiten muss. Das ist dann für alle eine erholsame Lärmpause.

Temperatur

Die Mindest- und Höchsttemperatur für Klassenräume sind in der Arbeitsstättenverordnung des Bundes und in den Arbeitsstättenrichtlinien der Länder geregelt. Wenn Sie glauben, dass die Temperaturen in Ihrem Klassenzimmer von diesen Regelungen abweichen, dann überprüfen Sie das. Schließlich wurden die Gesundheits- und Sicherheitsbestimmungen ja dafür gemacht, um ein

gewisses Wohlbefinden zu garantie-
ren. Sprechen Sie mit der Schulleitung und der Stadt, wenn Sie mit
dem Problem eines überhitzten oder
unterkühlten Raumes zu tun haben.

Wenn die Sonne Ihr Klassenzimmer
aufheizt, dann bestehen Sie darauf,
dass ein effektiver Sonnenschutz
angebracht wird. In einem heißen
Raum kommt schnell schlechte Stimmung auf. Weisen Sie Ihre Schüler
noch einmal ausdrücklich auf eine
den Temperaturen im Raum angemessene Kleidung hin.

Platzmangel

Überdenken Sie die **Anordnung des Mobiliars** des Klassenzimmers, und testen Sie verschiedene Möglichkeiten aus – am besten, bevor die Schüler zu Beginn des Schuljahres in den Unterricht kommen. Vielleicht ist es besser, die Tische in Gruppen anstatt in Reihen anzuordnen – das kostet weniger Platz. Lassen Sie sich ruhig auch mal etwas Außergewöhnliches einfallen – möglicherweise ist es sinnvoll, die ganze Anordnung „auf den Kopf zu stellen", sodass die Tische nach unterschiedlichen Richtungen schauen. Wenn Sie viele Materialien verstauen müssen und dazu wenig Platz zur Verfügung haben, dann lassen Sie an den Wänden **Regalbretter** anbringen, damit kein Raum verschwendet wird. Entledigen Sie sich aller überflüssiger Dinge, die nicht unbedingt im Klassenzimmer sein müssen. Suchen Sie nach Ausweichmöglichkeiten, um mit Ihren Schülern vernünftig arbeiten zu können! Gehen Sie mit ihnen auf den Schulhof, in die Aula, in die Bibliothek oder in den Computerraum.

2. Die Schule

Das schulische Ambiente und Verhalten

Es gibt vielfältige Gründe für Verhaltensprobleme bei Schülern. Und manche Gründe haben gar nichts mit den Fähigkeiten eines einzelnen Lehrers zu tun. Jede Schule hat ihr eigenes Klima – in einem Fall fördert es gutes Verhalten, in einem anderen Fall wird schlechtem Verhalten nicht effektiv etwas entgegengestellt. Wenn Sie an einer Schule mit einem strengen, positiven Ethos arbeiten, werden Ihnen vielleicht die Faktoren, die zu gutem Verhalten im Klassenzimmer beitragen, gar nicht bewusst. Arbeiten Sie aber an einer Schule, in der das Verhalten zu einem Problem geworden ist, werden Sie vielleicht die Schuld dafür weitgehend bei sich selbst und bei Ihrem Unterrichtsstil suchen. Doch andere Faktoren können – zumindest teilweise – eine gewichtige Rolle spielen.

Sind Sie sich all der Faktoren bewusst, die das Verhalten beeinflussen, dann werden Sie wahrscheinlich weniger in Stress oder in die Defensive geraten, wenn Ihre Schüler Schwierigkeiten machen. Sie können versuchen, in zwei Richtungen zu agieren: Einerseits die **negativen Einflüsse minimieren**, andererseits die **Situation an der Schule verbessern**.

Die Schulgebäude

Unsere Umgebung kann einen starken Einfluss auf unsere Stimmung und unser Verhalten ausüben. Wenn Ihre Schule heruntergekommen und schlecht ausgestattet ist, kann dadurch das Verhalten Ihrer Schüler negativ beeinflusst werden. In einer solchen Umgebung können die Schüler sich selbst wertlos vorkommen und deprimiert sein. Wenn die Schüler den Eindruck gewinnen, dass sich niemand um das Schulgebäude kümmert, dann kann das zu vermehrtem Vandalismus und allgemein zu einem sehr nachlässigen Umgang mit den Einrichtungen führen.

In einer solchen Lage sollten Sie dem entgegenwirken, indem Sie das Klassenzimmer zu einer Art **Zufluchtsort** für Ihre Schüler machen und es besonders liebevoll gestalten, idealerweise gemeinsam mit den Schülern (siehe dazu

auch Kapitel 1 dieses Teils). Warum sollte man nicht darüber hinaus mit einer Gruppe oder Klasse in Eigenregie einen Bereich der Schule „aufschönen"! Als Sportlehrer könnten Sie beispielsweise eine Malergruppe organisieren, die die Umkleideräume renoviert. Oder Sie könnten für den Naturkundeunterricht Schüler damit beauftragen, einen Schulgarten anzulegen und zu pflegen.

Schulethos

Der Begriff „Schulethos" ist nicht ganz leicht zu definieren. Er bezieht sich grundsätzlich auf die vorherrschende Kultur, auf die Art und Weise, wie die Schüler **Schule begreifen** und wie sie **sich verhalten und lernen**. Ist das Ethos an Ihrer Schule positiv, hat das weitreichende Auswirkungen auf das Verhalten in Ihrem Klassenzimmer. Herrscht zudem ein Ethos, das harte Arbeit und gutes Verhalten großschreibt, dann halten sich die Schüler wahrscheinlich weitgehend auch daran.

Hat sich aber erst einmal ein negatives Ethos durchgesetzt, kann das sehr weitgehende Folgen haben. Eine Kultur der Disziplinlosigkeit erreicht schnell auch die jüngsten Jahrgänge. Stellt das Verhalten der Älteren die Autorität in Frage, dann herrscht an der ganzen Schule ein entsprechendes Klima. Dieses zu verändern, ist dann harte und langwierige Arbeit, die die Kooperation des gesamten Kollegiums erfordert.

Sie selbst können, im kleinen (Klassen-) wie auch im größeren (Schul-)Rahmen, einige Schritte unternehmen, um das Ethos der Schule zu beeinflussen. Dabei sollten Sie sich so weit wie möglich mit dem Schulleiter und Kollegen koordinieren. Lehrer an Schulen mit einem „negativen" Ethos neigen zu Zynismus und Lustlosigkeit – genau wie die Schüler. Bewahren Sie Ihre **positive Einstellung**, auch wenn es noch so schwierig ist. Wenn es an Ihrer Schule kaum **Aktivitäten außerhalb des Unterrichts** gibt, könnten Sie zum Beispiel welche organisieren – eine Theater-AG, einen Leseclub o.Ä. Binden Sie die Schüler aktiv in die Organisation mit ein. Damit können Sie ihnen zeigen, dass Sie sich um sie kümmern, dass Sie an sie glauben und dass die Schule insgesamt Fortschritte macht.

Besprechen Sie mit den Kollegen, welche **Verhaltensgrundsätze** neuen Klassen vermittelt werden sollen, sodass das Klima wirklich „von der Pike auf" verändert werden kann.

 **Tipp:** Suchen Sie sich „Verbündete" im Kollegium, und arbeiten Sie zusammen!

Machen Sie Ihren Schülern und auch den Eltern klar, inwieweit sie mit in der **Verantwortung** stehen, was das Schulklima angeht. Erarbeiten Sie mit ihnen eine „Vision", was das Verhalten betrifft: In was für einer Schule möchten wir leben? Pflegen Sie eine **Feedbackkultur**, und animieren Sie, wo es möglich ist, zu **Kooperation** und **Teamarbeit**. Trainieren Sie **Mediation** mit den Schülern, binden Sie sie in die aktive Streitschlichtung mit ein.

Medientipp:

Eine genaue Vorstellung von Trainingsmodulen würde an dieser Stelle zu weit führen. Mittlerweile ein regelrechtes Standardwerk zum Thema Mediation ist das folgende Buch:

Faller, Kurt u.a.:
Konflikte selber lösen.
Trainingshandbuch für Mediation und
Konfliktmanagement in Schule und Jugendarbeit.
2., überarbeitete Auflage.
Verlag an der Ruhr, 2009.
ISBN 978-3-8346-0526-9

Pflegen Sie – auch über den Rahmen der Klasse hinaus – **Rituale** und **Gemein-schaftserlebnisse**. Sprechen Sie mit Ihrer Klasse über aufkommende Probleme.

Positives Schulethos

- ✓ positiv bleiben
- ✓ Schüler und Eltern in die Planung mit einbinden
- ✓ mit gleich gesinnten Kollegen zusammenarbeiten
- ✓ Schule durch Aktivitäten attraktiver machen
- ✓ Schulregeln/Verhaltensregeln in der Lehrerkonferenz gemeinsam überarbeiten
- ✓ Feedbackkultur pflegen

Die Leitung der Schule

Die Art und Weise, wie die Schule geführt wird, hat große Auswirkungen auf das Verhalten, das Sie in Ihrem Klassenzimmer erleben. Idealerweise erleben die Schüler eine **starke Schulleitung**, die das Kollegium entschlossen unterstützt und fördert. Es sollte der Eindruck vorherrschen, dass die Schulleitung die Lehrkräfte **wertschätzt** und ihnen bei ihrer Arbeit im Klassenzimmer den Rücken frei hält. Die Lehrer sollten das Gefühl haben, sich bei Problemen immer an die Schulleitung wenden zu können. Das gibt ein zusätzliches Gefühl der Sicherheit. Die Schüler sollten einen **klaren Zusammenhalt** zwischen der Schulleitung und den einzelnen Lehrern erkennen. Wenn es die Umstände erfordern, sollte es dem Lehrer möglich sein, die schwierigsten Schüler an die Schulleitung zu verweisen, die dann weitere Schritte überdenkt.

Wichtig: Eine gute und transparente Zusammenarbeit von Schulleitung und Kollegium!

Die zuvor für den Klassenbereich genannten Ratschläge können, in großem Rahmen berücksichtigt, das Klima an einer Schule maßgeblich prägen bzw. ändern. Idealerweise ziehen Schulleitung und Kollegen in dieser Hinsicht an einem Strang: Feedbackkultur, Miteinbeziehen von Eltern und Schülern (zum Beispiel bei der Erstellung der Schulregeln), klare Regeln für alle, Kooperation und Teamarbeit, Rituale und Gemeinschaftserlebnisse. Ist die Lage sehr verfahren, kann es der Schulleitung helfen, Externe mit einzubeziehen

Die Leitlinien der Schule/Das Schulgesetz

Wenn sie effektiv und gut durchdacht ist, kann die **Schulordnung** (von der Schulkonferenz, auch -forum, -vorstand oder -ausschuss genannt, verabschiedet, ggf. in Verbindung mit der Hausordnung und dem **Schulprogramm** und natürlich dem **Schulgesetz**) als **Verhaltenskodex** eine unschätzbare Hilfe bei aufkommenden Fragen im Klassenzimmer sein. Die einzelnen Schulen haben sehr unterschiedliche Verhaltensprobleme. Deshalb sollten die Leitlinien sehr eng an den Umständen der jeweiligen Schule ausgerichtet sein.

Nachstehend einige Hinweise für effektive Leitlinien.

* **Bei der Formulierung sollten Kollegium, Eltern und Schüler aktiv zusammenwirken:** Die Lehrer haben eine sehr klare Vorstellung davon, was an einer Schule falsch (oder richtig!) läuft. Im Lehrerzimmer wird oft über Verhaltensprobleme diskutiert. Nach meiner Erfahrung werden dabei Dinge angesprochen, die an allen Schulen sehr ähnlich sind. Idealerweise hört die Schulleitung genau zu, was die Lehrer zu sagen haben, und erarbeitet die Leitlinien für richtiges Verhalten zusammen mit dem Kollegium, ebenso wie mit Vertretern der Schüler- und Elternschaft. Diese wiederum können sich dann mit den Leitlinien identifizieren und sie konsequenter umsetzen.
* **Verbesserung durch Veränderung:** Ein guter Leitfaden für richtiges Verhalten wird ständigen Änderungen unterliegen – nicht nur, um ständig verbessert zu werden. Auch das Kollegium und die Schüler ändern sich ständig.

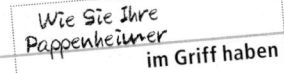

* **Konsequente Anwendung:** Über die Schulordnung hinaus ist es sinnvoll, sich mit dem Kollegium oder aber einzelnen Abteilungen bezüglich der Reihenfolge der Sanktionen abzustimmen und gemeinsam eine interne **Eskalationsleiter** festzulegen.

Das Kollegium einer Schule muss genau festlegen, welches Verhalten akzeptabel ist und welches nicht. Dadurch werden die **Grenzen** gezogen, innerhalb derer ein Lehrer arbeiten kann. Meist wird dafür eine Reihe von Regeln formuliert, sodass die Schüler (und ihre Eltern) genau wissen, was von ihnen erwartet wird. Die Regeln beziehen sich darauf, wie die Schüler lernen und mitarbeiten sollen, wie sie sich im Klassenzimmer und im Schulgebäude zu verhalten haben und wie sie sich untereinander und gegenüber den Lehrern sowie dem anderen Schulpersonal verhalten sollen. Hilfreich kann es sein, wenn in jedem Klassenzimmer diese Regeln an der Wand angebracht werden. Bei Sanktionen beispielsweise kann sich der Lehrer darauf berufen. Die Regeln sollten **kurz, deutlich und realistisch** sein. Die Formulierungen sollten **positive Aufforderungen, keine Verbote** ausdrücken.

Wichtig: Regeln immer positiv formulieren!

Ein gutes Regelwerk vereinfacht die Arbeit der Lehrer. Sie können sich darauf beziehen, wenn Sie eine Strafe aussprechen. Indem Sie verdeutlichen, dass Sie lediglich auf die Einhaltung der Schulordnung pochen, kann bei den Schülern nicht der Eindruck entstehen, einem **persönlichen „Angriff"** des Lehrers ausgesetzt zu sein. Manche Schulen aber machen den Lehrern ungewollt das Leben schwer, weil sie (teilweise zu kleinschrittige/zu viele) Regeln aufstellen, die zwangsläufig zu Konfrontationen führen. Manche Regeln können für Lehrer und Schüler äußerst engstirnig und kleinlich wirken. Wenn nun ein Lehrer in eine solche Situation kommt, dann liegt es an ihm, **wie eng oder großzügig** er die Regel auslegt. Beginnt der Lehrer allerdings abzuwägen, welche Regeln er anwendet und welche nicht, dann leidet darunter die Konsequenz der gesamten Verhaltensregeln der Schule. Sicher ist es besser, von vornherein darauf zu achten, dass alle Regeln vernünftig und sinnvoll sind und ggf. einen gewissen Spielraum lassen. Voraussetzung dafür ist die enge Zusammenarbeit der Schule mit den Lehrern (und ihren Schülern).

Sanktionen

Die Schulgesetze beinhalten Sanktionssysteme, bei denen die Bestrafungen **abgestuft und standardisiert** sind. Die harmloseste Sanktion kann dabei beispielsweise eine mündliche Ermahnung sein, gefolgt von einer schriftlichen Ermahnung (Tadel) und Nacharbeit unterschiedlicher Dauer (siehe dazu auch Teil 2, Kapitel 3). Außerdem kann ein Anruf bei den Eltern oder der Ausschluss von einer Unterrichtsstunde folgen.

Abgestufte Sanktionen bieten dem Lehrer eine gute Möglichkeit, die Kontrolle zu behalten. Denn für jeden „Fall" gibt es die einzuhaltende Form der Bestrafung. Durch die Abstufung können Konfrontationen vermieden werden, weil der Schüler viele Möglichkeiten hat, sich wieder zur Kooperation zu entscheiden.

Der Ausschluss vom Unterricht

Eine Ordnungsmaßnahme, die bei schwerem Fehlverhalten je nach Bundesland und Länge des Ausschlusses vom Schulleiter verhängt wird, ist der **Ausschluss vom Unterricht** – zum Beispiel, wenn ein Schüler gewalttätig wird oder der Lehrer einfach nicht mehr mit dem Unterricht fortfahren kann, wenn der „Übeltäter" im Klassenzimmer bleibt. Diese Strafe sollte nur einen letzten Ausweg darstellen, wenn das Verhalten eines Schülers völlig inakzeptabel ist oder sogar eine Gefahr für den Lehrer oder die Klasse besteht. Sie sollte aber nicht ausgesprochen werden, um besonders schwierige Schüler immer wieder vom Unterricht auszuschließen. Für einen kurzweiligen Ausschluss vom laufenden Unterricht muss es einen geeigneten Raum, beispielsweise einen **Trainingsraum**, geben (siehe S. 118), in dem der Schüler sich während des besagten Zeitraums aufhalten kann und in welchem er beaufsichtigt ist.

Kopfnoten

In vielen Bundesländern gibt es heute wieder Kopfnoten, mit deren Hilfe der Klassenlehrer in Kooperation mit den Fachlehrern Verhaltensprobleme schwarz auf weiß zu Papier bringen kann. Der pädagogische Wert von Kopfnoten sowie der durch sie entstehende Mehraufwand für Lehrer werden jedoch seit jeher heiß diskutiert.

Wo findet man Unterstützung

Wenn Lehrer Probleme mit dem Verhalten der Schüler haben, dann sind Unterstützungsangebote sehr wichtig – eine oder verschiedene Personen, denen sich ein Lehrer anvertrauen kann und die Ratschläge in scheinbar verfahrenen Situationen geben können. Vom Berufsbild her ist der Lehrer ein Einzelkämpfer. Nur zu leicht kann da die Fantasie mit einem durchgehen, und man will glauben, dass in den Klassenzimmern der anderen Lehrer ein perfektes Verhalten herrscht. Und dann liegt der Trugschluss nahe, dass man der Einzige ist, der mit seinen Rabauken nicht klarkommt. Schlechtes Verhalten in der

Klasse kann dazu führen, dass sich ein Lehrer depressiv und alleingelassen fühlt. Wenn Sie jedoch Kontakt suchen und sich über die Schüler und die Probleme austauschen, werden Sie sehen, dass Sie von den gegenseitigen Erfahrungen nur profitieren können.

Suchen Sie, je nach den Umständen, den Austausch mit **Klassen- und Beratungslehrern**, anderen **Kollegen**, der **Schulleitung, Fachpersonal** (Schulpsychologen, Förderpersonal etc.), ggf. auch den **Eltern**: Viele Eltern sind von sich aus bereit, die Arbeit der Lehrer ihrer Kinder zu unterstützen. Allerdings haben sie selten eine konkrete Vorstellung davon, was sie tun können. Wenn ein Schüler Probleme durch sein Verhalten bereitet, dann nehmen Sie mit seinen Eltern Kontakt auf, um die Situation zu besprechen. Oft wissen diese gar nicht genau, was ihr Sprössling in der Schule so alles treibt (ganz nebenbei: Wie viele Schüler kommen schon nach Hause und gestehen, was sie heute in der Schule angestellt haben?). Das ist besonders der Fall nach der Grundschule, wenn der Kontakt zwischen der Schule und dem Elternhaus nicht mehr so intensiv ist.

Auch die **Gewerkschaft Erziehung und Wissenschaft (GEW)** oder der **Verband Bildung und Erziehung (VBE)** kann Sie bei besonders schwer wiegenden Verhaltensproblemen oder auch Problemen mit Kollegen oder

Schulleitung unterstützen. In **rechtlichen Fragen**, beispielsweise der Gesundheit und Sicherheit (den Arbeitsplatz und auch die Arbeit mit den Schülern betreffend) können Sie sich dort Rat holen. Ebenso, falls ein Schüler gegen Sie eine Anzeige (heutzutage scheinbar ein zunehmendes Problem) erstattet o.Ä. Auch **Psychologen** stehen Ihnen hier zur Seite.

Medientipp:

www.gew.de

www.vbe.de

Medientipp:

Wie Lehrer von Anfang an die Eltern und Schüler mit einbeziehen, wird hier anhand konkreter Beispiele und zahlreichen Übungen für Lehrer und Eltern gezeigt:

Eichhorn, Christoph:
Classroom-Management: Wie Lehrer, Eltern und Schüler guten Unterricht gestalten.
Klett-Cotta, 2009.
ISBN 978-3608945348

3. Das Thema Verhalten in der Grundschule

Der Grundschullehrer und Verhalten

Die Tipps und Vorschläge in diesem Kapitel sind speziell für Grundschullehrer gedacht: Wie startet man mit Schulanfängern in den Unterricht, wie hält man eine Klasse unter Kontrolle, und welche Hilfestellung kann man beim Übergang in die Sekundarstufe leisten?

Einiges wurde in Teil 3 schon kurz angerissen, soll jedoch hier noch einmal ausgeführt werden.

Die Jüngsten können die Schule als einen verwirrenden, vielleicht zunächst sogar beängstigenden Ort empfinden. Ihnen gehen zahlreiche Fragen im Kopf herum: Wie wird das Gebäude sein? Wie die Mitschüler? Wie die Lehrer? Wie muss ich mich benehmen? Wie sieht eigentlich Unterricht aus? ... Aus dem großen Schritt in die Schule resultiert bei vielen sicherlich eine große

Unsicherheit. Das sollten wir immer bedenken, wenn wir es mit Fehlverhalten zu tun bekommen. In diesem Stadium werden Verhaltensmuster herausgebildet, die sich unter Umständen durch die gesamte Schullaufbahn ziehen werden. Natürlich wollen wir als Lehrer ein positives Beispiel für gutes Verhalten geben. Deshalb sollten wir so weit wie irgend möglich Druck vermeiden und nach positiven Mitteln und Wegen suchen.

Für Kinder mit einem schwierigen familiären Hintergrund ist vielleicht der Grundschullehrer der erste Erwachsene, an dem sie „korrektes" Verhalten beobachten können. Ein Kind, dem zu Hause nie richtiges Verhalten beigebracht wurde, braucht ganz einfach eine gewisse Zeit, sich den Ansprüchen der schulischen Umgebung anzupassen. Ähnliches gilt ja auch für Kinder, denen der Umgang mit Büchern fremd ist; sie können beim Lesen und Schreiben einfach eine längere Anlaufzeit benötigen. Die Schlüsselrolle eines Grundschullehrers besteht darin, in seinen Schülern **das Verständnis für richtiges Verhalten zu wecken** und zu vermitteln, warum es so wichtig ist.

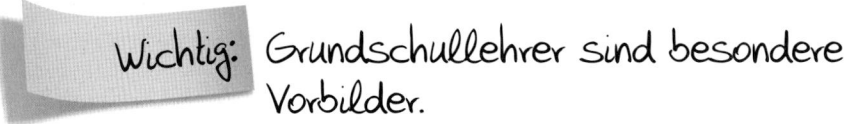

Wichtig: Grundschullehrer sind besondere Vorbilder.

Den Anfang machen

Die ersten Tage und Wochen mit einer Klasse sind entscheidend für das ganze Schuljahr. Denn in dieser Zeit werden sowohl **Verhaltensformen** als auch die ersten wichtigen **Lernstrategien** eingeführt und eingeübt. Außerdem entwickelt sich Ihr Verhältnis zu den Schülern, und es wird schwierig werden, daran später noch maßgeblich zu rütteln.

Nachstehend finden Sie einige nützliche für Tipps für den Start mit einer neuen Klasse.

Informieren Sie sich

Informieren Sie sich vor Beginn des neuen Schuljahres über die neue Klasse. Auf diese Weise können Sie Ihren Unterricht wesentlich zielgerichteter planen und auf die Bedürfnisse und Interessen Ihrer Schüler ausrichten. Sie haben zahlreiche Möglichkeiten, sich wichtige Informationen zu beschaffen:

* **Sprechen Sie mit Ihren Kollegen:** Wenn es möglich ist (von den Schulanfängern einmal abgesehen), **holen Sie sich von Ihren Kollegen vor Beginn des Schuljahres Hinweise auf besondere Verhaltensprobleme und die Zusammensetzung der Klasse.** Vermeiden Sie es jedoch, daraus Vorurteile abzuleiten. Sie haben immer die Chance, das Verhältnis zu einem Schüler völlig neu zu definieren.
* **Achten Sie auf besonderen Förderbedarf bzw. Lernschwierigkeiten:** Sprechen Sie, falls vorhanden, mit den **Förderlehrern oder Sonderpädagogen** Ihrer Schule oder mit dem **Schulpsychologen.** Finden Sie heraus, ob es in der Klasse Schüler mit Lern- bzw. Verhaltensproblemen oder Behinderungen gibt. Beschaffen Sie sich Berichte, individuelle Lernpläne oder anderes schriftliches Material über Ihre Schüler, zum Beispiel die Schülerakte, in welche Sie Einsicht nehmen dürfen. So gewinnen Sie schon einmal einen Überblick über das, was Sie erwartet.
* **Lernen Sie die Namen:** Je schneller Sie die Namen Ihrer Schüler lernen, desto besser können Sie das Verhalten steuern (siehe dazu auch S. 43).
* **Lernen Sie Ihre Schüler kennen:** Nehmen Sie sich die Zeit, jeden Ihrer Schüler erst besser kennenzulernen. Das ist sinnvoller, als sich gleich auf den Lehrplan zu stürzen. Sie können sie Steckbriefe anfertigen lassen und sich mit den Schülern in einen Kreis setzen, jeder erzählt dann von sich und seinen Hobbys. Klären Sie die gegenseitigen **Erwartungen.**

Vor dem ersten Schultag

✓ Austausch mit Kollegen über neue Schüler/Klasse
✓ Informationen über Förderbedarf, evtl. familiäre Probleme etc. einholen
✓ Namen lernen, Zeit zum Kennenlernen nehmen

Den Anfang erleichtern

Ängsten und Unwohlsein Ihrer Schützlinge in der ersten Zeit können Sie mit einigen Bemühungen effektiv entgegenwirken.

* **Paten:** Stellen Sie Ihren Erstklässlern **Paten** aus höheren Klassen zur Seite, die sie in ihren ersten Wochen unterstützen können.
* **Sich kennenlernen:** Ein **gemeinsamer Nachmittag vor den Sommerferien** kann Ängste abbauen – und Ihnen einen ersten Eindruck von Ihren künftigen „Pappenheimern" verschaffen.
* **Klassenraum verschönern:** Je liebevoller **der Klassenraum gestaltet ist**, desto wohler werden sich Ihre Schüler darin fühlen. Sie können ihn vor Schuljahresbeginn schön dekorieren – oder gemeinsam mit den Kindern Hand anlegen.
* **Schulgebäude erkunden:** Mit einer **Rallye** o.Ä. können die Schüler ihr Gebäude erkunden.

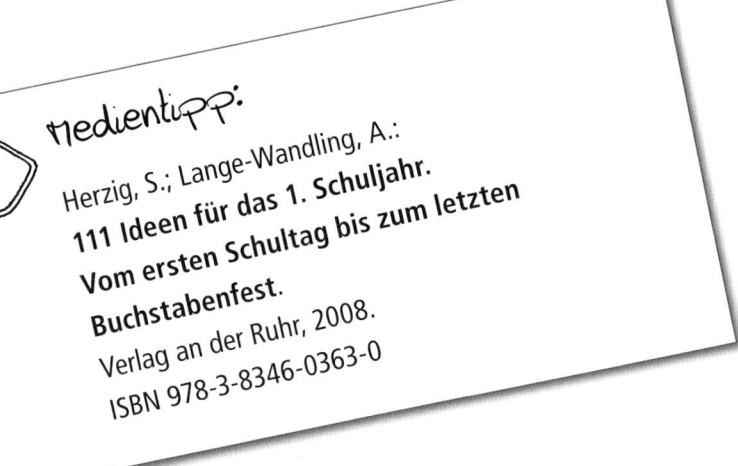

Medientipp:

Herzig, S.; Lange-Wandling, A.:
111 Ideen für das 1. Schuljahr.
Vom ersten Schultag bis zum letzten
Buchstabenfest.
Verlag an der Ruhr, 2008.
ISBN 978-3-8346-0363-0

Das Verhalten im Klassenzimmer einüben

In den ersten Grundschuljahren haben die Schüler natürlich noch kaum Klassenzimmererfahrung. Aber auch am Ende der Grundschule und zu Beginn der Sekundarstufe fällt es den Schülern oft noch schwer, gewisse Verhaltensregeln zu befolgen, die eigentlich selbstverständlich scheinen, zum Beispiel still zu sitzen, sich zu melden, bevor man eine Antwort gibt, sich auf eine Aufgabe zu konzentrieren usw. Diese Fähigkeiten und Verhaltensweisen können **eingeübt werden** – und die Grundschule ist dafür der beste Ort, besonders zu Beginn des Schuljahres. Zu den Verhaltensregeln, die Sie mit Ihren Schülern einüben sollten, gehören:

- **Still sitzen:** Zeigen Sie den Schülern, wie sie richtig auf dem Stuhl oder auf dem Boden sitzen. Hier geht es auch um gesundheitliche Aspekte. Weisen Sie, auch wenn es sich von selbst versteht, darauf hin, dass man nicht mit dem Stuhl schaukeln soll; außerdem soll man sitzen bleiben, bis der Lehrer die Erlaubnis zum Aufstehen gibt. Wenn Sie solche Regeln einmal verbindlich erläutert haben, können Sie später darauf verweisen.

Medientipp:

zum richtigen Sitzen:
www.sichere-schule-nrw.de/informatik/_docs/checkliste-richtig_sitzen.pdf

- **Zuhören:** Sie wollen erreichen, dass die Schüler ruhig sind und Ihnen aufmerksam zuhören. Der Beginn des Schuljahres ist der beste Zeitpunkt, das richtige Verhalten beim Zuhören einzuüben. Verdeutlichen Sie, wie wichtig gutes Zuhören ist, führen Sie ein diesbezügliches Training und regelmäßige Stilleübungen durch. Hörbücher, CDs, beispielsweise mit Tiergeräuschen, u.Ä. eignen sich dafür hervorragend.

Medientipp:

Informationen dazu finden Sie beispielsweise hier:
www.ganzohrsein.de

✖ Fragen und Antworten: Bringen Sie Ihren Schülern bei, richtig auf Fragen zu antworten: erst nachzudenken, sich dann zu melden und eine strukturierte Antwort zu geben, aktiv am Unterricht teilzunehmen usw. Bringen Sie ihnen auch bei, konstruktive und zielgerichtete Fragen zu stellen, und ermutigen Sie sie dazu. Um das richtige Verhalten einzuüben, können Sie bestimmte Formulierungen verwenden, zum Beispiel „Hand nach oben, wer mir sagen kann …"

Medientipp:

Lee Cecil, Nancy:
Mit guten Fragen lernt man besser.
Die besten Fragetechniken für den Unterricht.
Verlag an der Ruhr, 2008.
ISBN 978-3-8346-0382-1

✖ Lernen: Erklären Sie Ihren Schülern genau, wie sie eine Aufgabe angehen sollen. Sie können verschiedene Arbeitsweisen und Strategien mit ihnen durchgehen und zur Erinnerung eine Liste an die Wand hängen.

„Verhaltensregeln" für das
✓ Stillsitzen
✓ Zuhören
✓ Fragen und Antworten
✓ Lernen

„Trainieren" Sie richtiges Verhalten mit Ihren Schülern

Zu einem solche „Training" gehört natürlich, dass Sie Ihre Erwartungen klar-machen und der Klasse demonstrieren. Folgende Punkte können Sie mit Ihrer Klasse trainieren:

* **Die Morgenroutine:** Was sollen die Schüler als Erstes machen, wenn sie morgens in die Schule kommen? Legen sie ihre Bücher und Hefte auf den Tisch? Sitzen sie ruhig da, damit der Lehrer die Anwesenheitsliste durch-gehen kann? Sollen sie sich in einer Reihe vor der Türe aufstellen, bis der Lehrer sie ins Klassenzimmer lässt?
* **Auf Zeichen des Lehrers reagieren:** Im Idealfall reagiert eine Klasse schnell und routiniert auf die Zeichen des Lehrers und wird aufmerksam. Die Reaktionen der Schüler können zu einer Gewohnheit werden, was wiederum weniger Energieaufwand seitens des Lehrers bedeutet.
* **Der Umgang mit dem Unterrichtsmaterial:** „Trainieren" Sie mit Ihren Schülern das Einsammeln und Austeilen von Unterrichtsmaterial. Auf län-gere Sicht spart das viel Zeit und Mühe; zudem übernehmen die Schüler selbst Verantwortung für ihr Verhalten und für den Unterricht. Werden beispielsweise die Materialien in Schubfächern aufbewahrt, dann könnten die Schüler auf ein Zeichen hin gruppenweise zu den Schubfächern gehen, ihr Material holen und auf ihre Plätze zurückgehen. Sie können diese Auf-gabe spannender gestalten, wenn Sie daraus ein Spiel oder einen Wett-bewerb machen.
* **Ordnung im Klassenzimmer:** Auf ähnliche Weise können die Schüler ihr Unterrichtsmaterial wieder aufräumen. Zusätzlich sollten sie am Ende einer Stunde oder des Schultages das Klassenzimmer wieder in Ordnung bringen. Sie könnten damit abwechselnd ein „Team" beauftragen, das für Ordnung und Sauberkeit im Klassenzimmer verantwortlich ist.
* **Umstellen der Tische u.Ä.:** Das schnelle und lautlose Arrangieren der Tische für Gruppenarbeiten kann ebenso trainiert werden wie das Herstellen eines Stuhlkreises.

Die Kontrolle über eine Klasse

Behalten Sie auf ruhige und konsequente Weise die Kontrolle über Ihre Klasse. Das ist eine der wichtigsten Voraussetzungen für dauerhaft gutes Verhalten. Immer wird es einzelne Schüler geben, die Ihnen durch ihr Verhalten das Leben schwer machen. Aber im Allgemeinen sind es die kleinen Störungen, die einem Lehrer den meisten Stress verursachen. Und das passiert oft dann, wenn man eine Klasse nicht völlig unter Kontrolle hat. Die nachfolgenden Ratschläge beziehen sich auf eine Reihe von Aspekten der täglichen Arbeit im Klassenzimmer. Viele sinnvolle Verhaltensweisen können in den so wichtigen ersten Wochen eingeübt werden.

Wie gelingt es, dass die Schüler aufpassen?

In der Grundschule, besonders in den ersten Klassen, ist es sehr wichtig, nach Arbeitsphasen auf effektive Weise die **Aufmerksamkeit** der Schüler zurückzugewinnen. Vielleicht sind sie gerade in ihre Arbeit vertieft oder mit einer eher geräuschvollen Tätigkeit beschäftigt. Sie müssen also einen Weg finden, ihre Aufmerksamkeit schnell und einfach zu erhalten, um eine ruhige und positive Atmosphäre beizubehalten. Dabei können bestimmte Signale sehr sinnvoll sein. Einige allgemeine Tipps zum Warten auf Ruhe, beispielsweise zum Stundenbeginn, finden Sie ab S. 50. Nachstehend finden Sie einige Ideen, die Sie auf die Bedingungen in Ihrer Klasse übertragen können.

- **Nonverbale Signale:** Der Lehrer vereinbart mit den Schülern ein Signal, das „Alle aufpassen!" bedeutet. Das könnte zum Beispiel der **„leise Stuhl"** sein: Wenn sich der Lehrer auf einen bestimmten Stuhl setzt, dann soll sich die Klasse um ihn herum auf dem Boden versammeln. Oder der Lehrer hebt eine Hand: Die Schüler sollen dann sofort ihre Arbeit einstellen, leise sein und ebenfalls eine Hand heben.

- **Das Zeitlimit:** Mit dieser Methode übertragen Sie Verantwortung auf die Schüler. Bevor die Klasse mit einer Aufgabe beginnt, gibt der Lehrer eine **bestimmte Uhrzeit** an. Die Schüler müssen dann immer wieder einen Blick auf die Uhr (zum Beispiel eine gut sichtbare Sanduhr) werfen und zur vereinbarten Zeit völlig still sein. Danach kann der Lehrer etwa eine neue Arbeitsanweisung geben. Zur verabredeten Zeit wird es immer ein oder zwei aufmerksamere Schüler geben, die die anderen zu Ruhe auffordern.

- **Der Countdown:** Dabei zählt der Lehrer rückwärts, etwa „Drei, zwei, eins, STILL". Auf dieses Signal hin erstarren alle Schüler zu einer **„Salzsäule"**. Machen Sie aus diesem „Kommando" ein kleines Spiel: Die Schüler sollen versuchen, jedesmal schneller zu reagieren.

- **Geräuschsignal:** Der Lehrer spielt einige Töne aus einem Musikstück vor, er pfeift kurz oder erzeugt ein anderes markantes Geräusch. Das ist das **Zeichen** für die Schüler, mit ihren

Aufgaben aufzuhören und aufzupassen. Diejenigen, die am schnellsten reagieren, erhalten eine kleine Belohnung, um alle zu möglichst schneller Reaktion zu motivieren.

✱ **„Alle machen mit"**: Dies ist meiner Meinung nach eine der besten Möglichkeiten, um die Schüler besonders in den ersten Grundschuljahren zum Aufpassen zu bewegen. Der Lehrer beginnt, rhythmisch mit den Fingern zu schnalzen oder in die Hände zu klatschen, zum Beispiel zwei Mal lang, drei Mal kurz. Die Schüler sollen versuchen, diesen Rhythmus **nachzumachen** – und weil sie sich dabei konzentrieren müssen, hören sie auf zu reden. Der Lehrer verlangsamt dann den Rhythmus allmählich, bis alle im selben Augenblick aufhören. Dann ist die Klasse bereit zuzuhören.

Aufmerksamkeit trainieren
- ✓ nonverbale Signale
- ✓ Zeitlimits
- ✓ Countdown-Spiel
- ✓ Geräuschsignal
- ✓ rhythmisches Klatschen mit allen

Wie bleiben die Schüler aufmerksam und konzentriert?

Gerade die Jüngeren lassen sich sehr leicht ablenken. Eine witzige Ablenkung ist sogar eine gute Möglichkeit, sie von Fehlverhalten und Störungen abzuhalten – wenn zum Beispiel plötzlich eine Fingerpuppe auftaucht, um die kleine Anne von ihrem Trotzanfall zu „erlösen" … Insgesamt bedeutet es aber viel harte Arbeit für den Lehrer, Aufmerksamkeit und Konzentration seiner Schützlinge aufrechtzuerhalten. Das gilt besonders bei Erklärungen und sonstigen vom Lehrer geleiteten Aktivitäten. Überhaupt will man ja sichergehen, dass die Aufmerksamkeit über die ganze Stunde bestehen bleibt. Die folgenden Tipps können dabei sehr nützlich sein:

- **Augenkontakt:** Achten Sie darauf, dass alle Augen der Schüler auf Sie gerichtet sind. Wenn Sie bemerken, dass das bei einem Schüler nicht der Fall ist, halten Sie einen Augenblick inne. Er wird dann meist alleine schon deshalb aufmerksam, weil Sie zu sprechen aufgehört haben. Dann schaut er auf Sie und muss feststellen, dass Ihr Blick auf ihn gerichtet ist.
- **Wiederholen:** Wenn Sie etwas erklären, kann es durchaus passieren, dass Ihre Schüler Sie scheinbar aufmerksam ansehen und Ihnen zuhören. Doch tatsächlich dringen Ihre Worte nicht wirklich zu ihnen durch. Bitten Sie ruhig einen Schüler, der Ihrer Meinung nach nicht ganz bei der Sache war, noch einmal mit eigenen Worten das Gesagte zu wiederholen. Auf diese Weise können Sie auch Missverständnisse ausschließen, bevor es an die eigentliche Aufgabe geht.
- **Unterbrechungen:** Untergliedern Sie Ihre Stunden in kleinere Einheiten. Dadurch können Sie den Schülern helfen, sich auf die Aufgaben zu konzentrieren. Wenn Sie zwischen den einzelnen Übungen Pausen bzw. Rituale einlegen, können sich die Schüler ein wenig „dehnen und strecken". Das kann sowohl ein kleines „Hirntraining" sein als auch eine Körperübung.

Medientipp:

Feldmann, Jan:
155 Rituale und Phasenübergänge für einen strukturierten Grundschulalltag.
Verlag an der Ruhr, 2009.
ISBN 978-3-8346-0480-4

Arbeitsanweisungen geben

Für die Jüngeren kann es ziemlich schwierig sein, alles zu registrieren, was um sie herum vor sich geht. Für einen Grundschullehrer ist es deshalb besonders wichtig, **deutliche und klare Arbeitsanweisungen** zu geben – wenn er zum Beispiel erklärt, was während einer Stunde getan werden soll. Das klingt einfach, ist in Wirklichkeit jedoch eine Fähigkeit, die viel praktische Erfahrung voraussetzt.

Wenn ein Schüler Ihre Anweisungen **nicht richtig versteht**, können dadurch alle möglichen Störungen entstehen. Beispiel: Sie lassen die Klasse mit einer Aufgabe anfangen und müssen plötzlich hören, dass fünf Schüler nicht verstanden haben, was von ihnen eigentlich gerade erwartet wird. Dann müssen Sie einige Zeit des Unterrichts darauf verwenden, die ganze Aufgabe für ein paar Schüler noch mal zu erklären. Die Schüler aber, die sich nicht um Hilfe zu fragen trauen, können in einem Fehlverhalten Zuflucht suchen, um nicht zugeben zu müssen, dass sie etwas nicht verstanden haben. Solche Probleme ließen sich vermeiden, wenn die Arbeitsanweisungen von vornherein deutlich und klar wären. Wie Sie das bewerkstelligen können, dazu einige Hinweise:

* **Deutlichkeit:** Obwohl Ihre Anweisungen völlig klar zu sein scheinen, zeigen sich Ihre Schüler überraschenderweise verwirrt. Sie haben die Stunde genau vorausgeplant, doch die Praxis mit den Schülern kann ziemlich knifflig werden. Um sicherzugehen, sollten Sie die Einfachheit Ihrer Anweisungen ruhig etwas übertreiben, damit auch die schwächeren und unkonzentrierteren Schüler sie verstehen. Sprechen Sie langsam, und betonen Sie jedes wichtige Wort.
* **Veranschaulichung:** Viele Schüler verstehen das, was sie sehen, besser als das, was sie nur hören. Suchen Sie nach Möglichkeiten, Ihre Anweisungen zu veranschaulichen: Zeichnen Sie Skizzen an die Tafel, schreiben Sie die Schlüsselwörter an, verwenden Sie Anschauungsmaterial etc.
* **Beispiele:** Sprechen Sie ein Beispiel durch, damit die Klasse wirklich begreift, was zu tun ist. Mit einem Beispiel können die eher abstrakten Anweisungen an einem Fall konkretisiert werden. Gehen Sie die Beispiele am besten mit einem Freiwilligen durch. Einerseits wirkt das motivierend, andererseits können Sie feststellen, ob alles verstanden wurde.
* **Wortschatz:** Erwachsene verwenden untereinander Wörter, ohne weiter über deren Verständlichkeit nachzudenken. Bei jüngeren Schülern mit einem noch begrenzten Wortschatz sollte man jedoch darauf achten, dass jedes Wort auch wirklich verständlich ist. Formulieren Sie so klar und einfach wie möglich. Anstatt beispielsweise auf die „Zeichensetzung" hinzuweisen, können Sie sagen: „Passt auf, wo Punkte und Kommas hingehören!"

- **Reihenfolge und Zeitlimit:** Vermeiden Sie Durcheinander bei den Anweisungen. Machen Sie die Reihenfolge deutlich und weisen Sie darauf hin, wie viel Zeit für jeden Schritt oder für die ganze Aufgabe ausreichen sollte. Die Reihenfolge können Sie beispielsweise mit den Worten „Ich möchte, dass ihr zuerst …" festlegen. Das Zeitlimit können Sie zur Verdeutlichung auch noch an die Tafel schreiben.

- **Die „Dreier-Regel":** Für Grundschüler ist es noch schwierig, sich mehr als drei Anweisungen zu merken – das scheint das Maximum an Informationen zu sein, die sie auf einmal verarbeiten können. Beschränken Sie sich also auf die drei wichtigsten Punkte, die sich die Schüler merken sollen.

- **Wiederholungen:** Gewöhnen Sie sich daran, Ihre Anweisungen und Erklärungen immer wieder auf unterschiedliche Weise zu wiederholen. Fragen Sie einige Schüler, ob sie wiederholen können, was Sie gerade gesagt haben. So können Sie Verständnisprobleme aufdecken.

- **Förderlehrer:** Tauschen Sie sich über alle Aktivitäten mit den Förderlehrern aus, am besten vor dem Unterricht. Sie können Ihnen wertvolle Hinweise zu den einzelnen Schülern geben, die Verständnisprobleme haben.

Arbeitsanweisungen

✓ klar und deutlich formulieren
✓ Aufgaben veranschaulichen
✓ Beispiele geben
✓ Wortschatz beachten
✓ Reihenfolge und Zeitlimit festlegen
✓ Schüler wiederholen lassen
✓ Förderlehrer fragen
✓ ggf. Elterngespräch

Richtiges Verhalten kann Spaß machen

Es gibt viele Möglichkeiten, wie Sie Ihre Schüler zu gutem Verhalten „verleiten" können, ohne dass sie Ihre Absichten überhaupt bemerken. Wenn Sie es so hinbekommen, dass richtiges Verhalten wie ein lustiges Spiel aussieht, schaffen Sie eine sehr positive Atmosphäre im Klassenzimmer. Nachfolgend einige Ideen dazu:

✽ **Spielerische Disziplin:** Denken Sie über die Art und Weise nach, wie Sie den Schülern Aufgaben stellen. Verwenden Sie eine Sprechweise, die Spaß und Herausforderung andeutet. Vermeiden Sie langweilige Formulierungen, die noch dazu nach „harter Arbeit" klingen. Sie wollen zum Beispiel Ihre Erstklässler zum Vorlesen um sich versammeln – und dabei sollen sie natürliche still sein. Anstatt den Schülern das alles auf langweilige Weise zu erklären, können Sie mit ihnen „schlafende Löwen" spielen. Dabei sollen sie so tun, als seien sie Löwen, die fest und tief schlafen.

* **Die Fantasie mitspielen lassen:** Siehe oben – Kinder in jedem Alter „tun gerne so als ob" und lassen dabei ihrer Fantasie freien Lauf. Sie nutzen die Gelegenheit, sich in eine andere Person oder in eine imaginäre Situation zu versetzen. Sie wollen beispielsweise, dass die Schüler das Klassenzimmer ruhig aufräumen sollen? Dann erzählen Sie ihnen doch, dass sie sich so leise wie möglich verhalten müssen, damit sie den Riesen, der unterm Boden schläft, nicht aufwecken.

Tipp: Lassen Sie Arbeit und Lernen zum Spiel werden!

* **In der Rolle Erwachsener:** Kinder ahmen gerne Erwachsene nach – eine Tatsache, die Sie als Grundschullehrer nutzen können. Im Sachunterricht beispielsweise können Ihre Schüler die Rolle eines „Biologie- oder Physikprofessors" spielen, der gerade ein Experiment durchführen will. Wenn sie in die Rolle eines Experten schlüpfen, dann sind die Schüler zudem motiviert, für ihre Arbeit und ihr Verhalten mehr Verantwortung zu übernehmen. Gehen Sie mit ihnen so um, als wären sie schon erwachsen. Wundern Sie sich also über jedes alberne Verhalten: „Herr Professor Schmidt, das hätte ich jetzt aber nicht von Ihnen erwartet. Sie sind doch ein weltbekannter Wissenschaftler!"

Auf dem Weg zur Sekundarstufe

Wenn die Schüler der Grundschule die vierte (oder auch sechste) Klasse errei-chen, bereiten sie sich auf den **Übergang in eine andere Schule** vor – und damit auch in eine „erwachsenere" Welt. Sie sind zwar an der Schwelle zum Teenager, aber doch noch nicht ganz bereit, ihre kindlichen Gefühle abzule-gen, die zu unreifem und albernem Verhalten führen können. Im letzten Jahr der Grundschule fühlen sich die Schüler selbstsicherer und erfahrener – schließlich sind sie in ihrer Stufe jetzt die Ältesten. Das ändert sich beim Über-tritt in eine andere Schule jedoch, denn dann stehen sie wieder auf der ersten Sprosse der Leiter.

In diesem Alter – mit den ersten Anzeichen des Erwachsenwerdens – begin-nen manche Schüler, an den Grenzpfählen zu rütteln und die Autorität der Erwachsenen herauszufordern. Als Lehrer muss man seine Strategien an diese veränderte Situation anpassen. Hier nun einige Vorschläge für den Unterricht mit der letzten Klasse der Grundschule:

* **Nehmen Sie die Schüler ernst:** In diesem Alter halten sich Kinder schon für viel erwachsener, als sie es in Wirklichkeit sind. Wenn Sie wollen, dass sich Ihre Schüler auch **reif** verhalten, dann sollten Sie ihre Empfindungen ernst nehmen. Sprechen Sie also mit ihnen nicht von oben herab. Wenn Sie sie bevormunden, reagieren sie eher trotzig. Behandeln Sie sie aber als **junge Erwachsene**, werden sie oft Ihren Erwartungen gerecht. Sie werden bisweilen von Ihren Schülern überrascht sein, wie erwachsen sie bereits agieren und sich verhalten können.
* **Seien Sie ein positives Beispiel:** Ein positives Vorbild kann in diesem Alter sehr wichtig werden. Denn die Kinder stehen nicht mehr allein unter dem Einfluss ihrer Eltern und beginnen, sich auch an außerfamiliären Ein-flüssen zu orientieren. Ein Lehrer kann auf die Schüler einen sehr positiven Einfluss ausüben, ebenso können Mitschüler konstruktive oder aber schlechte Beispiele liefern.

* **Erkennen Sie die Interessen:** In diesem Alter entwickeln Schüler ein reges Interesse an der „Welt da draußen". Die Ikonen der Popkultur schwirren in ihren Köpfen herum. Sie erringen sich allmähliche ihre Unabhängigkeiten, und die Eltern gewähren ihnen mehr Freiheiten. Finden Sie heraus, welche Interessen Ihre Klasse hat (welche Band ist gerade angesagt, welcher Fußballspieler genießt Sympathien?). Versuchen Sie, diese Interessen **in den Unterricht zu integrieren**. Zumindest können Sie mit Ihren Schülern darüber plaudern und zeigen, dass Sie über die neuesten Trends auf dem Laufenden sind. Wo es möglich ist, können Sie aber auch Zeitungsberichte über die Idole u.Ä. zum Aufhänger für Ihre Inhalte machen. Es kann gutem Verhalten förderlich sein, wenn Sie Ihren Unterricht auf diese Weise persönlicher gestalten.

Tipp: Informieren Sie sich hin und wieder über die aktuellen Trends!

* Verstehen Sie die Ängste und Probleme der Schüler: In diesem Alter werden Schüler anfälliger für Gruppenzwang. Der Einzelne hat Angst davor, als Außenseiter zu gelten, und es kommt zu verstärkten „Unsicherheiten" bezüglich des anderen Geschlechts. Wenn Sie also Mädchen und Jungen in einer Gruppe zusammenarbeiten lassen, dann seien Sie nicht überrascht, wenn es erst mal zu negativen Reaktionen kommt. Denken Sie zurück, wie Sie sich selbst in diesem Alter gefühlt haben!

Den Übergang schaffen

Der Übergang von der Grund- in eine weiterführende Schule kann für die Schüler eine extrem schwierige Zeit sein. In der vierten (oder sechsten) Klasse machen sie sich große Sorgen, wie der Übertritt zu schaffen ist und was sie dann überhaupt erwartet. Hinzu kommen Ängste oder auch Gefühle der Minderwertigkeit: Auf welche Schule komme ich, und warum? Was heißt das für meine berufliche Zukunft? In der fünften (oder siebten) Klasse bzw. auf einer anderen Schule empfinden sie dann die neue Umgebung als verwirrend und einschüchternd. Wenn wir als Lehrer die **mit dem Übertritt verbundenen Ängste minimieren** können, dann können wir hoffentlich auch die möglichen negativen Auswirkungen auf das Verhalten reduzieren. (In dieser Hinsicht lohnt es sich auch, Kontakte zu den Lehrern der weiterführenden Schulen zu pflegen.)

Dazu nun einige Vorschläge:

* **Organisieren Sie Besuche:** Laden Sie jüngere (oder auch ältere) Schüler weiterführender Schulen ein, die die Fragen Ihrer Schüler beantworten und von ihren **Erfahrungen** erzählen können. Vielleicht lassen sich auch Brieffreundschaften zu den jeweiligen Schulen organisieren? Dann können Ihre Schüler ihre Fragen sammeln und die Antworten jeweils der Klasse vorstellen.
* **Besprechen Sie die Unterschiede:** Der Klassenlehrer sollte die **Unterschiede** zwischen Grund- und weiterführenden Schulen mit seinen Schülern thematisieren – zum Beispiel, dass sie in den verschiedenen Fächern verschiedene Lehrer haben werden, dass sie für bestimmte Fächer in andere Räume gehen müssen etc.
* **Helfen Sie den Schülern, sich vorzubereiten:** Sprechen Sie mit Ihren Schülern darüber, wie sie sich selbst am besten **vorbereiten** können – zum Beispiel während der Sommerferien. Sie können sich zum Beispiel schon die richtigen Unterrichtsmaterialien bzw. Bücher besorgen (lassen), sich mit ihren Eltern den neuen Schulweg ansehen, mit ihren Eltern prüfen, welche reizvollen Angebote es an der Schule über den Unterricht hinaus gibt etc.

* **Mentoren:** Manche Schulen haben inzwischen auch schon ältere Betreuer (**Schülermentoren** oder Tutoren) ernannt, die den Neuankömmlingen im ersten Jahr, ggf. auch darüber hinaus, zur Seite stehen sollen. Diese Betreuer kommen aus den höheren Klassen. Es kann sehr nützlich sein, wenn die „Neuen" einen Ansprechpartner haben, um sich in der fremden Umgebung zurechtzufinden.

Wichtig: Nehmen Sie den Schülern die Angst vor der neuen Schule!

Medientipp:

Potter, Molly:
Schulübergang – so wird's leichter. Materialien und Arbeitsblätter, die Schüler stärken und sensibel vorbereiten.
Verlag an der Ruhr, 2010.
ISBN 978-3-8346-0613-6

4. Das Thema Verhalten in der Sekundarstufe

Der Lehrer in der Sekundarstufe hat es täglich mit **verschiedenen Alters-gruppen** zu tun – mit Kindern, Jugendlichen, jungen Erwachsenen. Es ist eine wichtige und nicht einfache Herausforderung für den Lehrer, seinen Unter-richtsstil auf alle diese Altersstufen auszurichten.

Der Anfang

In jeder Klasse schafft man in den ersten Stunden die Voraussetzungen für ein gutes (oder weniger gutes) Schuljahr. Für den Lehrer der Sekundarstufe bringt der Schuljahresbeginn die Begegnung mit **vielen neuen Klassen** mit sich, die er erst kennenlernen muss. Das kann sehr anstrengend sein. Alleine das Erlernen der Namen kann ein Problem werden, besonders für Lehrer, die nur einmal wöchent-lich in einer Klasse sind (zum Beispiel Kunst- oder Musiklehrer) und insgesamt eine große Schülerzahl unterrichten. Auf der nächsten Seite finden Sie einige Ratschläge zur Bewältigung der Probleme in den entscheidenden ersten Wochen.

Eine Frage des Stils

In einer Klasse **den richtigen Ton anzuschlagen**, fällt vielen Lehrern schwer, besonders Berufsanfängern. Wenn Sie sich nicht schon sehr bald auf einen Stil festlegen und ihn in einer Klasse stets beibehalten, dann wird Ihnen das von den Schülern sehr schnell als Schwäche, Unsicherheit und Inkonsequenz ausgelegt. Die im Folgenden aufgeführten Ideen zum Unterrichtsstil basieren zum einen auf meiner bevorzugten Methode, zum anderen darauf, was nach meiner Erfahrung am besten funktioniert. Denken Sie aber daran, alle Vorschläge an Ihre Unterrichtssituation anzupassen.

Ich würde allen Lehrern der Sekundarstufe empfehlen, mit einem klaren, **konsequenten Stil** das Schuljahr zu beginnen. Ich bin überzeugt, dass Sie sich in eine gefestigtere Lage versetzen, wenn Sie sehr bestimmt anfangen. Erstaunlicherweise erfordert dieses Vorgehen an einer so genannten „einfachen Schule" mehr Anstrengung. Denn dort lässt man sich in der Zeit des gegenseitigen Kennenlernens durch ein scheinbares Gefühl der Sicherheit leicht „einlullen". **Die Schüler sollten einen klaren und nachdrücklichen Eindruck von Ihrer Persönlichkeit gewinnen. Treten Sie sicher und bestimmt auf bezüglich Ihrer Vorstellungen und Ziele.** Sie dürfen keine Unsicherheit zeigen (selbst wenn Sie häufiger welche empfinden werden) und sollten den Schülern gar nicht erst den Spielraum für Experimente einräumen, was das Verhalten betrifft.

 Wichtig: Zeigen Sie keine Unsicherheit!

Ich habe festgestellt, dass Schüler einen Lehrer, der auf diese Weise an die Sache herangeht, bevorzugen und wirklich respektieren. Es gibt keinen Spielraum für Ausrutscher, denn die Lernarbeit hat Priorität – und die Schüler scheinen darauf zu reagieren.

In sehr schwierigen Klassen kann Ihre Methode allerdings als Aggressivität und weniger als Durchsetzungsstärke interpretiert werden, was bei den

Schülern ungewünschte Reaktionen auslösen kann. Manchmal ist dann ein zurückhaltender, entspannter Stil besser. Insgesamt bevorzugen es Schüler, wenn Lehrer **Autorität ausstrahlen** (aber nicht autoritär auftreten!). Allgemein gesagt, sollten Sie Ihren Stil dem Alter der Schüler anpassen. Wenn die Schüler reifer werden, können Sie, je nach dem sich entwickelnden Verhältnis, mehr Freiraum lassen.

Grundsätzlich werden Sie nach dem konsequenten Einstieg bald feststellen, wie weit Sie die Zügel lockern können.

Gleichzeitig sind zu Beginn die **gegenseitigen Vorstellungen** zu klären. Worauf kommt es Ihnen wie Ihren Schülern im Verhältnis miteinander an? Auf welche Verhaltensregeln einigt man sich?

Gerade die kleinen Dinge zählen

Wenn Sie also, wie oben beschrieben, am Schuljahresanfang Ihrer Klasse mit Autorität gegenübertreten wollen, dann sind es gerade die kleinen Dinge, die zählen. Meiner Meinung nach ist diese Strategie besonders auch für Vertretungslehrer sinnvoll – oder wenn Sie die Stunde eines Kollegen übernehmen und es dabei mit schwierigen Schülern zu tun bekommen. Unterbinden Sie in den ersten Minuten jeden noch so kleinen Regelverstoß. Sie zeigen damit, dass Sie konsequent sind und Ihnen nichts entgeht. Zu den kleinen Dingen, die beachtet werden sollten, gehören beispielsweise:

* keine Kaugummis,
* das Einhalten Ihrer Vorgaben, was die Lautstärke betrifft,
* richtig auf dem Stuhl sitzen,
* zu Unterrichtsbeginn das richtige Unterrichtsmaterial vollständig auf dem Tisch,
* völlige Aufmerksamkeit.

Einführung einer Struktur

Neben der Demonstration Ihrer Autorität sollten Sie in den ersten Stunden eines Schuljahres auch die **Abläufe des Unterrichts** festlegen. Eine gewisse Unterrichtsstruktur ist besonders in der Sekundarstufe wichtig, weil die Schüler mit den verschiedenen Methoden ihrer unterschiedlichen Lehrer konfrontiert werden. Wenn Sie Ihren Stunden eine **klare und konsequente Struktur** geben, dann können Sie mit Ihren Schülern automatisch „trainieren", bestimmte Arbeits- und Verhaltensweisen stets einzuhalten. Je konsequenter Sie sind, desto sicherer werden sich Ihre Schüler fühlen (besonders jene mit einer Neigung zum Fehlverhalten). Ein Beispiel, wie ein Lehrer gewisse Abläufe in seinen Unterricht einführt, finden Sie in Teil 1, Kapitel 2. Nachstehend einige **Fragen**, die Sie für Ihren eigenen Unterricht beachten sollten:

- Was machen die Schüler als **Erstes**, wenn sie ins Klassenzimmer kommen?
- Wissen sie, wo sie sich **hinsetzen** sollen? Gibt es freie Platzwahl oder nicht?
- Wie und wann werden die **nötigen Unterrichtsmaterialien** auf den Tisch gelegt?
- Wann wird die **Anwesenheitsliste** überprüft? Gibt es **Hausaufgaben** zu überprüfen, und wenn ja, wie? Wie sollen sich die Schüler dabei verhalten?
- Auf welche Weise erklärt der Lehrer, **was in der Stunde zu tun ist**? Wie sollen sich die Schüler dabei verhalten?
- In welcher Atmosphäre findet **Lernarbeit** statt (welche Vorgaben gibt es bei welchen Sozialformen bezüglich der Lautstärke etc.)?
- Was geschieht am **Ende einer Stunde**? Wie wird das Gelernte rekapituliert?
- Wann wird die **Hausaufgabe** gegeben?
- Wie **entlässt** der Lehrer die Klasse?

Techniken der Klassenzimmerkontrolle

Ruhe herstellen

Vielleicht haben Sie es selbst schon festgestellt: Einfach abzuwarten, bis Stille herrscht, kann eine sehr wirkungsvolle Methode sein – ist es aber nicht zwangsläufig. Manchen (oder vielen) Lehrern der Sekundarstufe fällt es ziemlich schwer, für Ruhe zu sorgen. Es kann sehr verlockend sein, bei vergeblichem Warten schließlich doch einfach mit dem Unterricht zu beginnen und nicht weiter auf die Schüler zu achten, die nicht still sein wollen.

Allerdings sollte man auch bedenken, welches **Signal** man einer Klasse gibt, wenn man immer wieder von der Forderung nach völliger Ruhe abrückt. Grundsätzlich teilen Sie den Schülern damit nämlich mit, dass Sie es in Kauf nehmen, wenn sie weiter schwätzen, während Sie sprechen. Oder Sie geben indirekt zu, dass Sie selbst nicht von Ihrer Fähigkeit überzeugt sind, Ruhe herstellen zu können. Andererseits gibt ein Lehrer, der nicht eher anfängt zu sprechen, bevor völlige Ruhe herrscht, ein deutliches Signal seiner Kontrolle über die Klasse.

Völlige Ruhe ist für mich persönlich eine der wichtigsten Forderungen, die ich unbedingt durchsetzen will – egal, wie lange es dauert. An einer Schule musste ich mehr als ein halbes Schuljahr mit einer Klasse darum kämpfen, aber ich habe mein Ziel nie aufgegeben. Es gibt unterschiedliche Strategien, um in einer Klasse Ruhe herzustellen – sehen Sie sich dazu S. 50ff. noch einmal an. Je mehr Ideen Sie in der Hinterhand haben, desto unwahrscheinlicher ist, dass Sie Ihr Ziel aufgeben werden.

Behandeln Sie die Schüler wie Erwachsene …

Im Allgemeinen orientieren sich die Schüler an dem, was wir von ihnen erwarten (im positiven wie im negativen Sinn). Wenn Sie die Schüler der Sekundarstufe wie Erwachsene behandeln, dann werden Sie möglicherweise über ihr reifes Verhalten überrascht sein. Das Verantwortungsgefühl für richtiges Verhalten und vernünftiges Lernen scheint mitzuwachsen. Diese **„Partnerschaft" zwischen Lehrer und Schülern** biete ich meinen Klassen gleich in der ersten Stunde explizit an. Wenn die Schüler dann ihren Teil der Vereinbarung nicht einhalten sollten, fühle ich mich durchaus berechtigt, gewährte Privilegien wieder zu streichen.

Im Großen und Ganzen sind die Schüler am Ende der Sekundarstufe erwachsen. Wenn Sie von ihnen Respekt und gutes Verhalten einfordern, dann sollten Sie mit ihnen auch auf dem Niveau von Erwachsenen sprechen. Die jungen Erwachsenen reagieren gewöhnlich negativ auf einen „Konfrontationskurs" und sind sehr empfindlich, wenn sie sich bevormundet fühlen. Denn schließlich würden in der „realen Welt" (zum Beispiel in der Arbeit) andere Menschen mit ihnen höflich sprechen, wenn es ein Problem gäbe, und sie nicht anschreien. Warum sollte es in der Schule anders sein?

… und manchmal wie Kinder

Paradoxerweise reagieren ältere Schüler sehr gut darauf, wenn man ihnen ab und zu **„kindliche" Aufgaben** gibt. Bei der meist sehr konzentrierten und ernsthaften Arbeit in der Sekundarstufe ist es wichtig, wenn sie gelegentlich bei lustigen und spielerischen Aufgaben oder Stunden „Dampf ablassen" können. Außerdem können Sie als Lehrer dabei auch Ihre menschliche Seite offenbaren. Nachstehend einige Vorschläge, wie Sie Ihren Schülern in der Sekundarstufe einige „kindliche" Momente bereiten können:

* **Spiele:** Schüler reagieren immer positiv darauf, wenn der Lehrer ihnen Gelegenheit zu einem Spiel bietet – zum Beispiel am Beginn einer Stunde. Die Spiele können einen Bezug zum Fach haben oder, zur Auflockerung der Atmosphäre, ganz allgemeiner Natur sein.
* **Quiz:** Anstelle eines Tests können Sie mit der Klasse ein Quiz durchführen, um ein bestimmtes Thema abzuschließen. Machen Sie aus dem Quiz einen Wettstreit mit Preisen, um zu reger Teilnahme und Engagement zu motivieren.

✴ **Handlungsorientierte Aufgaben:** Lassen Sie die Schüler so oft wie möglich kreativ werden, im Team arbeiten, eigene Ideen ausarbeiten. Dazu bietet sich immer wieder die Gelegenheit – Projekte können durchgeführt, Zeitungen gestaltet, Filme gedreht werden etc.

Umgang mit Schimpfwörtern

Wenn Schüler fluchen oder Ihnen bzw. Mitschülern Schimpfwörter an den Kopf werfen, dann rechnen sie eigentlich mit einem gehörigen Tadel. Was sie sicher nicht erwarten, ist die Frage: „Weißt du eigentlich, was das Wort XXX genau bedeutet?" (Stellen Sie diese Frage in einem enttäuschten, entsetzten, schockierten Ton oder einfach nur mit ausdrucksloser Stimme.) Die Schüler haben überraschend oft keine Ahnung, warum ihre Schimpfwörter beleidigend sind oder was sie wörtlich bedeuten. Das betrifft vor allem die Jüngeren, die den Älteren nur nachplappern. Vielleicht haben sie die Wörter im Pausenhof oder im Klassenzimmer aufgeschnappt und mitbekommen, wie die Beschimpften darauf reagieren.

Wenn Sie diese Frage todernst stellen, wird vielleicht der Rest der Klasse zu lachen anfangen, und zwar einerseits wegen der Verblüffung des Übeltäters, andererseits aber auch, weil sie das Schimpfwort aus dem Mund des Lehrers vernimmt. Natürlich zitieren Sie das Schimpfwort nur, Sie verwenden es also nicht wirklich. Die ernste Seite dieses Vorgehens besteht darin, dass Sie die Schüler zum **Nachdenken** bringen, wenn Sie sie mit ihrem eigenen Verhalten und mit **den damit verbundenen Problemen** bzw. deren Hintergrund konfrontieren. Sie begreifen dann, wie sich ihre Beschimpfungen auf andere auswirken können. Schließen Sie ruhig eine Diskussion mit der Klasse über das Thema an. Wenn jemand beispielsweise „schwule Sau" in den Raum ruft – was hat die Beschimpfung mit Homosexualität zu tun? Was weiß er eigentlich über Homosexualität und über ihre Geschichte? …

Nach der mittleren Reife

Ich rate zwar dazu, die Sekundarstufe mit relativer Strenge (Strenge im Sinn von Nachdruck, Konsequenz, Klarheit, Bestimmtheit) zu beginnen. Doch wenn Sie den Respekt, die Aufmerksamkeit und die Mitarbeit Ihrer Schüler gewonnen haben, können Sie etwas mehr Flexibilität zeigen. Ein **partnerschaftliches Verhältnis** sollte immer im Vordergrund stehen – Ihre Schüler verdienen sich bestimmte Freiheiten, wenn sie auf Ihre Erwartungen bezüglich Mitarbeit und Verhalten eingehen. Ich habe die Erfahrung gemacht, dass diese Flexibilität nach der mittleren Reife besonders wichtig und angebracht ist. Nachstehend einige Vorschläge für eine flexiblere Unterrichtsmethode bei jungen Erwachsenen:

4

* **Seien Sie bereit, die Grenzen auszudehnen:** Manche Regeln und Grenzen der Schule können in den höheren Klassen an Bedeutung verlieren. Die Priorität in diesem Alter ist das Lernen. Wenn zu Beginn die Situation unter Kontrolle ist, sollten Sie nicht unbedingt auf die Umsetzung allzu strenger Regeln beharren. Das ist auf jeden Fall sinnvoller, als wegen relativ belangloser Angelegenheiten **unnötige Diskussionen** heraufzubeschwören.

Beispielsweise hören die jungen Erwachsenen um sich herum viel Schimpfen und Fluchen – im Fernsehen, im öffentlichen Raum, in der Familie, bei Freunden. Wenn Sie ab und zu ein Schimpfwort überhören, dann zeigen Sie Ihre menschliche Seite und vermeiden sinnlose Auseinandersetzungen mit der Klasse. Ein partnerschaftliches Verhältnis zum Lehrer fördert das Lernverhalten jetzt besonders.

Wichtig: Junge Erwachsene der Sekundarstufe II brauchen andere Regeln!

* **Übertragen Sie Verantwortung:** Wenn Ihre Schüler bald im richtigen Leben stehen und arbeiten gehen, werden sie sich richtig verhalten müssen – oder sie werden entlassen. In diesem Stadium ihrer Schullaufbahn sollten die Schüler endgültig **Verantwortung für ihr Verhalten und für ihre Bildung** übernehmen. Machen Sie das bei eventuellem Fehlverhalten sehr deutlich. Wenn Sie Ihre Schüler wie Erwachsene behandeln, dann müssen sie lernen, wie ein Erwachsener für ihr Verhalten Verantwortung zu übernehmen. Erwarten Sie das Beste von ihnen – und hoffentlich werden Sie nicht enttäuscht.

Wichtig: Nehmen Sie die jungen Erwachsenen ernst!

* **Die Probleme der Schüler verstehen:** Die Schüler können ernste Probleme haben, die mit der Schule gar nichts zu tun haben. Das kann natürlich in jeder Stufe der Fall sein – aber je älter die Schüler werden, desto mehr haben sie mit dem „Ernst des Lebens" zu kämpfen. Sie müssen sich um ihre Zukunft Gedanken machen, führen erste Partnerschaften etc. Bringen Sie dafür **Verständnis** auf. Auch Sie haben Probleme, die nichts mit der Schule zu tun haben. Haben Sie ein offenes Ohr, wenn es gewünscht ist. Nehmen Sie sich ausreichend Zeit, das Problem auf „Erwachsenenniveau" zu besprechen.

Wenn es
schwierig wird …

Teil 5

1. Wie man mit Auseinandersetzungen umgeht

Warum es zu Auseinandersetzungen kommt

Für das Entstehen von Auseinandersetzungen gibt es zahlreiche unterschiedliche Gründe. Manchmal wird der Grund vollkommen **außerhalb Ihrer Einflussmöglichkeit** liegen. Ein Schüler kommt in so angespanntem und aufgeregtem Zustand in den Unterricht, dass Sie nur noch versuchen können, die Situation irgendwie unter Kontrolle zu halten. Manche Schüler haben außerhalb der Schule immense Probleme. Andere orientieren sich an Vorbildern, zum Beispiel an ihren Eltern, die auf Probleme in sehr aggressiver Weise reagieren. So weit es die Grenzen der Diskretion erlauben, sollten Sie sich unbedingt zumindest eine gewisse **Vorstellung von den Umständen** verschaffen, in denen Ihre Schüler leben. Dann können Sie für ihre besondere Lage Verständnis aufbringen und die Flexibilität zeigen, von der bereits die Rede war.

Es gibt aber auch Fälle, bei denen den Lehrer eine **Mitschuld an einer Auseinandersetzung** trifft. Auch wenn es nicht der Fehler des Lehrers ist, wenn ein Schüler die Beherrschung verliert, so kann er doch einiges zur Verschärfung einer Situation beitragen. Wenn Sie das Verhalten Ihrer Schüler zum Positiven beeinflussen wollen, sollten Sie sich auch darüber im Klaren sein. Nur so können Sie unangenehme Situationen vermeiden. Nachstehend finden Sie einige der Möglichkeiten, wie Lehrer – unabsichtlich – eine konfliktreiche Atmosphäre heraufbeschwören können.

* **Die Stimmung des Lehrers:** Wenn ein Lehrer den Unterricht mit sichtbar schlechter Laune beginnt, kann diese Stimmung ansteckend wirken und alle im Raum in eine negative Verfassung versetzen. Er ist zu den Schülern vielleicht zu kleinlich oder zu kompromisslos, wodurch eine angespannte Atmosphäre und damit zwangsläufig Ärger entsteht.
* **Kleine Ungerechtigkeiten:** Schüler sind sehr empfindlich gegen tatsächliche oder vermeintliche Ungerechtigkeit. Sie selbst haben womöglich das Gefühl oder hoffen, dass Sie (fast) immer gerecht sind. Aber achten Sie

darauf, wie sich Ihre **persönliche Einstellung** zu Schülern unbewusst in der Art und Weise bemerkbar macht, wie Sie sie behandeln.

* **Missverständnisse:** Manchmal beschuldigt der Lehrer einen Schüler oder eine Klasse **zu Unrecht**. Ich erwischte zum Beispiel einmal Schüler dabei, wie sie irgendeinen Zettel durch die Reihen reichten. Als ich darauf bestand, dass sie mir diesen Zettel aushändigten, weigerten sie sich strikt, und ich wurde sauer. Schließlich stellte sich heraus, dass sie alle eine Dankeskarte für mich unterschreiben wollten.

* **Fürs Publikum spielen:** Wenn ein Lehrer einen Schüler wegen schlechten Verhaltens **vor die ganze Klasse zitiert**, dann ist mit Sicherheit die Bühne für eine Auseinandersetzung frei.

* **Mangelnde Konsequenz:** Vielleicht legt ein Lehrer die Regeln anders aus als seine Kollegen. Oder ein Lehrer ändert von Tag zu Tag seine Erwartungen. **Inkonsequenz** kann bei den Schülern das Gefühl wecken, ungerecht behandelt zu werden (bzw. wird ggf. die Autorität des Lehrers in Frage gestellt). In der Folge können Spannungen aufkommen.

* **Vorurteile gegen Schüler oder Klassen:** Hat sich ein Schüler erst einen gewissen Ruf erworben, wird er ihn so leicht nicht mehr los. Manchmal bekommt auch eine ganze Klasse von verschiedenen Lehrern das Etikett „schwierig" verpasst. Tritt nun ein Lehrer Schülern oder ganzen Klassen mit einer vorgefassten Meinung gegenüber, bekommen sie kaum noch eine Chance zur **Bewährung**. Daraus resultiert bei den Schülern der Eindruck, ungerecht behandelt zu werden, was wiederum zu Spannungen und Konfrontationen führt.

Auseinandersetzungen vermeiden

✓ „schlechte Laune vor der Tür lassen"
✓ persönliche Einstellung zu Schülern prüfen
✓ Missverständnisse vermeiden/klären
✓ keine Schüler bloßstellen
✓ konsequent und gerecht sein
✓ keine Vorurteile haben

Wie sich Konfrontationen vermeiden lassen

Wann immer möglich, sollte man Konfrontationen von vorneherein vermeiden. Denn sie sind für das Verhältnis zwischen Lehrern und Schülern immer schädlich. Außerdem besteht stets das Risiko, dass eine negative Auseinandersetzung außer Kontrolle gerät, was bis zu körperlicher Gewalt führen kann.

Probleme können besonders dann entstehen, wenn der Lehrer **müde und gestresst** ist. Ein Schüler beschimpft ihn oder benimmt sich schlecht; ganz schnell reagiert der Lehrer dann auf ähnlich aggressive Weise, und die Situation eskaliert. Eine Auseinandersetzung zu vermeiden, bedeutet nicht, ein Problem einfach zu ignorieren, sondern damit auf vernünftige Weise, umzugehen. Wenn Sie es mit einem aggressiven Schüler zu tun haben, dann greifen Sie auf eine der folgenden Methoden zurück:

* **Seien Sie bestimmt, selbstsicher und konsequent:** Wenn ein Lehrer die meiste Zeit diese Eigenschaften im Umgang mit einer Klasse zeigt, dann verringert sich die Intensität möglicher Spannungen.
* **Achten Sie auf Ihren emotionalen Zustand:** Achten Sie darauf, dass sich Müdigkeit und Abgespanntheit nicht auf Ihre pädagogischen Fähigkeiten auswirken. Verringern Sie an solchen Tagen das Stresspotenzial, indem Sie den Unterricht mit einfacheren, überschaubaren Übungen gestalten. Nutzen Sie Ihre Pause aus, und verlassen Sie die Schule rechtzeitig, um sich richtig auszuruhen.

* **Einzelgespräche bei schwierigen Fällen:** Führen Sie im Falle des Falles mit den Schülern Einzelgespräche, und verhängen Sie Strafen diskret. So nehmen Sie dem Betreffenden die Möglichkeit, sich vor „Publikum" aufzuspielen.

* **Greifen Sie frühzeitig ein:** Halten Sie Ausschau nach Anzeichen eines möglichen Problems. Kümmern Sie sich sofort darum, wenn Sie bemerken, dass sich eine Auseinandersetzung anbahnt oder ein Schüler nervös wird.

* **Lassen Sie sich auf keine Diskussionen ein:** Manche Schüler verwickeln den Lehrer gerne in eine Diskussion. Denn dabei vergeht Unterrichtszeit, und vielleicht gelingt es sogar, von einem Fehlverhalten abzulenken. Lassen Sie sich nicht darauf ein – es ist sinnlos und kann zu unnötigen Spannungen führen.

* **Themawechsel:** Wechseln Sie ggf. das Thema, um eine mögliche Auseinandersetzung zu vermeiden.

* **Ein Problem zurückstellen:** Es gibt Fälle, in denen ein Schüler einfach nicht tun will, was Sie sagen, und immer erhitzter und aggressiver wird. Dann kann es sehr sinnvoll sein, die ganze Diskussion auf einen späteren Zeitpunkt zu verschieben. Sagen Sie dem Schüler einfach: „Wir werden das nach der Stunde zu Ende besprechen."

* **Seien Sie zu einer Entschuldigung bereit, wenn Sie falschliegen:** Wenn Sie einen Fehler machen, zum Beispiel einem Schüler gegenüber unverhältnismäßig grob oder aggressiv werden, dann sollten Sie keine Bedenken haben, sich auch zu entschuldigen. Das wird Ihnen sogar Anerkennung und Respekt einbringen.

Wichtig: Auch Lehrer machen mal Fehler – stehen Sie dazu, und entschuldigen Sie sich!

Wie man mit Auseinandersetzungen umgeht

Hat eine Auseinandersetzung erst einmal begonnen, fällt es vielen Schülern schwer, aus der Situation wieder herauszukommen. Es ist Aufgabe des Lehrers, mit solchen Situationen sehr vernünftig umzugehen. Idealerweise sollte das Lehrer-Schüler-Verhältnis bei der Lösung eines Konflikts so wenig wie möglich angegriffen werden. Selbstverständlich muss immer auch auf die Sicherheit der Klasse geachtet werden. Die nachstehenden Vorschläge können Ihnen bei der Lösung von Konflikten helfen:

* **Das Problem „beseitigen":** Der Anlass für einen Streit ist oft irgendein Gegenstand – ein Federmäppchen, eine CD, ein Handy etc. Nehmen Sie diesen Gegenstand einfach aus dem Spiel! Allerdings sollte eine solche Konfiszierung nicht das Erste sein, was Sie versuchen. Denn es könnte zu einer unnötigen Eskalation kommen. Fordern Sie zuerst die Schüler auf, den Gegenstand selbst wegzupacken – ansonsten sähen Sie sich gezwungen, den Gegenstand „einzukassieren". Manchmal ist es auch sinnvoll und notwendig, einen Schüler des Raums zu verweisen. Sorgen Sie dafür, dass er unter Aufsicht bleibt.
* **Nehmen Sie Gefühle und Beschwerden ernst:** Manchmal ist es am einfachsten, einem Schüler nur zuzuhören. Fordern Sie ihn auf, sein Problem zu beschreiben. Hören Sie ihm dabei aufmerksam zu. Machen Sie sich ein möglichst „faires" Bild von der Situation.
* **Holen Sie Hilfe, wenn es nötig ist:** Es ist in keinster Weise ein Zeichen von Schwäche, einen Schüler nach Hilfe zu schicken, wenn es im Klassenzimmer zu einer allzu heftigen Auseinandersetzung kommt. Das ist nicht nur sinnvoll, um den Streit zu beenden, sondern auch, um einen weiteren Zeugen für das Geschehen zu haben.
* **Bleiben Sie ruhig:** Ein Schüler wird wohl kaum seinen Zorn über längere Zeit „konservieren", wenn er durch nichts angefacht wird. Wenn Sie ruhig bleiben, fällt es den Schülern schwer, über längere Zeit aggressives Verhalten zu zeigen. Außerdem gibt der Lehrer durch seine Ruhe ein starkes Positivbeispiel, wie man mit Aggressionen umgehen sollte.
* **Einen Augenblick innehalten:** Wenn in Ihrer Stunde ein Konflikt ausbricht, liegt es nahe, sofort dazwischenzugehen. Nehmen Sie sich erst ein

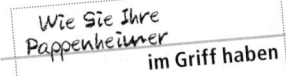

paar Sekunden Zeit zum Nachdenken. Beruhigen Sie sich, das hilft am besten, eine schwierige Situation zu meistern.

* **„Hypnotisierender" Tonfall:** Ihre Stimme kann spannungsgeladene Situationen entschärfen. Sprechen Sie langsam und monoton, um hochgehende Emotionen zu dämpfen.

* **Zurückhaltende Körpersprache:** Auf ähnliche Weise kann eine zurückhaltende Körpersprache wirken. Beachten Sie den persönlichen Raum der Schüler – nicht nur, um die Spannung zu verringern, sondern auch, um sich vor körperlichen Angriffen zu schützen.

* **Sprechen Sie die Schüler mit Namen an:** Wiederholen Sie immer wieder die Namen der Schüler, um ihre Aufmerksamkeit zu gewinnen. Kombinieren Sie die Nennung der Namen mit der „hypnotisierenden" Sprechweise.

* **Es geht nicht um Sieg oder Niederlage:** Lehrer unterliegen oft der falschen Ansicht, sie müssten aus einer Auseinandersetzung als „Sieger" hervorgehen. In Wirklichkeit gewinnt niemand, egal, was letzten Endes passiert. Ihr Ziel sollte sein, die Lage zu beruhigen – nicht als Gewinner dazustehen!

Wichtig: Sie müssen nicht „gewinnen"!

Bei Auseinandersetzungen
- ✓ durchatmen vor Reaktion
- ✓ ruhig bleiben
- ✓ Schüler beim Namen nennen
- ✓ zuhören
- ✓ langsam sprechen
- ✓ zurückhaltende Körpersprache
- ✓ ggf. Gegenstand entfernen
- ✓ ggf. Hilfe holen

Mit den Nachwirkungen umgehen

Wenn es in einer Ihrer Stunden zu einer besonders heftigen Auseinandersetzung gekommen ist, sind Sie hinterher vielleicht angeschlagen oder aufgeregt. Solche Vorkommnisse können auch sehr ans Selbstvertrauen gehen.

Möglicherweise gibt es an Ihrer Schule entsprechende Hilfsangebote. Die folgenden Vorschläge werden Ihnen hoffentlich dabei helfen, wieder die Fassung zu gewinnen:

* Nehmen Sie sich **Zeit zum Ausruhen**. Lassen Sie sich in ganz heftigen Fällen ggf. in der nächsten Stunde vertreten, damit Sie sich erholen können.
* Lassen Sie sich **helfen** – von der Schulleitung, von Kollegen oder auch von jemandem, der nicht in die Schule eingebunden ist.
* Nehmen Sie die Situation **nicht persönlich**. Die verbalen oder physischen Entgleisungen eines Schülers weisen darauf hin, dass er ernste Probleme hat.
* Seien Sie **nicht nachtragend** – geben Sie dem Schüler in der nächsten Stunde die Chance für einen Neuanfang.

Wichtig: Seien Sie nicht nachtragend!

Medientipp:

Lohmann, Gert:
**Mit Schülern klarkommen –
Professioneller Umgang mit
Unterrichtsstörungen und Disziplinkonflikten.**
Cornelsen Scriptor, 2007.
ISBN 978-3-589-22520-0

2. Stressbewältigung

Ich halt es nicht mehr aus!

Der Lehrerberuf fordert emotional, körperlich und psychisch – und manchmal hat man den Eindruck, dass man es einfach nicht mehr aushält. So sehr man sich auch bemüht, das Verhalten der Schüler zu verbessern – manchmal scheint es keinen Fortschritt zu geben. Das ist natürlich sehr demoralisierend. Tag für Tag geht man zur Arbeit und hat es mit Schülern zu tun, die sich einfach nicht benehmen wollen. Vielleicht graut einem irgendwann regelrecht davor, zur Arbeit zu gehen, weil man genau weiß, dass es wieder ein harter Tag wird. In dieser Situation ist es sehr wichtig, zu unterscheiden, ob es sich um die üblichen Hochs und Tiefs eines Lehrerlebens handelt oder ob Anzeichen für **ernsthaftere Probleme** vorliegen. Hat man erst mal herausgefunden, wo das Problem wirklich liegt, dann kann man auch nach den geeigneten Gegenmaßnahmen suchen.

Wo liegt das Problem?

Das Gefühl, es nicht mehr zu schaffen, kann sich allmählich entwickeln oder ohne Vorwarnung von einem Tag auf den anderen da sein, wenn man kaum noch aus dem Bett und zur Schule kommt. Manchmal ist das Problem nur vorübergehend und man wird relativ leicht damit fertig. Aber es kann sich auch um ein langfristigeres Problem handeln. Dann sind tiefergehende Maßnahmen erforderlich. Nachstehend einige Überlegungen, wodurch das Problem entstehen kann.

Jahreszeitliche Einflüsse

Die Jahreszeit hat einen großen Einfluss auf die Fähigkeit, mit schwierigem Verhalten umzugehen. Zum Schuljahresbeginn ist man frisch und voller Energie, bereit für seine Schüler, was auch immer sie anstellen werden. Natürlich ist es genau der Zeitpunkt, an dem ein Mehr an Energie erforderlich ist.

Dann lässt die Energie nach, die Nächte werden dunkler und die Schüler gereizter. Stellen Sie sich nun selbst die Frage: Ist das Gefühl, es nicht mehr auszuhalten, ein Symptom für **allgemeine Müdigkeit**? Wird nach den Ferien wieder alles in anderem Licht erscheinen, wenn Zeit war zur Erholung und man den Schülern wieder frisch und munter entgegentreten kann? Wenn das der Fall ist, dann sollten Sie sich in den Ferien eine wirkliche Pause von Unterricht und Schule gönnen. Weigern Sie sich, Arbeit mit nach Hause zu nehmen. **Laden Sie Ihre Batterien wieder auf!** So können Sie sich dann wieder mit neuer Kraft in den Schulalltag stürzen.

Überarbeitung

Extreme Müdigkeit kann aber auch von Überarbeitung herrühren. Wenn Sie außerhalb der Unterrichtszeit zu viel auf sich nehmen, kann sich das auf Ihre Arbeit im Klassenzimmer auswirken. Vielleicht haben Sie familiäre oder andere Verpflichtungen, die zusätzlichen Stress bereiten und durch die Sie sich zu erschöpft fühlen, um mit den Verhaltensproblemen in der Klasse richtig umzugehen. Überdenken Sie auch die Tätigkeiten, die nicht unmittelbar mit dem Lehrplan zu tun haben. Diese Aktivitäten können eine willkommene

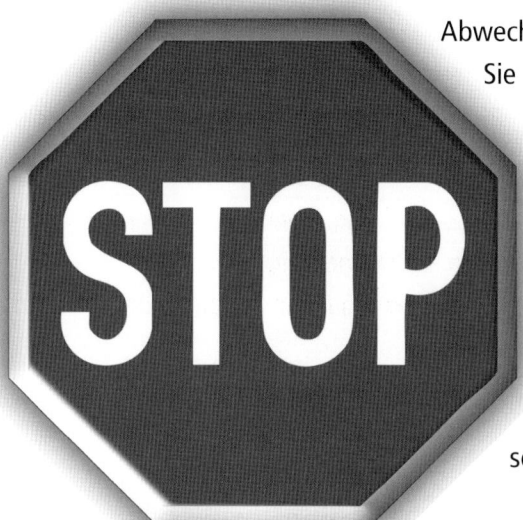

Abwechslung vom Schulalltag sein, wobei Sie Ihre Schüler auch noch besser kennenlernen können. Dennoch bedeutet es für Sie, dass Sie nach einem vollen Arbeitstag immer noch eingespannt sind. Ihre oberste Priorität muss aber Ihre Gesundheit sein. **Lernen Sie also, nein zu sagen**, wenn es um Ihre Zeit geht und Ihre Stressbelastung ohnehin schon zu hoch ist.

Die Schule

Die Schule selbst kann aber auch das Problem sein. Denn das Arbeitsumfeld kann großen Einfluss auf das Verhalten im Klassenzimmer haben. Ist das Schulgebäude heruntergekommen und vernachlässigt? Ist die allgemeine Stimmung an der Schule eher negativ und aggressiv? Fehlt Ihnen bei der Leitung die angebrachte Unterstützung? Sind die Verhaltensleitlinien der Schule uneffektiv angesichts der bestehenden Probleme? Wenn Sie einige oder alle dieser Fragen mit ja beantworten müssen, dann ist es nicht weiter verwunderlich, wenn Ihre Schule mit Verhaltensproblemen zu kämpfen hat. In einer solchen Situation sollten Sie **bei Kollegen Unterstützung suchen**. Gemeinsam lässt sich bei der Leitung mehr erreichen, lässt sich die Schulordnung überarbeiten, lässt sich in den Klassen und zu den Eltern peu à peu ein besseres Verhältnis herstellen. Wichtig ist, dass Sie die Probleme klar identifizieren.

Und wenn Sie meinen, dass Sie Ihre persönliche Situation nicht mehr im Griff haben und Sie die Lage an der Schule nicht mal ansatzweise verbessern können, dann sollten Sie sich ernsthaft überlegen, ob Sie es an dieser Lehranstalt noch aushalten können. Für Sie persönlich ist es am wichtigsten, zufrieden und gesund zu bleiben. Wenn Sie mit sich und Ihrer Situation unzufrieden sind, dann können Sie auch kein guter Lehrer sein.

Medientipp:

Hier finden Sie weitere Informationen:
http://schuleundgesundheit.hessen.de/tools/instrumente-fuer-den-unterricht/kollegiale-fallberatung.html
www.schule-und-supervision.de/

Nehmen Sie auch das Angebot der **Kollegialen Fallberatung** an: Hier wird ein Teilnehmer in einer Gruppe mit festgelegten Rollen beraten, wobei der Ablauf ebenfalls festgelegt ist und das Gespräch sich auf die Lösung einer konkreten beruflichen Schlüsselfrage oder die Reflexion eines Situations-verlaufs konzentriert. Oder nehmen Sie an einer **Supervisionsgruppe** teil. Diese kann auch mit Kollegen an Ihrer Schule stattfinden.

Ihre Persönlichkeit

Jeder reagiert anders auf eine Situation. Manche Lehrer nehmen jedes
Fehlverhalten mit einem Achselzucken hin, schieben jedes Problem beiseite
und machen einfach schnell weiter. Andere Lehrer nehmen jeden Vorfall so
schwer, dass sie ihn kaum vergessen können. Viele von uns sind in ihrem
Beruf emotional sehr engagiert. Das ist fast unvermeidlich, wenn man mit
jungen Menschen arbeitet, von denen manche ihrerseits schwer an ihren
Lebensumständen zu tragen haben. Ein Lehrer mit einer sehr sensiblen
Persönlichkeit muss unbedingt lernen, mit seinen emotionalen Reaktionen
zurechtzukommen, **Abstand zu gewinnen** und die Vorkommnisse **nicht
zu persönlich zu nehmen**. Das gilt besonders für die Arbeit in
Problemschulen.

Was sind die Alarmzeichen?

Eine bestimmte Menge und eine gewisse Art von Stress ist gesund: Er ist notwendig, damit wir stark und „lebendig" bleiben. Er verhindert, dass wir mit
unserer Arbeit unzufrieden werden. Schließlich sind Sie sicher auch deswegen
Lehrer geworden, weil Ihnen ein „normaler" Bürojob zu langweilig wäre. Der
Beruf des Lehrers hält viele Herausforderungen und viel Abwechslung bereit.
Andererseits aber kann eine schwierige Situation einfach zu viel sein. Und
man braucht sich des Gefühls, damit nicht fertig zu werden, nicht zu schämen.

Stress ist die Reaktion auf eine schwierige Situation. Wenn man gestresst ist,
produziert der Körper eine Menge Adrenalin. Ursprünglich half die Produktion
von Adrenalin dabei, typische „Fight-or-flight"-Situationen zu bewältigen:
Unserer Vorfahren mussten bereit sein, vor einer Gefahr zu fliehen, oder
sich dem sprichwörtlichen Mammut zum Kampf stellen. Das Problem in der
modernen Welt besteht darin, dass wir manchmal überbeansprucht werden
und Adrenalin produzieren, ohne dafür überhaupt eine „Verwendungsmög-
lichkeit" zu haben.

Als Lehrer muss man stressige Situationen aushalten und bewältigen. Man kann nicht einfach davonlaufen oder körperlich kämpfen. Wenn die Umstände an der Schule problematisch sind und folglich der Stress zu hoch ist, besteht ein Risiko für Ihre Gesundheit. Das ist auch der beste Job der Welt nicht wert. Die Symptome von Stress sind von Individuum zu Individuum unterschiedlich. Aber es gibt allgemeingültige Anzeichen, auf die Sie achten sollten. So können Sie herausfinden, wie gestresst Sie durch Ihre Arbeit sind.

Körperliche Symptome

* **Schlafstörungen:** Wenn Sie Schwierigkeiten mit dem Schlaf haben, besonders sonntags, wenn wieder eine ganze Arbeitswoche ansteht, haben Sie es womöglich mit starkem Stress zu tun, der auf Ihre Arbeit zurückzuführen ist. **Träumen** Sie von den Problemen mit der Klasse? Werden aus Ihren Träumen Albträume, in denen Sie die Situation nicht mehr länger aushalten?

* **Unwohlsein:** Von einem **flauen Gefühl** im Magen können sicher viele Lehrer berichten. Und bestimmt kennen dieses Gefühl all die Lehrer, an deren Schulen ernsthafte Verhaltensprobleme an der Tagesordnung sind. Fühlen Sie sich schlecht, wenn Sie Ihrer Klasse gegenübertreten müssen? Oder haben Sie ständig das Gefühl, irgendwie krank zu sein? Wenn das der Fall ist, leiden Sie höchstwahrscheinlich unter starkem Stress.

* **Erhöhte Herzschlagfrequenz:** Zum Unwohlsein kann auch noch eine erhöhte Herzschlagfrequenz kommen, was von einer erhöhten Adrenalinproduktion herrühren kann. Passiert Ihnen das kurz vor dem Unterricht?

* **Feuchte Hände:** Wenn bei einer angespannten Situation im Klassenzimmer Ihre Hände feucht werden, kann das ein weiteres Anzeichen für übermäßigen Stress sein.

Körperliche Stresssymptome

✓ Schlafstörungen
✓ Unwohlsein
✓ Herzrasen
✓ feuchte Hände

Emotionale Symptome

* **Verlust des Selbstvertrauens:** Wenn man das Gefühl hat, mit dem Verhalten der Schüler nicht mehr fertig zu werden, dann verliert man sehr schnell das Vertrauen in die eigenen Fähigkeiten als Lehrer. Die Wahrnehmung dessen, was gerade im Klassenzimmer passiert, kann gestört sein. Die Probleme erscheinen plötzlich viel **größer**, als sie in Wirklichkeit sind.

* **Abwehrhaltung:** Vielleicht haben Sie auch den Eindruck, dass Sie gegenüber den Schülern sehr ablehnend werden und immer das Schlimmste von ihnen erwarten. Das kann sehr kontraproduktiv werden und zu einer negativen Einstellung gegenüber Ihrer Arbeit und Ihren Schülern führen.

* **In Tränen ausbrechen:** Allzu oft habe ich Lehrer erlebt (mich eingeschlossen), die im Lehrer- oder sogar im Klassenzimmer in Tränen ausbrachen. Wenn Sie sich überaus verletzlich und emotionalisiert fühlen, ist das ein Anzeichen von sehr hohem Stress.

* **Unkollegiales Verhalten:** Wenn ein Kollegium gestresst ist und mit Verhaltensproblemen zu kämpfen hat, kann es leicht passieren, dass der Umgang leidet – dass die Lehrer untereinander richtig „bissig" werden. Ein schlechtes Verhältnis der Lehrer zueinander kann durch allgemeinen Stress verursacht sein, möglicherweise durch eine anstehende Inspektion oder ein anderes anstrengendes Ereignis.

Emotionale Stresssymptome

✓ fehlendes Selbstvertrauen
✓ Abwehrhaltung
✓ Tränenausbrüche
✓ unkollegiales Verhalten

Wie schafft man es trotzdem?

Wie schafft man es also, wenn der Stress groß ist und man das Gefühl hat, dass einem die Verhaltensprobleme über den Kopf wachsen? Als Erstes: Befolgen Sie die Ratschläge in diesem Buch. Viele Vorschläge lassen sich auf einfache Weise umsetzen, bewirken aber trotzdem sehr viel in Bezug auf das Verhalten in der Klasse. Vielleicht brauchen die Methoden eine gewisse Zeit, bis sie wirken. **Verlieren Sie also nicht die Geduld**, wenn sich nicht sofort etwas ändert. Nur mit Ausdauer können Sie zum Kern des Problems vordringen. Für die Zwischenzeit finden Sie hier noch einige Vorschläge, wie Sie mit einer großen Stressbelastung umgehen bzw. Stress vermeiden können.

Prävention: Tun Sie sich selbst was Gutes

Vergessen Sie sich selbst nicht. Eine **gesunde Ernährung, Sport, das Pflegen sozialer Kontakte, ggf. die Verbesserung des eigenen Zeitmanagements** – all das trägt zur Vermeidung von zu großem Stress bei. Üben Sie sich in positivem Denken. Auch das hilft bei der Bewältigung von kleinen und großen Ärgernissen im Alltag.

Medientipp:

Lütge, Jessica:
Relax!
Entspannt Lehrer sein.
Verlag an der Ruhr, 2009.
ISBN 978-3-8346-0544-3

Nutzen Sie Hilfsangebote

Nach meiner Erfahrung sind die Kollegen einer Schule oft sehr hilfsbereit. Nutzen Sie alle Hilfsangebote, die Ihnen zur Verfügung gestellt werden: vom Betreuer für Junglehrer, von Kollegen, vom Schulpsychologen, aber auch von Freunden und Ihrer Familie sowie ggf. der Gewerkschaft. Sprechen Sie über Ihre Probleme mit jemandem, der sich in Ihre Lage versetzen kann. Manchmal braucht man nur jemanden, bei dem man sich „ausweinen" und seine Sorgen aussprechen kann.

Als sehr nützlich kann sich erweisen, einen anderen Lehrer, der das Verhalten seiner Klassen sehr gut im Griff hat, **im Unterricht zu beobachten**. Obwohl diese Möglichkeit eigentlich nur Berufsanfängern geboten wird, kann Ihnen vielleicht ein verständnisvoller Schulleiter mit diesem Anliegen weiterhelfen. Sie sollten ihm deutlich machen, wie hilfreich eine solche Möglichkeit für Sie wäre – begründen Sie Ihre Bitte einfach mit dem Wunsch, nicht „einrosten" zu wollen und neue Anregungen zu suchen.

Medientipp:

Mehr Informationen zur kollegialen Hospitation in der Schule finden Sie unter

www.schule-management.de

> Kollegium > Lehrerfortbildung

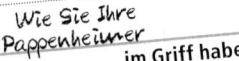

Bleiben Sie realistisch

An schwierigen Schulen ist es nicht immer einfach, realistisch in Bezug auf das Erreichbare zu bleiben. In der Grundschule haben Sie die Hauptverantwortung für den Unterricht einer Klasse – niemand sonst muss mit dieser „Mischung" unterschiedlicher Schüler zurechtkommen. In der Sekundarstufe liegt die Schwierigkeit eher darin, dass Sie eine Klasse in anderen Fächern kaum zu Gesicht bekommen. Deshalb wissen Sie nicht wirklich, wie sie sich bei anderen Lehrern verhält. Denken Sie immer daran, dass eine schwierige Klasse nicht Ihre Fähigkeiten als Lehrer widerspiegelt. Vielmehr spielen bei dieser Klasse viele andere Faktoren eine Rolle. Und wenn sich Ihre Klasse einfach nicht richtig verhalten will, dann denken Sie immer daran, dass das Ende eines Schultages nur der Dienstschluss ist, nachdem Ihr wohlverdientes Privatleben ansteht. Interpretieren Sie in das Fehlverhalten Ihrer Schüler nicht mehr hinein, als wirklich dahintersteckt. Es klingt blöd, aber es kann helfen, wenn man sich hin und wieder vor Augen führt: Auch in der schlimmsten Unterrichtsstunde ist noch niemand gestorben!

Reagieren Sie mit dem Verstand

Es sich zu Herzen nehmen – das ist eigentlich die instinktive Reaktion auf Grobheiten oder Aggression. Schließlich sind wir Menschen und keine Maschinen. Jedes Mal, wenn Lehrer emotional werden, verursacht das Stress und zeigt den Schülern, dass sie bei Fehlverhalten als „Sieger" hervorgehen können. Manche Schüler bringen ihre Lehrer sehr gerne aus der Fassung. Und wenn ein Lehrer emotional reagiert, sehen sie dies als Erfolg an. Eine rationale, kopfgesteuerte Reaktion hingegen zeigt den Schülern, dass sie dem Lehrer nichts anhaben können. Zudem bleibt die Möglichkeit, ruhig und nüchtern nachzudenken, wie eine Situation am besten zu meistern ist.

Jedes Mal, wenn Sie spüren, dass Ihr Herz zu rasen anfängt und Ihre Emotionen heißlaufen, sollten Sie sich einen Augenblick lang zum **Nachdenken** über die Situation zwingen. Legen Sie ein paar Sekunden Pause ein und lassen Sie Ihre Emotionen nicht unmittelbar Ihre Reaktion nach sich ziehen. Reagieren Sie **logisch und durchdacht**, nicht emotionsgesteuert. Nachstehend einige Beispiele zur Verdeutlichung.

Tipp: Atmen Sie tief durch, und schauen Sie für wenige Sekunden aus dem Fenster. So gewinnen Sie Abstand und beruhigen sich!

Der störende Schüler

Matthias läuft dauernd im Klassenzimmer herum und stört den Rest der Klasse. Er weigert sich, wieder auf seinen Platz zu gehen, obwohl ihm bereits eine mögliche Strafe angedroht wurde.

Ihr Herz sagt Ihnen: „Warum macht er nicht, was ich ihm sage? Die Klasse muss sich doch denken, dass er machen kann, was er will. Ich weiß nicht mehr, was ich tun soll. Ich werde schon langsam sauer. WARUM MACHST DU NICHT, WAS ICH DIR SAGE, MATTHIAS?"

Ihr Kopf sagt Ihnen: „Also, dieser Schüler weigert sich permanent, zu tun, was ich ihm sage. Aber es ist nicht mein Fehler. Was soll ich jetzt also machen? Vor allem bleibe ich ruhig, das ist wichtig. Dann warne ich ihn, und wenn das nicht funktioniert, erhält er die Strafe, die der ganzen Klasse bekannt ist."

Die unkontrollierbare Klasse

Ihre Klasse ist extrem schwierig. Sie will einfach nicht ruhig sein und weiterarbeiten. Die Schüler lärmen herum und werfen Papierkugeln durchs Zimmer.

Ihr Herz sagt Ihnen: „Hilfe! Die sind ja völlig außer Rand und Band. Was soll ich tun? Wenn das jemand hört, dann muss er ja denken, dass ich meine Klasse nicht im Griff habe. Die werden nie mehr ruhig. Den Unterricht kann ich vergessen! Warum hab ich eigentlich so einen furchtbaren Job?"

Ihr Kopf sagt Ihnen: „Okay, hier läuft gerade was schief. Aber ich darf deshalb nicht in Panik geraten. Vor allem ist es nicht mein Fehler. Es sind die Schüler, die sich danebenbenehmen. Und alle wissen, dass das eine schwierige Klasse ist. Ich werde die üblichen Strafen verhängen, und wenn nötig, werde ich die Störenfriede nacharbeiten lassen. Ich schreibe also die Zeit, die gerade verloren geht, an die Tafel. Mal sehen, ob das hilft."

Schöpfen Sie Mut auch aus kleinen Erfolgen

Wenn Sie sich am Boden zerstört fühlen, dann denken Sie an die kleinen Schritte, die Ihre Schüler bereits hinter sich haben und auf die Sie stolz sein können. Für einen Lehrer, der an einer schwierigen Schule oder mit einer schlimmen Klasse arbeitet, kann es schon ein echter Erfolg sein, wenn die Schüler auf ihren Plätzen bleiben. **Loben und belohnen Sie sich selbst und Ihre Schüler für solche Erfolge.** Unterrichten ist eine komplexe Aufgabe. Und es gibt eine Menge Leute, die die Fortschritte, die Sie mit der Klasse gemacht haben, niemals erreicht hätten. Denken Sie daran, was Ihre guten Schüler erreicht haben. Wenn wir mit Fehlverhalten zu kämpfen haben, übersehen wir oft das Verhalten und die Leistungen der „braven" Schüler.

Die Pflicht endet mit dem Unterricht

Nichts ist wichtiger, als nach Dienstschluss abzuschalten, besonders, wenn man ein sensibles Gemüt hat. Bis zu einem gewissen Maße wird es sich kaum vermeiden lassen, dass Sie Ihren Job mit nach Hause nehmen. Aber wenn Sie in Ihrem Beruf lange aushalten wollen, dann müssen Sie einsehen, dass Sie die Welt nicht ändern können. Sie werden wahrscheinlich unter anderem auf Schüler treffen, die außerhalb der Schule ein schwieriges bis bedrückendes Leben führen. Aber Ihr Hauptberuf ist Lehrer – nicht Sozialarbeiter. Geben Sie Ihr Bestes in Ihrer Arbeitszeit, aber lassen Sie die Schule hinter sich, wenn Sie am Abend nach Hause gehen. Dann sind Sie selbst dran.

Seien Sie kein Perfektionist

Ein Lehrer kann einfach kein Perfektionist sein. Die Arbeit ist viel zu komplex und facettenreich, um immer alles richtig zu machen. Wenn eine Stunde schief-läuft, dann suchen Sie auf jeden Fall nach den Gründen. Aber verrennen Sie sich nicht in **exzessiver Selbstanalyse.** Wenn sich ein Schüler nicht für Ihr

Fach interessiert, dann versuchen Sie Ihr Bestes, aber machen Sie sich nicht selbst fertig. Es hat keinen Sinn, auf Vergangenem herumzureiten. Lernen Sie dazu – aber schauen Sie immer in die Zukunft.

Wichtig: Nobody's perfect!

Legen Sie eine Pause ein

Es ist keine Schande, sich ab und zu das Leben leichter zu machen, besonders wenn Sie es täglich mit schwierigen Schülern zu tun haben. Legen Sie bei Gelegenheit eine Pause ein. Sie könnten Ihren Schülern ein Video zeigen oder mit ihnen in den Computerraum gehen (siehe dazu auch S. 136 f.).

Nehmen Sie sich eine Auszeit

Wenn Sie stark unter Stress leiden, sollten Sie Ihren **Arzt** aufsuchen. Möglicherweise sind Sie krank, und Sie brauchen Zeit, um sich wiederherzustellen. Sie sollten keine Hemmungen haben oder sich schämen, wenn Sie sich wegen Krankheit eine Auszeit nehmen. Die Arbeit nimmt einen Lehrer voll in Beschlag. Sie können aber unmöglich Ihr Bestes geben, wenn Sie angespannt und gestresst sind. Vor allem sollte Ihre Gesundheit oberste Priorität haben.

Den Beruf an den Nagel hängen?

Manchmal werden Sie sich die Frage stellen, ob Sie überhaupt noch an Ihrer Schule oder mit dem Lehrerberuf weitermachen wollen. Das ist eine persönliche Entscheidung, die nur Sie selbst für sich treffen können – die Sie sich aber gründlich überlegen sollten. Es könnte sein, dass Sie an Ihrer aktuellen Schule desillusioniert worden sind. Ein Wechsel des Arbeitsplatzes könnte Ihre Einstellung zu einer Karriere als Lehrer wieder auffrischen. Die Entscheidung liegt bei Ihnen.

Ob Sie sich nun dazu entscheiden, nur den Arbeitsplatz oder gar den Beruf zu wechseln, oder ob bei Ihnen alles gut läuft und Sie glücklich mit Ihrer Schule und Ihrem Beruf sind – ich wünsche Ihnen alles Gute für die Zukunft. Vergessen Sie nie, dass Lehrer im Leben ihrer Schüler wirklich viel verändern und bewirken können. Es gibt so viele Schüler, die sich vernünftig verhalten und die Ihre Fähigkeiten und Ihre Hilfe brauchen können. Die schwierigeren Schüler wiederum brauchen Ihre Aufmerksamkeit und Zuwendung, damit auch sie Erfolg haben – egal, wie sehr sie Sie abzulehnen scheinen. Folgen Sie also den Ratschlägen dieses Buches, kämpfen Sie weiter – und ich glaube fest daran, dass Sie Ihre Pappenheimer dazu bringen werden, sich vernünftig zu verhalten!

Sachregister

Literaturtipps

Blum, Eva und Hans-Joachim:
Der Klassenrat.
Ziele, Vorteile, Organisation.
Verlag an der Ruhr, 2006.
ISBN 978-3-8346-0060-8

Claßen, Albert; Nießen, Karin:
Das Trainingsraumprogramm.
Unterrichtsstörungen pädagogisch
auflösen.
Verlag an der Ruhr, 2006.
ISBN 978-3-8346-0149-0

Faller, Kurt u.a.:
Konflikte selber lösen.
Trainingshandbuch für Mediation
und Konfliktmanagement in
Schule und Jugendarbeit.
2., überarbeitete Auflage.
Verlag an der Ruhr, 2009.
ISBN 978-3-8346-0526-9

Handke, Ulrike:
Der Mutmacher:
Ratgeber für den pädagogischen
Berufseinstieg.
Cornelsen Scriptor, 2004.
ISBN 978-3-589-22076-2

Homann, Dieter; Schwack, Peter:
**Gewaltprävention für
Jugendliche.**
Ein Trainingskurs für Schule
und Jugendarbeit.
Verlag an der Ruhr, 2010.
ISBN 978-3-8346-0595-5

Kindler, Wolfgang:
**Wenn Sanktionen nötig werden:
Schulstrafen.**
Warum, wann und wie?
Verlag an der Ruhr, 2007.
ISBN 978-3-8346-0324-1

Kindler, Wolfgang:
Schnelles Eingreifen bei Mobbing.
Strategien für die Praxis.
Verlag an der Ruhr, 2009.
ISBN 978-3-8346-0450-7

Klein, Kerstin:
KlassenlehrerIn sein.
Das Handbuch.
Strategien, Tipps, Praxishilfen.
Verlag an der Ruhr, 2006.
ISBN 978-3-8346-0154-4

Lohmann, Gert:
**Mit Schülern klarkommen –
Professioneller Umgang mit
Unterrichtsstörungen und
Disziplinkonflikten.**
Cornelsen Scriptor, 2007.
ISBN 978-3-589-22520-0

Mendler, H. Allan:
**Uninteressierte Schüler
motivieren. Wie geht das?**
Verlag an der Ruhr, 2003.
ISBN 978-3-86072-777-5

Meyer, Hilbert:
Was ist guter Unterricht?
Cornelsen Scriptor, 2004.
ISBN 978-3-5892-2047-2

Mittelstädt, Holger:
Unterrichtsvorbereitung.
Strategien, Tipps und Praxishilfen.
Verlag an der Ruhr, 2009.
ISBN 978-3-8346-0667-9

Mittelstädt, Holger:
Basics für Junglehrer.
Der optimale Einstieg in den
Arbeitsplatz Schule.
Verlag an der Ruhr, 2006.
ISBN 978-3-8346-0063-9

Paterson, Kathy:
Erfolgreich unterrichten.
Für Profis, Quereinsteiger
und Externe.
Tipps zu den 55 häufigsten
Stolperfallen.
Verlag an der Ruhr, 2007.
ISBN 978-3-8346-0340-1

Verlag an der Ruhr

Postfach 10 22 51
45422 Mülheim an der Ruhr

Telefon 05 21 / 97 19 330
Fax 05 21 / 97 19 137

bestellung@cvk.de
www.verlagruhr.de

Es gelten die Preise auf unserer Internetseite.

■ Schnelles Eingreifen bei Mobbing
Strategien für die Praxis
Wolfgang Kindler
Für alle Schulstufen, 128 S., 16 x 23 cm, Paperback
ISBN 978-3-8346-0450-7
Best.-Nr. 60450
14,80 € (D)/15,20 € (A)/26,10 CHF

■ Lernen mit Projekten
In der Gruppe planen,
durchführen, präsentieren
Kerstin Klein
Kl. 5 – 13, 156 S., 16 x 23 cm, Paperback,
zweifarbig, mit CD-ROM
ISBN 978-3-8346-0440-8
Best.-Nr. 60440
17,80 € (D)/18,30 € (A)/31,20 CHF

■ Lerncoaching
Vom Wissensvermittler
zum Lernbegleiter.
Grundlagen und Praxishilfen.
Michele Eschelmüller
Für alle Schulstufen, 140 S.,
16 x 23 cm, Paperback, zweifarbig
ISBN 978-3-8346-0393-7
Best.-Nr. 60393
17,80 € (D)/18,30 € (A)

■ Wenn Sanktionen nötig
werden: Schulstrafen
Warum, wann und wie?
Wolfgang Kindler
Kl. 5 – 13, 157 S., 16 x 23 cm, Paperback
ISBN 978-3-8346-0324-1
Best.-Nr. 60324
17,80 € (D)/18,30 € (A)/31,20 CHF

Strategien • Tipps • Praxishilfen

Bildnachweis

S. 11/44: © S. Hofschlaeger – pixelio.de

S. 14/56/222: © Dieter-Schütz – pixelio.de

S. 19: © Tanja – pixelio.de

S. 20/26/84/111/159/240:
© Claudia-Hautumm – pixelio.de

S. 21: © Uta-Herbert – pixelio.de

S. 23/109: © Marem – fotolia.com

S. 31: © knipseline – pixelio.de

S. 36: © Bruce Shippee – fotolia.com

S. 40/88/145/235:
© Christian Schwier – fotolia.com

S. 43/58/283: © WOGI – fotolia.com

S. 49: © Michael Flippo – fotolia.com

S. 52: © Thomas von Stetten – fotolia.com

S. 53: © michanolimit – fotolia.com

S. 66/85: © Yuri Arcurs – fotolia.com

S. 69: © memephoto – pixelio.de

S. 70: © Howard Sandler – fotolia.com

S. 72: © julien tromeur – fotolia.com

S. 75: © Marion Wear – fotolia.com

S. 79/198: © kaipity – fotolia.com

S. 83: © Thommy-Weiss – pixelio.de

S. 86: © ArTo – fotolia.com

S. 87: © Light Impression – fotolia.com

S. 90: © Ralf-Udo Thiele – fotolia.com

S. 94: © Berchtesgaden – fotolia.com

S. 98/193: © Klaus-Peter Adler – fotolia.com

S. 100/233/266: © Lisa F. Young – fotolia.com

S. 112: © ypmtavares – fotolia.com

S. 114: © momanuma – fotolia.com

S. 122/269/273: © DeVIce – fotolia.com

S. 126: © Charly – fotolia.com

S. 131: © Meddy Popcorn – fotolia.com

S. 134: © Bernd Jürgens – fotolia.com

S. 136: © iphoto – fotolia.com

S. 139: © Arno Bachert – fotolia.com

S. 140: © yamix – fotolia.com

S. 142: © Hervé Rouveure – fotolia.com

S. 143: © Stephen Coburn – fotolia.com

S. 149: © Marion Ott – www.photodesign-ott.de

S. 153: © goldencow_images – fotolia.com

S. 154/254/284: © Franz Pfluegl – fotolia.com

S. 158/167: © Michael Kempf – fotolia.com

S. 161: © wibaimages – fotolia.com

S. 162: © Tino Hemmann – fotolia.com

S. 173: © runzelkorn – fotolia.com

S. 182: © wilhei – pixelio.de

S. 188: © Leah-Anne Thompson – fotolia.com

S. 189: © Klaus Eppele – fotolia.com

S. 190: © Oliver J. Graf – fotolia.com

S. 191: © Kaarsten – fotolia.com

S. 192: © binagel – fotolia.com

S. 195: © Gabi Moisa – fotolia.com

S. 197: © pdesign – fotolia.com

S. 201: © Entropia – fotolia.com

S. 202: © Mosquidoo – fotolia.com

S. 203: © Patrizia Tilly – fotolia.com

S. 205: © Julia Britvich – fotolia.com

S. 211: © Entropia – fotolia.com

S. 212: © Cheryl Casey – fotolia.com

S. 216: © Noam – fotolia.com

S. 219: © Marzanna Syncerz – fotolia.com

S. 220: © foto.fritz – fotolia.com

S. 222: © mipan – fotolia.com

S. 224: © R.-Andreas Klein – fotolia.com

S. 225: © Petoo – fotolia.com

S. 230: © Yang MingQi – fotolia.com

S. 243: © Andre Illing – fotolia.com

S. 248: © MIR – fotolia.com

S. 261: © Robert Kneschke – fotolia.com

S. 263: © Jacek Chabraszewski – fotolia.com

S. 271: © laurent hamels – fotolia.com

S. 274: © sk_design – fotolia.com

S. 276: © eyewave – fotolia.com

S. 279: © Kzenon – fotolia.com

S. 285: © hati – fotolia.com

S. 286: © Monkey Business – fotolia.com